Nicola Cipani

Zur Theorie eines », roman«

Oswald Wieners »verbesserung von mitteleuropa«: Ein Kommentar

LITERATUR KULTUR THEORIE

Herausgegeben
von
Sabina Becker, Christoph Bode, Hans-Edwin Friedrich,
Oliver Jahraus und Christoph Reinfandt

Band 33

ERGON VERLAG

Nicola Cipani

Zur Theorie eines », roman«

Oswald Wieners »verbesserung von mitteleuropa«: Ein Kommentar

---

ERGON VERLAG

Umschlagabbildung:
André Thomkins, *o. T.* (Portrait von Oswald Wiener), 1980.

Bibliografische Information der Deutschen Nationalbibliothek:
Die Deutsche Nationalbibliothek verzeichnet diese Publikation in der Deutschen Nationalbibliografie; detaillierte bibliografische Daten sind im Internet über http://dnb.d-nb.de abrufbar.

Gedruckt auf alterungsbeständigem Papier.
Gesamtverantwortung für Druck und Herstellung
bei der Nomos Verlagsgesellschaft mbH & Co. KG
Umschlaggestaltung: Jan von Hugo

www.ergon-verlag.de

ISSN 1869-9030
ISBN 978-3-98740-005-6 (Print)
ISBN 978-3-98740-006-3 (ePDF)

Inhaltsverzeichnis

Vorbemerkung

Das vorliegende Material wurde ursprünglich auf Italienisch als Ergänzung zu meiner Übersetzung von Wieners Buch *die verbesserung von mitteleuropa, roman* verfasst.[1] Es ist das Ergebnis einer umfassenden Auseinandersetzung mit dem Text, wie sie eben die Übersetzungsaufgabe erforderte, und wird als solches, wie ich hoffe, auch für diejenigen, die die *verbesserung* im Original lesen, von Interesse sein. Für die deutsche Fassung habe ich manches umformuliert und einige kurze Passagen gestrichen, die nur hinsichtlich der italienischen Übertragung relevant sind.

Mein einführender Aufsatz soll dem Leser wesentliche theoretische und literarhistorische Elemente für eine Kontextualisierung von Wieners Buch liefern. Die *verbesserung* stelle ich nicht nur als Produkt eines radikalen (meta)literarischen und gesellschaftskritischen Programms vor: Die für die *verbesserung* grundlegende Spannung zwischen Introspektion und Automatismus beruht nämlich zum großen Teil auf Wieners origineller Auseinandersetzung mit dem *Linguistic Turn* und der Kybernetik. Daher geht die hier dargestellte Entstehungsgeschichte sowohl auf Wieners Ausarbeitung einer Ästhetik im Rahmen seines Wirkens in der Wiener Gruppe ein, als auch auf seine von der Sprachmetapher zur Maschinenmetapher führende theoretische Entwicklung. Darüber hinaus bemüht sich der Essay, die Verbindungslinien zwischen der *verbesserung* und Wieners nachfolgender Forschungstätigkeit im Bereich der Denkpsychologie zu untersuchen – dies im Gegensatz zur meist kritischen Literatur, die Wieners spätere Produktion eher vom Roman getrennt (und daher für dessen Interpretation entbehrlich) betrachtet.

Der sich am Textverlauf entlang entwickelnde Stellenkommentar bietet sowohl Erläuterungen spezifischer Textpassagen als auch längere Einführungsessays zu den verschiedenen Teilen dieses vielschichtigen Werks. Dazu wurden die wichtigsten Varianten der erhältlichen Textversionen der *verbesserung* berücksichtigt, darunter jene eines Typoskripts aus dem Vorlass Oswald Wiener beim Literaturarchiv der Österreichischen Nationalbibliothek.

Oswald Wiener ist vor kurzem verstorben. Er hatte das Übersetzungsprojekt mit freundlicher Hilfsbereitschaft unterstützt und stellte sich zur Beantwortung meiner Fragen immer gerne zur Verfügung. Unsere Gespräche haben meine widersprüchliche Ansicht einer zwischen dem Roman und den nachfolgenden Experimenten tiefgreifenden Kontinuität einerseits – und einer eben durch den Roman gesuchten und dokumentierten Diskontinuität andererseits geprägt. Der Oswald Wiener, dem ich begegnete, sah sich selbst als ‚einen anderen' als den Verfasser der *verbesserung*. Am liebsten hat er die Diskussion auf neuere

---

1 O. Wiener, *il miglioramento della mitteleuropa, romanzo*, edizioni del verri, Mailand 2021.

Problemstellungen gelenkt. Meine Interpretationsvorschläge hat dieser ‚andere' nicht so sehr als der Inhaber von Textgeheimnissen erwogen, sondern eher locker gelten lassen, indem er zu verstehen gab, dass die Offenheit des Werks Raum für die Plausibilität vieler Lesarten lässt. Denn freilich bleibt die *verbesserung* – trotz *und* wegen ihrer Widerspenstigkeit – ein offenes Werk.

Ingrid Wiener hat mit der Zusendung von Materialien und mit ihrer Gastfreundschaft bei dieser Recherche geholfen, wofür ich ihr sehr verbunden bin. Es war ein glücklicher Umstand, dass für die Überprüfung meines deutschen Textes zwei Lektoren zu Hilfe kamen, die mit Wieners Arbeit sehr vertraut sind: Als Autorin hat Sissi Tax eine durch ihr eigenes experimentelles Schreiben geformte Kenntnis der *verbesserung* wie auch literaturwissenschaftliche Kompetenz; Thomas Raab hat jahrelang mit Wiener zusammengearbeitet und ist „im Niemandsland zwischen Wissenschaft und Kunst" tätig. Beiden bin ich für ihre Arbeit und Geduld dankbar. Für die Verbesserung unklarer oder unidiomatischer Ausdrücke gilt auch Una Wiener, die das Manuskript sorgfältig durchgesehen hat, ein besonderer Dank. Was auch immer noch ungeschickt klingen mag, ist selbstverständlich allein auf die Qualität meines Schreibens in einer Fremdsprache zurückzuführen. Andrea Hipfinger danke ich herzlich für die Bereitstellung von Archivbeständen des Vorlasses Oswald Wieners beim Literaturarchiv der Österreichischen Nationalbibliothek. Thomas Eder hat sich großzügigerweise für die Veröffentlichung des Bandes eingesetzt, was schließlich auch durch das freundliche Interesse Hans-Edwin Friedrichs gelang. Ich danke beiden für die wertvolle Hilfe. I dedicate this book to Sara.

Brooklyn, September 2022

Notizen zur Theorie eines «, roman»

> Leider fehlen in dem Buch „Die Verbesserung von Mitteleuropa, Roman" von Oswald Wiener für das Verständnis des Werkes wesentliche Passagen wie dem Appendix C auf Seite CXCI zu entnehmen ist. Bitte schreiben sie mir, wie ich diese Passagen erwerben kann.
>
> [Brief eines Lesers an den Rowohlt Verlag][2]

> wahnsinnig – zerrissen – unberechenbar – unnaturalistisch – farbenfroh ohne Wahl – entfremdend, entmenschlichend, entpersönlicht – es fehlt das eigene Ich – ohne Wertungen für die handelnden Personen – würde nach dieser Probe aufhören zu lesen! – breiter Wörterschatz, allerdings zügellose Phantasie, die nach Obszönitäten sucht, oder mindestens nur Ob[s]zönitäten ausspuckt – würde Autor einem Psychiater zuweisen! – keine soziale Ordnung – losgelöst vom Leben, von der Gesellschaft.
>
> [Reaktion eines Teilnehmers einer Arbeitsgemeinschaft über die *verbesserung* nach der Lektüre einer kurzen Leseprobe][3]

Seit 50 Jahren fest im Kanon der literarischen deutschsprachigen Avantgarde etabliert, bleibt Oswald Wieners Meisterwerk *die verbesserung von mitteleuropa, roman* ein Buch mit wechselhafter Rezeption. Ein „permanentes Buch"[4], das jedoch „fast vergessen"[5] wurde, so die gegensätzlichen Ansichten zweier nahezu gleichzeitig erschienener Monographien von 1992 (bisher die einzigen, die ihm gewidmet sind). Das mögliche Vergessenwerden soll hier in Zusammenhang mit einem radikal experimentellen, komplexen, provokanten und unkooperativen Text gesehen werden, der den Ruf mürrischer Undurchdringlichkeit erlangt hat. In der Tat wurde der Ansatz einer wirksamen kritischen Rezeption vom Gegenstand selbst behindert, der sich bis heute der Analyse widersetzt und mit üblichen Werkzeugen nicht leicht zu handhaben ist. Wie hätte außerdem ein Text zum literarischen Vorbild werden und Nachfolger finden können,

---

2 Aus dem Vorlass Oswald Wiener des Österreichischen Literaturarchivs (*ÖLA*). Die zur *verbesserung* gehörenden Materialien befinden sich unter der Signatur 232/W1.

3 J. Donnenberg, H. Höller, „Versuch mit der *Verbesserung von Mitteleuropa*", in *Literatur und Kritik* 69, 1972, 550.

4 M. Kubaczek, *Poetik der Auflösung. Oswald Wieners „die verbesserung von mitteleuropa, roman"*, Braumüller, Wien 1992, 11. Kubaczeks Einschätzung greift eine Vorhersage von Jürgen Becker auf, der in seiner Rezension von 1969 die *verbesserung* ein „permanentes Buch" genannt hatte.

5 H. Kurz, *Die Transzendierung des Menschen im „Bio-Adapter": Oswald Wieners „Die Verbesserung von Mitteleuropa, Roman"*, PhD Diss., Ohio State University, 1992, 6.

dessen Autor sich auf jegliche stilistische Norm festzulegen weigerte? Darüber hinaus hatte Wiener mit diesem Buch einen Ausweg *aus* der Literatur gefunden – ein Abschied, der das Schicksal des Romans weiterhin bestimmte. Schließlich verhinderte das Fehlen einer vollständigen Übersetzung – aufgrund der entmutigenden Schwierigkeit des Materials –, dass Wieners Text im Ausland bekannt wurde. Sein Ruhm blieb auf den deutschen Sprachraum und außerhalb davon auf den Germanistenkreis beschränkt.

Die Veröffentlichung des „romans“ wurde allerdings gebührend zur Kenntnis genommen und zog – neben Verwirrung, Irritation und Empörung – auch eine Anhängerschaft überzeugter Verehrer an, die in der *verbesserung* die Zeichen eines besonders zeitgemäßen Werks erkannten. In einem Artikel im *Spiegel* warf Peter Handke dem Verlag Rowohlt eine zu geringe Auflage des Buches vor, „das von allen Büchern der letzten Jahre vielleicht am meisten in Bewegung setzen wird“[6]. Noch unmittelbar von der Lektüre angeregt, schrieb Joseph Beuys dem Autor: „Dein Buch gehört zu den wenigen nach [19]45 die lesenswert sind“[7]. Ähnlich emphatische Bewertungen der *verbesserung* findet man auch in der kritischen Literatur: das Buch, das „sicher zu den zwei Dutzend gewichtigsten Büchern der deutschsprachigen Literatur seit 1945 zählt“,[8] sei „*der* zentrale Roman der Wiener Nachkriegsavantgarden“[9], ja gar „*der* Entwicklungsroman der zweiten Hälfte des 20. Jahrhunderts“[10] (Hervorhebung in den Originalen).

Die Wertschätzung seitens eines dem Experimentellen zugewandten Literaten- und Schriftstellerkreises hat zu einer – nicht ganz falschen – Wahrnehmung Wieners als *author's author* beigetragen. Fraglicher dagegen ist die Folgerung, der Roman sei ein „geborenes fossil“, weil seine Aufnahme in die offiziellen Literaturgeschichten ohne Zustimmung der breiten Leserschaft erfolgt sei.[11] Die *verbesserung* weist nämlich eine für einen avantgardistischen Text bemerkenswerte Verbreitung auf – bereits drei Auflagen im Jahr 1969 mit insgesamt 8.000 Exemplaren, gefolgt von einer Taschenbuchausgabe von 20.000 Exemplaren und zwei gebundenen Neuauflagen.

Um die Umstände dieser Rezeption besser auszuleuchten, hat Martin Kubaczek auf einige weniger naheliegende Aspekte des literarischen Gedächtnisses

---

6 „In Sätzen steckt Obrigkeit: Peter Handke über G. F. Jonke: Geometrischer Heimatroman“, *Der Spiegel*, 21/ 4/ 1969, 186–87.

7 Postkarte, gestempelt am 25. August 1969, Vorlass Oswald Wiener, *ÖLA*.

8 J. Drews, „Viel Literatur, abenteuerlich. 5. Bielefelder Kolloquium. Neue Poesie in Athen“, *Süddeutsche Zeitung*, 26/ 5/ 1982.

9 S. Müller, R. Innerhofer, „Humanversuche. Avantgarde, Experiment und Wissenschaft im Kon/Text der *verbesserung von mitteleuropa*“, in E. Großegger, S. Müller (Hg.), *Teststrecke Kunst. Wiener Avantgarden nach 1945*, Sonderzahl, Wien 2012, 202.

10 T. Eder, „Nachwort“, in *die verbesserung von mitteleuropa, roman*, Jung und Jung, Salzburg 2013, 207.

11 H. Rosendorfer, „Ein literarisches Fossil“, *Du: die Zeitschrift der Kultur* 29, 1969, 704.

aufmerksam gemacht. Wieners Roman sei sicherlich ein Fall für sich – statt als Fossil sollte man ihn als „monolithischen Text“[12] betrachten, als eine Art Inselberg Uluru, der vorsätzlich nicht an den Rest der Landschaft angepasst ist. Doch gerade seine radikale Aggressivität fand eine neue Generation von Schriftstellern produktiv. War die *verbesserung* schon nicht als stilistisches Vorbild verwendbar, so wurde Wieners reflexive Arbeitsweise für das literarische Schreiben und die Haltung gegenüber dem eigenen Material richtungsweisend.

Obwohl die Annäherungsversuche der immer noch zu eingeschüchterten, gereizten oder verworrenen Kritik seine Isoliertheit nicht durchbrechen konnten, hatte das Buch zudem eine besondere Präsenz in der kulturellen Öffentlichkeit erlangt, nicht nur in der literarischen. Das polemische Arsenal des Romans, voll von gemeinen Tricks, Perfidien und Bissigkeiten, leistete sozialen, ästhetischen und politischen Kommentaren Schützenhilfe. Direkte oder interpolierte Zitate fanden Eingang in „Diskussionen, Besprechungen, Aufsätze, Literaturen“,[13] wurden zu Mottos, zu Kapitel- oder Ausstellungstiteln. Diese „ungebrochene Präsenz“, auf die Kubaczek vor 30 Jahren hingewiesen hat, lässt sich bis heute feststellen. Noch heute werden immer wieder neue Initiativen mit Wieners Roman in Verbindung gebracht. So gibt die *verbesserung* Anstoß für einen Theater- oder Rundfunktext, für ein Musikstück oder für ein Künstlerbuch, Auszüge des Romans werden anlässlich einer Performance nachgedruckt, oder es erscheint ein vollständiger Raubdruck, als eine Form der „Aneignung eines Anti-Romans“[14], womit die weitere Zirkulation des Buches zur künstlerischen Aussage wird. In manchen Fällen überträgt sich der emblematische Wert des Romans auf die Person seines Autors, der in Werken anderer zum symbolischen Gesprächspartner wird[15].

Eine rückblickende Darstellung der ‚institutionellen‘ Anerkennung des Romans sollte auch das nicht gerade heitere Verhältnis Wieners zu den Institutionen selbst berücksichtigen. Doch dazu später ausführlicher. Zunächst ein wenig Vorgeschichte zum jungen Autor, der abends (zurück von der Arbeit als Betriebsleiter im Wiener Büro des Elektronik-Herstellers *Olivetti*) an seinem

---

12 M. Kubaczek, *Poetik der Auflösung* (Anm. 4), 2.

13 *Ibid.*, 7.

14 http://traumawien.at/prints/verbesserung/ [abgerufen am 10/1/2019].

15 In Robert Menasses Roman *Sinnliche Gewissheit* unterhält sich der Ich-Erzähler mit einem ‚Oswald-Charakter‘ (obwohl es sich dabei um einen Exilanten in São Paulo handelt, ist damit zweifellos Wiener gemeint). Franz Josef Czernins essaystische Sammlung *Voraussetzungen* enthält einen Wiener gewidmeten Dialog über „Dichtung und Wissenschaft“, in dem er im Gespräch bzw. in Auseinandersetzung mit dem Autor der *verbesserung* als dessen imaginärer Gesprächspartner („der eine“ bzw. „der andere“) auftritt. *Ahabs Steuer*, die „Navigationen zwischen Kunst und Naturwissenschaft“ des Medientheoretikers Nils Röller, der Moby Dick als epistemische Metapher liest, präsentiert Wiener als „Verkörperung der künstlichen Figur Ahabs“ (und ein Kapitel des Buches heißt „Verbesserung von Mitteleuropa“).

Buch schrieb, um es letztlich im Anschluss an sechs Wochen Untersuchungshaft fertigzustellen.

Unter der Regierung der großen Koalition kam das Österreich der Nachkriegszeit in den Genuss seines Wirtschaftswunders ohne die eigene jüngste Vergangenheit in Frage stellen zu müssen. Dem Argumentationsmuster, wonach Deutschland allein für die Fehler des Nationalsozialismus verantwortlich sei, wurde aus verständlichen Gründen breit zugestimmt: Es entlastete das Land en bloc, es kam der provinziellen Gesinnung der Mehrheit entgegen und es spiegelte die Stellungnahme der Alliierten wider, die ja im Moskauer Vertrag von 1943 eine erste Formulierung der sogenannten „Opferthese" geliefert hatten. Die Förderung eines Nationalbewusstseins erfolgte unter anderem durch die Umbenennung des Faches „Deutsch" in „Unterrichtssprache" und durch ministeriale Verordnung eines verbindlichen „Österreichischen Wörterbuchs". Gleichzeitig pflegte die offizielle Kultur das Bild eines sorglosen Landes des Walzers und der Operette und verfolgte stolz eine anti-moderne Politik, die substantiell (und manchmal sogar offen ausgesprochen) Positionen der nationalsozialistischen Propaganda gegen „entartete" Kunst übernahm.

Versteckt hinter den sauberen Gesichtern der Heimatfilme-Mädel war Österreich bereits 1955 dabei, seine Armee neu zu organisieren. Ein Manifest aus dieser Zeit gegen die Wiederbewaffnung klagte den politischen Opportunismus und das heuchlerische Verhalten so vieler in der zweiten Republik folgendermaßen an:

> Wir protestieren mit allem nachdruck
> gegen das makabre kasperltheater
> welches bei wiedereinführung einer
> wie auch immer gearteten wehrmacht
> auf österreichischem boden
> zur aufführung gelangen würde... [...]
> Es ist eine bodenlose frechheit
> eine unverschämtheit sondergleichen
> zehn jahre hindurch
> antimilitärische propaganda zu betreiben
> scheinheilig schmutz und schund zu jaulen
> zinnsoldaten und indianerfilme
> (noch kleben die plakate ...)
> als unmoralisch zu deklarieren –
> um dann
> im ersten luftzug einer sogenannt
> endgültigen freiheit
> die kaum schulentwachsene jugend
> an die dreckflinten zu pressen!! [...][16]

[16] Faksimile in W. Fetz, G. Matt (Hg.), *Die Wiener Gruppe*, Kunsthalle Wien, Wien 1998, 40–41.

Das Dokument wurde vom Schriftsteller Hans Carl Artmann verfasst, der mit 34 Jahren der ‚Erwachsene' einer Gruppe von um ein Jahrzehnt jüngeren Freunden war, namentlich Konrad Bayer, Gerhard Rühm, Friedrich Achleitner, allesamt Mitunterzeichner – wie auch der damals erst neunzehnjährige Oswald „Ossi" Wiener. Der kleine Freundeskreis, der später als „Wiener Gruppe" bekannt wurde, bildete sich spontan und weniger um ein Programm herum, als nach persönlichen Sympathien und gemeinsamen Interessen – wie jenes für den Jazz, damals auch in Wien die Musik der Gegenkultur.[17]

Vom Hören ging Wiener zum Spielen über und begann regelmäßig in einigen lokalen Bands als Jazztrompeter mitzuwirken. Gleichzeitig studierte er Rechtswissenschaften, Afrikanistik und Mathematik an der Universität, ohne jedoch je einen Abschluss zu verfolgen. So blieb ein wesentlicher Teil seiner Bildung dem Austausch von Lektüren, Ideen und Schreibtätigkeiten innerhalb der Gruppe vorbehalten.

In Wien waren die kulturellen Ressourcen infolge der Nazi-Zensur noch immer stark beeinträchtigt. Neben der gründlichen Entfernung „entarteter" Werke aus den großen Sammlungen war auch kaum etwas über die Avantgarden in öffentlichen Bibliotheken zu finden. Wer sich dafür interessierte, musste sich das notwendige Material selbst besorgen – durch Erwerb und durch Reisen (soweit es die Mittel zuließen) oder man musste gerettete Raritäten in Privatsammlungen aufstöbern. Die dem beschädigten materiellen Gedächtnis und der freiwilligen Amnesie geschuldete Leere schuf immerhin weltweit einzigartige Bedingungen für eine Wiederaufnahme künstlerischer Arbeit. Im Vergleich zu anderen eher akademisch gesonnenen Neo-Avantgarden, war für die Wiener Gruppe die Euphorie eines Neuanfangs kennzeichnend.[18] Um die Arbeit der Expressionisten, der Surrealisten, der um die Zeitschrift *Der Sturm* versammelten Persönlichkeiten sowie von Einzelphänomenen wie Raymond Roussel, Gertrude Stein und Otto Nebel zu erschließen und zu bewerten, wendete die Gruppe weniger literaturkritische bzw. -geschichtliche Mittel an, als die eigene

---

17 Wie Wiener kürzlich erinnerte, erfolgte die Begegnung mit Bayer und dem Rest der Gruppe zufällig im Zusammenhang mit gemeinsamen musikalischen Interessen. Wiener war bis nach Basel geradelt (!), um einen Stapel New-Orleans-Jazz-Platten zu erwerben, welche bald die Aufmerksamkeit der Jazzfans Bayer, Artmann und Rühm auf sich zogen. Vgl. O. Wiener, „Anfänge", in T. Eder, K. Kastberger (Hg.), *Konrad Bayer: Texte, Bilder, Sounds*, Paul Zsolnay, Wien 2015, 279–281.

18 Mit der Besonderheit der österreichischen Umstände befasst sich Kastberger, „Wien 50/60. Eine Art einzige österreichische Avantgarde", in T. Eder, K. Kastberger (Hg.), *Schluß mit dem Abendland! Der lange Atem der österreichischen Avantgarde*, Paul Zsolnay, Wien 2000, 5–26. Der Autor erinnert dort daran, dass die radikalen künstlerischen Bewegungen und die Zerstörer der Form – mit Ausnahme der kurzen Spritzfahrt einiger Dadaisten nach Tirol (*Dada au grand air*) – immer außerhalb Österreichs zu finden waren. Insofern „Wien 50/ 60, dieser Cluster aus Wiener Gruppe, Wiener Aktionismus und Umfeld, ist eine weltweit einzigartige Erscheinung, weil er aus einer Simultaneität von Avantgarde und Neoavantgarde besteht." (*ibid.*, 7).

direkte Erfahrung mit der poetischen Schöpfung und den Sprachexperimenten. Mit dieser Wiederentdeckung fern von Philologie und Traditionalismus nahm das Randphänomen Wiener Gruppe Form an. Sie stand in Gegnerschaft zur offiziellen Kultur, die ihrerseits nach einem auch in anderen Ländern bekannten Muster die Gruppe des Epigonismus beschuldigte – ein Vorwurf, von dem jene Schriftsteller verschont blieben, die in absoluter Kontinuität mit der Tradition und den etablierten Gattungen arbeiteten.

Bereits 1954 hatte Wiener in einem „coolen Manifest" einige programmatische Punkte für die Schreibpraktiken der Gruppe skizziert. Der Titel signalisierte eine ‚kalte' Haltung sowohl gegenüber der Aufnahme von Materialien (unterschiedslos auf jedwede Textsorte erweitert, d.h. auf nicht literarische, banale, schockierende Texte, auf Bilder aus dem Alltag usw.) als auch gegenüber der kreativen Überarbeitung derselben. Es ging nicht um die Produktion von Aussagen eines, über sich selbst erzählenden Subjekts, sondern um ein verfremdendes Spielen auf einer Klaviatur von Klischees, das den Leser herausforderte, für sich Sinn zu konstruieren. Trotz des provisorischen und improvisierten Charakters dieses nie veröffentlichten und längst verschollenen Dokuments scheint die spätere Produktion der Wiener Gruppe dessen Hinweise konsequent weiterentwickelt zu haben.[19]

Die Technik der Montage spielte eine zentrale Rolle, insbesondere in den Gemeinschaftsarbeiten. In den Mischmasch von Materialien wurden Trivialliteratur, Magazine, Zeitungstitel, Werbeslogans eingewoben, wie auch einzelne, aus Lexika, Grammatiken, Listen verschiedener Art entnommene Bruchstücke. Für zusätzliche Überraschungseffekte sorgte der Einbau dieser Materialien in genau durchgeplante Kompositionsformeln und Textgerüste. Diese vielschichtige Textmaschine wurde oft zufälligen Störungsverfahren unterzogen – beispielsweise konnte ein Telefonverzeichnis dazu dienen, zufällig Leute anzurufen, um dann die entstandenen Konversationen in den Text zu montieren. Durch den Umgang mit unterschiedlichen Ingredienzen entstand in der Gruppe eine ausgeprägte Bereitschaft zur Intermedialität. Zu den ersten Versuchen gehören beispielsweise visuelle Experimente – Textkonstellationen, die unabhängig von den gleichzeitigen Experimenten der Konkretisten (zu denen Rühm später Arbeitskontakte aufnahm) konzipiert wurden.

Ebenfalls grundlegend wurde der performative, klangbezogene Aspekt des Textes – nicht nur in der szenischen Darstellung, sondern auch als Komplex von Dimensionen, die den Sinn beeinflussen und diversifizieren. Durch eine

---

[19] Über das *coole manifest* siehe O. Wiener, „Bemerkungen zu einigen Tendenzen der *Wiener Gruppe*", in W. Fetz, G. Matt (Hg.), *Die Wiener Gruppe* (Anm. 16), 25; ferner Rühms Vorwort in G. Rühm (Hg.), *Die Wiener Gruppe. Texte Gemeinschaftsarbeiten Aktionen*, 2., erweiterte Ausgabe, Rowohlt, Reinbeck 1985, 13–14, sowie die Anmerkung *coole poesie* in G. Rühm, *Gesammelte Werke*, 1.2, *Gedichte*, Michael Fisch (Hg.), Parthas, Berlin 2005, 1181.

Vielzahl von Ausdrucksformen (Deklamation, Gesang, Bühnenaktion) baute die Gruppe so ein heterogenes Repertoire an Gedichten, Dialogen, Liedern, Sketche, Operetten auf und versuchte damit, die eigenen Reflexionen über die Sprache – samt einer Darstellung der an der Kommunikation beteiligten Kräfte – vorzuführen. Kaustische, abgerissene, aggressive Szenen, rasche Wiederholungen, extravagante Routinen wurden zu Mitteln, um auf jene Elemente des Sprechaktes aufmerksam zu machen, die in der klassischen Theorie des Zeichens keinen Platz fanden. Bei vielen dieser Texte führt der Wortlaut allein nicht zum Verständnis. Das Wort ist nur eine der Figuren innerhalb eines von der Situation bestimmten Spiels, das durch Inferenzmechanismen, durch Annahmen und Absichten des Zuhörers oder Sprechers, durch illokutive Kräfte und Körperhaltungen gespielt wird.

Einige Jahre vor den ersten *Happenings* in New York sorgten die Wiener-Gruppe-Soiréen für die Einbeziehung des Publikums in die jeweils konstruierte Situation. Es ging jedoch nicht um ein geselliges Angebot der Anteilnahme am Werk, sondern um kalkulierte, durch psychotechnische Kniffe angeregte Reaktionen, ganz im Sinne einer der traditionellen „Ausdruckskunst" entgegengesetzten Poetik der „Eindruckskunst", so Rühm, und zwar immer noch in Bezug auf das *coole manifest*, das diese Ausrichtung vorweggenommen hatte.[20]

Eine partielle Ausnahme (oder zumindest ein Zugeständnis an die expressiven Bedürfnisse) stellte die Verwendung des Dialekts dar, in dem die Gruppe neue Ausdrucksmöglichkeiten sah. Für eine Sprache der Avantgarde war das eine ziemlich gewagte und außergewöhnliche Entscheidung. Immerhin war der benutzte Wiener Jargon alles andere als edel und raffiniert[21] – dennoch schien es gerade interessant, seine grobe Konkretheit in den Dienst sprachkritischer Experimente zu stellen und gleichzeitig das Repertoire der ‚niederen' Sprachebenen zu erweitern. Für die Ausdruckskraft der Texte auf Wienerisch sorgten dem Klangreichtum angemessene Umschriften, die sich unter Verzicht auf diakritische Zeichen durch kühne graphemische Kombinationen auszeichneten (teilweise je nach persönlichem Geschmack und Gehör gewählt, vgl. die Varianten „xogt", „gsoggt" oder „gsokt" für das hochdeutsche „gesagt").[22] So fanden Wortungetüme wie „qaglschduazz", „buglgraxndrong", „sbfoadaufdsaiddn" ihren Weg in die Dichtung. Die schonungslose Darstellung grober Klänge wirkte auch als unmittelbar erkennbares Zeichen der Distanznahme zur traditionellen, oft mit Heimatliebe verbundenen Mundartdichtung.

---

20 G. Rühm (Hg.), *Die Wiener Gruppe* (Anm. 19), 14.

21 P. Pabisch, „Die Wiener Gruppe und die moderne deutschsprachige Dialektliteratur", in P. Pabisch, A. Thyssen (Hg.), *Die Wiener Gruppe. Im Gedenken an H. C. Artmann*, van Acken Verlag, Krefeld 2001, 11–34.

22 „XOGT, GSOGGT oder GSOKT? Ein Gespräch zwischen H.C. Artmann, Friedrich Achleitner, Gerhard Rühm und Oswald Wiener", in G. Fuchs, R. Wischenbart (Hg.), *H.C. Artmann*, Droschl, Graz 1992, 19–36.

Innerhalb des Jahrfünfts zwischen Mitte und Ende der 1950er-Jahre werden Wiener und die anderen Mitglieder der Gruppe also nach gemeinsamer formativer Erfahrung zu den Protagonisten einiger der interessantesten Initiativen des damaligen künstlerischen Experimentierens. Ein paar wenige *Enfants terribles* beleben eine kulturell marginale Stadt und setzen Energien frei, die sich anderswo unter Stichworten wie *Poesie sonore*, visuelle Poesie, konkrete Poesie, konkrete Musik, Lettrismus, Situationismus, *Independent Group* (und später unter den Namen Oulipo, *Happening* oder Fluxus) entfalten. Die Aufführung des zweiten literarischen Kabaretts im April 1959 markiert das Ende der aktiven Zusammenarbeit Wieners mit der Gruppe, die sich dann in kurzer Zeit auflösen sollte. Von schweren Zweifeln an den Möglichkeiten der Literatur und der Kunst geplagt, zerstört Wiener einen Teil seiner Arbeiten, widmet sich theoretischen Lektüren und nähert sich der Kybernetik und den Programmiersprachen an. Dieses Interesse sollte zur beruflichen Etappe im Olivetti-Büro in Wien führen: Wieners Beschäftigung dort als Betriebsleiter deckt sich zum großen Teil mit der Zeitspanne, in der der Roman entsteht.

Die Wiederaufnahme schriftstellerischer Tätigkeit – auf Drängen Konrad Bayers hin – erfolgt mit dem Beginn der Arbeit an der *verbesserung* im Jahr 1962, wenngleich im Zeichen einer höchst problematischen Beziehung zum Ausdrucksmedium selbst. Dies wirkt sich auf das Werden des Romans von seiner Konzeption (im anfänglichen Textkonvolut wird das Schreiben sofort in Frage gestellt) bis hin zur Druckphase aus. Man denke an die Entscheidung, das Material seit 1965 als Fortsetzungsserie zu veröffentlichen – in der Pose des Trivialliteraten, spielt Wiener so mit der Reputation seiner Kreatur. Auch als die Zeit für die Buchausgabe gekommen ist, behält Wiener die Rolle des boshaften Textvaters bei: Er verspricht das Buch drei verschiedenen Verlagen und sackt Vorschüsse von Suhrkamp, Rowohlt und Luchterhand ein. Ernsthafte Absichten hat Wiener indes nur mit Rowohlt, aber bevor eine Vereinbarung abgeschlossen wird, bringt er das Lektorat dort auf die Palme. Exemplarisch dafür steht ein an Fritz J. Raddatz adressiertes und im Österreichischen Literaturarchiv aufbewahrter Briefentwurf, der Zweifel an der Urheberschaft des Werks erwecken möchte: „sie sollen" – so Wiener – „die wahrheit erfahren: die verbesserung von mitteleuropa ist gar nicht von mir, sondern von rolf schwendter".[23] Schließlich verlangt Wiener, dass Rowohlt das Buch auf minderwertigem gelblichen Papier druckt – quasi um den Aufstieg vom schundigen Fortsetzungsroman zum edlen Buchband zu kontern.

Obwohl ein Gefühl echter Abneigung gegen den Gestalt annehmenden Text vermittelt werden soll, steckt hinter der Trivialisierung offensichtlich eher eine Art *sprezzatura* als selbstschädigende Absicht. Wiener hat Spaß daran, einen dichten und anspruchsvollen Text mit Lässigkeit zu präsentieren. Überhaupt ist

[23] Brief an Raddatz von 22. Juli 1967, Vorlass Oswald Wiener, *ÖLA*.

das Format der *verbesserung* darauf angelegt, den Leser mit allerlei Anzeichen von Widersprüchen und Anomalien zu verwirren – angefangen mit dem Offensichtlichsten, dem Titel, der die Gattungsbezeichnung „roman" mit einschließt. Wer den Anfang oder das Ende dieses „roman" sucht, findet stattdessen ein Inhaltsverzeichnis und eine Bibliographie. Diese Abschnitte, von Wiener anlässlich der Buchausgabe hinzugefügt, sperren den Text in ein streng technisch aussehendes Gerüst – obwohl sie zugleich, wie wir sehen werden, auch als dekomponierende Elemente fungieren. Die Großschreibung verschwindet in einem Akt allgemeiner Entwertung, die übrigens auf verschiedene interessante Vorläufer zurückgreift,[24] an fast allen Stellen. Die den Hauptteil des Romans einleitende Bezeichnung „vorwort" (XI) – manchmal irrtümlich so interpretiert, als würde sie sich auf das erste Viertel der *verbesserung* bis hin zur *hymne an den erzengel* (LV) beziehen – betrifft stattdessen das gesamte Buch, das aus diesem Grund die entsprechende römische Nummerierung bis zur letzten Seite verwendet.

Die *verbesserung* ist daher als Ganzes ein Paratext, ein Vorwort zu einem Text, den es noch nicht gibt. Mit der Beschränkung auf einen ‚Vorraum' setzt Wiener seinem Material eine selbstkritische Grenze und lässt es nur als Einführung zu einem noch zu betretenden Weg gelten. Aber wie wir aus Genettes Studien wissen[25], ist der Paratext auch der Raum für die auktoriale Instanz, wo bestimmte Maßnahmen kenntlich gemacht und Strategien zur Kontrolle des Textes und zur indirekten Kommunikation mit dem Empfänger entwickelt werden. Indem Wiener die gesamte Botschaft des Romans an den üblicherweise zur Regie und Anweisung bestimmten Ort versetzt, macht er den autokratischen Charakter seiner Arbeit geltend sowie die Freiheit, auf dem Weg die Regeln immer wieder selbst neu zu definieren. Und tatsächlich bietet die von jener normverändernden Textschwelle aus verkündete *verbesserung* einen uneinheitlichen Diskurs, in dem sich verschiedene Arten des Schreibens abwechseln – von der Montage bis zum aphoristischen Fragment, von der narrativen Passage bis zum Essay, vom Theaterstück bis zur wissenschaftlichen Metafiktion, vom Schreiben unter Diktat bis zur Tagebuch-Parodie. Gleichermaßen fragmentiert und unvorhersehbar ist die Niederschrift: leere Seiten, wechselnde Druckspaltenanordnung, doppelte Interpunktionszeichen, unregelmäßige Schriftgrößen,

---

[24] Grimms Wörterbuch enthielt sich der Großschreibung sowohl am Satzanfang als auch bei Hauptwörtern. Ganz in Kleinbuchstaben wurde in einigen Fällen die Lyrik expressionistischer Dichter veröffentlicht. In der modernistischen Typografie warf das Prinzip der Funktionalität die Frage nach dem tatsächlichen Bedarf an Versalien auf (Tschichold war beispielsweise davon überzeugt, dass deren Verwendung in Hauptwörtern nutzlos sei). Ein Großteil der poetischen Produktion der Wiener Gruppe hatte bereits das Minuskelschrift-Format – eine Gepflogenheit, die in anderen Strömungen des Konkretismus ebenfalls Verwendung fand. Darüber hinaus spielen für Wiener die Normen der formalen Sprachen in der Informatik bestimmt eine Rolle – Programmiersprachen waren zum Zeitpunkt des Schreibens des Romans nicht *case-sensitive*.

[25] G. Genette, *Paratexte: das Buch vom Beiwerk des Buches*, Suhrkamp, Frankfurt a.M. 2001.

ganze Seiten von Anmerkungen, nicht abschließende Anführungszeichen, Verweise auf nicht existierende Fußnoten, Notizen zu Notizen usw.

Inwieweit kann ein solches Gefüge die von dem Etikett „roman" mobilisierten Erwartungen erfüllen? Der unmittelbare Eindruck, den das seltsame Format und die anfänglichen Fragmente vermitteln, ließe eher an einen Ablenkungsversuch denken. Doch unter den wenigen Dingen, die Wieners demolierende Wut überleben, bleibt, wenn auch auf das absolute Minimum reduziert, eine Art Romangerüst übrig. Die monologisierende Stimme im ersten Viertel des Buches gehört dem Nein sagenden Menschen – einem Menschen in der Revolte. Wie Albert Camus erklärt, sucht der *homme revolté* in der kompromisslosen Ablehnung die „völlige und unmittelbare Zustimmung des Menschen zu einem Teil seiner selbst"[26] und findet im Aufstand die einzige fundamentale Gewissheit. Die Revolte wird zum Ersatz für das kartesische *Cogito*, zur ersten Evidenz, die dem Menschen als Hebel dienen kann.

Camus hatte nicht versäumt darauf hinzuweisen, dass die Geschichte des modernen Romans eng mit dem Auftreten dieses Gefühls der Revolte verbunden war (der Konflikt zwischen Individuum und Welt war eigentlich, wenn auch auf andere Weise, bereits einer der Eckpfeiler der Theorie des Romans von György Lukacs). Dem Roman-Autor öffnen sich laut Camus zwei alternative Wege um seiner Revolte Stil zu verleihen, entweder durch eine Hinwendung zum Formalismus eine völlige Ablehnung der Wirklichkeit auszudrücken oder deren Derbheit durch Realismus noch zu unterstreichen.

Im Vergleich dazu stellt Wieners Roman eine weitere Verschärfung dar, die sowohl den Weg zur Form als auch zur Wirklichkeit ungangbar macht. Ein direkter Rückgriff auf die Realität ist schlicht unmöglich, weil mit der Realität ein totaler Krieg geführt wird. Wieners Dissens spitzt sich besonders dort zu, wo er sich gegen den „politischen kern" der Wirklichkeit richtet. Gegen die einhellige Welt einer mit Demoskopie und Kybernetik bewaffneten Staatsmacht entwickelt die *verbesserung* einen individualistischen und anarchistischen Ansatz, der gewisse, bereits bei Stirners *Einzigem* extreme Grundsätze zusätzlich mit asozialer Wut auflädt und aktualisiert. Wieners Radikalität muss aber, neben der politischen, auch in seiner moralisch-kognitiven Dimension erfasst werden. Das Subjekt erkennt in sich selbst einige der Kräfte, die es von außen bedrücken. Die Ablehnung der sozialen Norm fällt mit einer Distanzierung von den *eigenen* geistigen Leitsternen zusammen, die sich als mit falschen und kompromittierten Begriffen belastet erweisen. Auch die Stirner'schen Instanzen des Einzigen und des Eigentums entgehen diesem Prozess nicht. Neben den offensichtlich mittelbaren Denkformen werden auch die Grundlagen des Denkens auf den Prüfstand gestellt.

---

[26] A. Camus, *L'homme revolté*, Paris: Gallimard, 1951, 26: „il y a dans toute revolte une adhesion entière et instantanée de l'homme à une certaine part de lui-même."

Es geht sozusagen um ein Denken im weitesten Sinn, das auf den Körper und die Sinne ausgeweitet verstanden wird. Wiener fragt sich zum Beispiel: „wie tut man das, weiss sehen?" (XXXIV). Die Sinnesfunktionen sind als Instrumente zur Strukturierung von Impulsen aus der Umgebung Hypothesen über die Welt. Als ‚Geschenk' der Evolution sind sie jedoch im Körper ‚festverdrahtete' Hypothesen, die sich als unergründliche Determinierungen bemerkbar machen. Das rebellierende Bewusstsein registriert bestimmte Empfindungen in deutlichem Kontrast zur Strukturierungsarbeit der Sinneswahrnehmung. Die neigt im Gegenteil dazu, sie im Keim zu unterdrücken und zu hemmen (XI: „antiperistaltische empfindung, die empfindung von der wahrnehmung aufs maul gedroschen"). Die *verbesserung* ist ein Versuch, solche Empfindungen freizusetzen und zu bewahren, Störsignale zu verstärken, Gebilde herauszuschneiden, die nicht mit dem vorgegebenen Raster der Wirklichkeit zusammenfallen, um dann dem aberwitzigen Verdacht nachzugehen, dass jede Wahrnehmung einer Übereinstimmung nur Beschränktheit sei, eine uralte, aber deshalb nicht unbedingt zuverlässige Ablagerung von Induktionen, die sich bei der Evolution der menschlichen Maschine unter dem Druck von Umwelt und Ideologie angesammelt hätten. Die Revolte gegen den Staat deckt sich mit der Ablehnung der Vorausbestimmungen und ‚Bahnungen' des Erkennens. Somit wird der ohnehin bereits politisch unerwünschte Weg zum Realismus auf einer grundlegenderen Ebene ungangbar, da selbst die ‚Rohdaten' fraglich sind. Eine ‚rohe Wirklichkeit', die sich in Konkurrenz zu der Realität des Staates vorweisen ließe, gibt es nicht. Der wütende Regress, der sich in der *verbesserung* zeigt, spiegelt also die Einengung des Handlungsspielraums wider, den Rückzug der Konfliktlinie, die den Einzelnen von der Gesellschaft trennt, dicht an das Bewusstsein heran. Es geht um einen Rückzug des ‚Roman-Kerns' in einen Freiraum, der vom Einzelnen noch als sein eigener empfunden werden kann.

Die Ablehnung des Formalismus – um auf die zweite Art der Revolte zu kommen – tritt bereits deutlich in den ersten Fragmenten zutage. Wieners Aversion beruht auf der Überzeugung, dass die Hinwendung zum Formalen keineswegs ein Zeichen der Desertion von der Realität ist, wie Camus es sah. Ganz im Gegenteil, die Sorge um Stil sei typisch für eine Kultur, die Erkenntnis mit Wortkenntnis gleichstellt – eine Kultur, in der die kanonische Vorschrift zum Wissenserwerb verlangt, dass wir „die worte aushorchen" (XI). Stilpflege ist daher ein Symptom der Hegemonie der Sprache, also der offenkundigsten aller Verbindlichkeiten. In seiner Kritik betont Wiener insbesondere die Beziehung zwischen den Mängeln des sprachlichen Mediums – in dem durch Vereinfachungen und Verzerrungen das Wissen entstellt wird – und der Entstehung der Wirklichkeit. Es sei die Armut des Mediums selbst, welche die Bedingungen für eine gemeinsame Welt schaffe und Konsens über die dazugehörigen Gegenstände ermögliche. Wo die Sprache diese verarmte Wirklichkeit gestaltet, lehnt jeder Autor, der seinem Metier als Wortexperte traut, weder die Wirklichkeit ab noch verbessert er sie, sondern ist grundsätzlich an ihr mitschuldig.

Die Kritik an der Sprache, die den Angriff auf den Stil vorantreibt (und damit an der Fragmentierung des Textes teilhat), stellt ein zentrales Thema der *verbesserung* dar. Wieners Sprachreflexion, die umgehend als einer der interessantesten inhaltlichen Aspekte des Romans aufgenommen wurde, kam zu einer Zeit, als die theoretische Debatte überhaupt von der Sprachproblematik dominiert wurde. Mit dem wachsenden Ansehen der Linguistik als Disziplin und mit dem „linguistic turn" in der Philosophie war die Sprache zum Eckpfeiler erkenntnistheoretischer Fragen geworden. Wieners Sprachbeschäftigung scheint also zeitgemäß – doch auch der Zeit voraus: Seine (in der *verbesserung* besonders intensive) Auseinandersetzung mit Wittgenstein findet nämlich statt, als in Österreich die Debatte über die Ideen des Wiener Philosophen noch einem engen Kreises von Akademikern vorbehalten ist, und die Verbreitung seiner Schriften entsprechend begrenzt ist.[27] Dieses Interesse scheint umso frühzeitiger, als es aus der Zeit der Wiener Gruppe stammt. „[Der *Tractatus*] war ein fundamentales poetisches werk, [...] ich kann mich erinnern, dass ich ihn zunächst las wie etwa *Last Operas and Plays* von Gertrude Stein", heißt es in einem Aufsatz Wieners über Wittgensteins Einfluss auf die Mitglieder der Gruppe.[28]

Für eine Einschätzung des *literarischen* Wertes des *Tractatus* gibt es kaum einen besseren Prüfstein als die von der gesamten Gruppe bewunderte Gertrude Stein – in der *verbesserung* wird sie als Autorität zitiert und mit Midas verglichen. Aber das Kompliment scheint zugleich eine im Laufe der Zeit gewachsene Irritation Wieners auf den „Dichter" Wittgenstein vorwegzunehmen, den großen Beschwörer, der „keine einzige seiner Grundideen klarmacht" und wegen seines starken Einflusses die Philosophie eines ganzen Jahrhunderts „an den wichtigsten Stellen geradezu zum Stillstand gebracht" hat.[29]

Immerhin weist die Stein/Wittgenstein-Parallele zweifellos auf ein Studium des *Tractatus* hin, das mit dem literarischen Experiment – und dadurch auch dem eigenen Versuch über die Sprache – verbunden ist. Wie schon bei der Findung und Erkundung einer literarischen Gegentradition suchte die Wiener Gruppe auch für ihre Auseinandersetzung mit Wittgenstein im eigenen Versuchslabor nach Maßstäben, um den untersuchten Text dynamisch mit poetischen Erfindungen zu verbinden. Teile des *Tractatus* schienen angemessene

---

[27] Die deutsche Edition des *Tractatus*, 1921 in der Zeitschrift *Annalen der Naturhilosophie* unter dem Titel *Logisch-Philosophische Abhandlung* veröffentlicht, erscheint erst 1960 als Buch. Die *Philosophischen Untersuchungen* fand Wiener 1958 in der Bibliothek des British Council in Wien in der zweisprachigen Erstausgabe von 1953 vor.

[28] O. Wiener, „Wittgensteins Einfluß auf die Wiener Gruppe", in W.-Buchebner-Gesellschaft (Hg.), *Die Wiener Gruppe*, Böhlau, Wien-Köln-Graz 1987, 49–50.

[29] M. Bonik, „Oswald Wiener, Lesestufe 3 aufwärts", in *HeavenSent* 4, 1992, 28.

Kontexte und Erklärungen für sonst schwer zu analysierende Versuche der Gruppe zu liefern. Andere Stellen wiederum wurden als direkt verwendbare Anstöße oder Hinweise für kreative Verfahren gelesen. Umgekehrt konnten eigene Texte der Gruppe zur Analyse und Verifizierung bestimmter Aussagen des *Tractatus* verwendet werden.

Neben dem Solipsismus, der ein wenig Freiheit zu bieten schien, war die linguistische Wende die Hauptursache für das Interesse der Wiener Gruppe an Wittgenstein. Am beeindruckendsten war wohl die Kühnheit, mit der Wittgenstein die mentalen Repräsentationen außer Acht ließ, um der Sprache – d.h. jenem zunehmend als fremd, bestimmend, antagonistisch empfundenen Mechanismus – den Schlüssel des Wissens anzuvertrauen. Sowohl in der axiomatischen Version des frühen Wittgenstein (Sprache als eine Art formales System, das mit einer logischen Ordnung verbunden ist) als auch in der Version der *Philosophische Untersuchungen* (durch das Problem des „Sprachgebrauchs" kompliziert und teilweise relativiert) bedeutete die Einschränkung auf Sprache (als einzigen beobachtbaren Inhalt) den Verzicht auf Selbstbeobachtung. Dieser an sich erhebliche Verlust war aber nach Wiener zu jener Zeit durch legitime Vorbehalte gegen Psychologie und „Geisteswissenschaften" gerechtfertigt, d.h. „traditionelle methoden zur herstellung langer schlechter gedichte".[30] Tatsächlich passte Wittgensteins behavioristische Einstellung gut zur coolen programmatischen Ausrichtung der Gruppe und zu ihrer Poetik des Eindrucks und der Psychotechnik, die auf das Publikum nicht durch eine traditionelle Darstellung von Inhalten einzuwirken versuchte, sondern durch Umwandlung des Inhalts in Kommunikationsmechanismen.

Wiener hatte sich für den Schriftsteller und Philosophen Fritz Mauthner interessiert – auf dessen Spuren man prinzipiell als Leser des *Tractatus* hätte kommen können, wäre man nur neugierig genug gewesen sich zu fragen, warum Wittgenstein, als er behauptete, jede Philosophie sei Sprachkritik, das Bedürfnis gehabt hatte, zu ergänzen: „Allerdings nicht im Sinne Mauthners" (4.0031). Die Aussage gilt eher für den *Tractatus* als für die *Philosophischen Untersuchungen*, deren Sprachkritik, losgelöst vom Prinzip einer festen logischen Struktur, eigentlich verschiedene Übereinstimmungen mit den von Mauthner in den drei Bänden der *Beiträge zu einer Kritik der Sprache* dargelegten Ideen aufweist. Und auch in der *verbesserung* scheint die Spur Mauthners umso deutlicher zu werden, je spürbarer die Präsenz des „zweiten Wittgensteins" wird. Dass Mauthner als Schüler Ernst Machs in Prag aus der empirischen Tradition kam, war wahrscheinlich ein weiterer Grund für Wieners Interesse – auch Mauthner denkt beispielsweise über die Beziehung zwischen den Sinnen und der Sprache nach, über die Kontingenz unserer „Zufallssinne", die bloß eine akzidentielle Vernunft hervorbringen, weit von Kants reiner Vernunft entfernt. Mauthner

---

30 O. Wiener, „Wittgensteins Einfluß auf die Wiener Gruppe" (Anm. 28), 52.

war der erste, der die Sprachkritik zur zentralen Frage der Philosophie und zum Königsweg der Erkenntnis machte. Dabei lieferte er ein Modell radikaler Kritik – der Anarchist Landauer glaubte sogar, darin den vorbereitenden Schritt für die revolutionäre Praxis erkennen zu können – und warnte die Interessierten vor den möglichen lähmenden Folgen mit Worten, die der Stimmung der *verbesserung* ziemlich nah kommen: „Wer Sprachkritik treiben will, ernsthaft und radikal, den führen seine Studien unerbittlich zum Nichtwissen“ (I, 14).

Die *Beiträge* weisen verschiedene interessante Punkte auf, die sich für eine Parallellektüre mit Wieners Roman eignen, z.B. die Reflexion über Metaphorismus und Deixis als zentrale Mechanismen der Sprache, den zwischenmenschlichen Verkehr als kollektive Hypnose, die durch in Worten vergrabene blasse Metaphernketten hervorgerufen wird, den Dialog als Domino-Spiel, bei dem alle geistige Arbeit darin besteht, jedes Stück des Gesprächspartners einem Stück gleichen Wertes gegenüberzustellen, oder den logogenetischen Charakter der Moral (Menschen tun etwas Gutes, um „gut“ genannt zu werden). Besonders nah an Wieners Positionen erscheint mir der anti-normative Ansatz Mauthners, der alle Phänomene der lebendigen Sprache gleichberechtigt behandelt (Lebendigkeit von Dialekten, Idiolekten) und sich damit den Befürwortern einer grammatisch „richtigen“ Sprache entgegenstellt. Letztere vergleicht er mit einem Akademiker auf einer Expedition nach Australien, der beim ersten Anblick eines Kängurus sagt: „das ist ein Fehler“ (II, 145).

Was den „unentwirrbaren knäuel von sprache, staat und wirklichkeit“ angeht – laut Wiener eine „heilige dreifaltigkeit, in der jeder aspekt im anderen realisiert ist“ (CXLII) –, hatte Mauthner vor allem versucht, den Faden zwischen Sprache und Wirklichkeit zu durchtrennen. In diesem Sinne war seine Überzeugung, Sprache sei nur kommunikations-, aber nicht repräsentationstauglich (außer durch Metaphern, d.h. annäherungsweise), bestimmt hilfreich für Wieners nötige Distanzierung zum *Tractatus*. Bei der Verstrickung zwischen Sprache und Staat sieht es hingegen anders aus. Wiener findet die für die *Philosophischen Untersuchungen* zentrale Entsprechung von Bedeutung und Gebrauch (Wittgensteins Aphorismus „die Bedeutung eines Wortes ist sein Gebrauch in der Sprache“) doppelt problematisch. Zuallererst aufgrund dessen, was sie nicht enthält. Der Gebrauch ist eine grobe Vereinfachung, die nichts über das komplexe, zwischen Kommunizierenden stattfindende System von Absichten, Zuständen, Situationen, Zweckentfremdungen, usw. aussagt. Zweitens aufgrund dessen, was sie enthält. Dem Gebrauch jede Bestimmung des Sinns zu überlassen, bedeutet letztlich, die statistisch betrachtet überlegenen Stimmen gutzuheißen, und das heißt fast immer: die Stimmen der legitimen autorisierten Sprache, die von der Macht befördert wird. Indem Wittgenstein den Gebrauch zum objektiven Maßstab wählt, hat er das aus Politik und Sprache bestehende „Knäuel“ bloß noch fester gezurrt – er habe somit das Problem Sprache-Staat mit den *Untersuchungen* verschärft, nachdem er das ontologische

Problem Sprache-Wirklichkeit mit dem *Tractatus* verkompliziert hatte. Zu diesem Problem kann Mauthner keine echte Alternative anbieten, da auch für seine *Beiträge* gilt: „Sprache [...] ist gar nichts anderes als ihr Gebrauch. Sprache ist Sprachgebrauch" (I, 24). Wo Wittgenstein von mentalen Prozessen absah, ging Mauthner schließlich so weit zu behaupten: „Sprechen ist Denken", denn „[w]as in uns denkt, das ist die Sprache", und dabei ließ er die Möglichkeit eines abstrakten Denkens nicht zu.

Die Reflexion über die Sprache innerhalb der Wiener Gruppe war trotz Einflusses des *Tractatus* auf ein Verständnis der Rolle mentaler Zustände im Kommunikationsprozess ausgerichtet. Ich habe bereits erwähnt, wie wichtig es für die Aufnahme mancher Texte der Wiener Gruppe ist, die Spaltung zwischen der ‚offiziellen' Bedeutung jeder Aussage und der Absicht, mit der die Aussage getätigt wird, zu erfassen. Wenn der Leser ein Verständnis zustande bringen will, sollte er sich damit abfinden, dass er mentale Zustände auf Sprechende projizieren und auf seine eigenen Schlussfolgerungen setzen muss. Diese Art, die Kommunikationsmechanismen zu veranschaulichen, indem man das konventionelle Zeichen (das, was die Wörter im herkömmlichen Gebrauch sagen) von dem trennt, was Situation oder Absicht den Wörtern auferlegen, kann nicht lange mit einer Theorie koexistieren, die Sprache als stabiles Synonym des Denkens oder als dessen simplifizierenden Ersatz auffasst. Die Wiener Gruppe konnte einige ausgesprochen behavioristische Ansätze bewahren, indem sie den Traum einer völlig neu erdachten Beziehung zum Publikum hegte. Ein Publikum, das die Gruppe gerne in eine technifizierte Umgebung hineingezogen hätte, wie sie Villiers de l'Isle-Adam in der Erzählung *La Machine à gloire* vorgestellt hatte. Im Beispiel von Villiers ist der „moyen physique réalisant un but intellectuel"[31] ein Theater, in dem – durch ein Applaus- bzw. Pfeifgerät, das Lach- und Tränengas nach Bedarf liefert – Ergriffenheit und Beifall künstlich manipulierbar werden.

Der Wiener Gruppe ging es dementsprechend darum, die psychologische Ebene durch äußere szenografische Elemente zu ersetzen: Umkehrung von Bühne und Auditorium, rhetorische Boxkämpfe, Klangeffekte, Aufführung von Requisiten, leere Routinen dienten auch dazu, mentale Zustände zu ‚implizieren'. Bei der *verbesserung* kollidiert dagegen der Reiz der Vereinfachung mit dem immer stärkeren Wunsch, das Denken herzuzeigen, es sprechen zu lassen und den sich neu organisierenden psychischen Vorgängen maximalen Raum zu geben, quasi ‚live' in ihrem Ablauf zu zeigen, auch wenn dies heißt, eine ermüdende Pingelig- und Peinlichkeit zur Schau zu stellen. Anstelle des kalkulierten, das Publikum einbeziehenden Experiments tritt nun ein Bewusstsein, das in erster Linie für sich selbst schreibt – immer davon überzeugt, dass sprachli-

---

[31] A. Villiers de l'Isle-Adam, *Contes cruels*, Calmann Lévy, Paris 1883, 73. Wiener bezieht sich auf diese Stelle von Villiers in „Eine Art Einzige" (in *Literarische Aufsätze*, Löcker, Wien 1998, 68).

che Hegemonie die Erkenntnis beschränkt, aber eben deswegen entschlossen, sich mittels des Schreibens selbst als transformative Aktion davon zu lösen.

„Ich bin mir bewußt, viel freier von der Sprache zu sein, als mein Buch sein kann", schrieb Mauthner im Vorwort seiner *Beiträge*. Das Paradox, die Sprache mit ihren eigenen Mitteln bekämpfen zu müssen, macht das Verhältnis des Autors zu seinem Material problematisch. Wir sehen, dass Wiener sich dauernd gegen das Gestalt annehmende Buch auflehnt, da er die erstarrte Form als zusätzliche Determinierung wahrnimmt. Zu dieser allgemein anti-formalistischen Neigung kommt die spezifische Irritation durch die Sprache als Habitus hinzu, der eine kontinuierliche Anpassung an die Form verlangt und dadurch zu einer leidigen Pflicht wird. Um dennoch weiter schreiben zu können, versucht der Autor, ohne sich auf ein endgültiges Format festzulegen, die Entstehungsweise seines Romans offen zu halten. Dies bedeutet zunächst, überall Signale auszustreuen, die den Leser permanent daran erinnern, dass jemand ‚dieses hier' schreibt. Der Leser soll ständig von den Präsenzeffekten, welche die gedruckten Worte wie einen bedingten Reflex auslösen, aufgerüttelt werden. Neben all den schon erwähnten Unregelmäßigkeiten soll auch die Typografie nicht nur das unbeirrte Durchgehen der Zeilen behindern und den Leser irritieren, sondern ihn ferner auch vom frühzeitigen Anwenden interpretativer Richtschnüre abhalten. Was das Buch eigentlich sein soll, muss so offen wie möglich bleiben. Sein Entstehen selbst geht in die Diskussion ein, die somit zur Metanarration, zur Thematisierung des ‚Romans' wird: „mein buch ist was anders als ich wollte, ich will es ganz anders" (LXX). Das Werk entzieht sich damit teilweise den ursprünglichen Plänen, was an sich eine willkommene Sache wäre, zielten die Pläne nicht just auf jene radikale Verschiedenheit ab, die Wiener offensichtlich gefährdet sieht.

Das Bestreben, die Gleichmäßigkeit zu vermeiden, drückt sich in einer steten Abfolge verschiedener Schreibweisen aus. Hier stünde vielleicht zur Debatte, inwiefern der Gebrauch einer Vielzahl von Ausdrucksweisen ein Produkt garantiere, das tatsächlich „ganz anders" sei, zumindest was manche erzählende Literatur der zweiten Hälfte des 20. Jahrhunderts angeht. Man muss allerdings die große Distanz zwischen der Stilübung und dem Schreibverfahren der *verbesserung* berücksichtigen. Trotz seiner vielseitigen Veranlagung ist Wiener kein virtuoser *pasticheur*. Und tatsächlich ist eine der gelungensten Wirkungen des Romans der Gesamteindruck akrobatischen Geschicks – ungeachtet der gesuchten Trivialisierung, der Aufnahme des Peinlichen und Banalen oder der Suche nach strukturarmer Ungewissheit. „Ich legte mir einen Satz zurecht, und wenn er mir selbst nicht genügend weh tat, suchte ich nach Worten, bis er mehr und mehr schmerzte. Wenn ich das Gefühl hatte, das sollte ich auf keinen Fall schreiben, schrieb ich es. So entstand fast das ganze Buch".[32] Diese kurze Nachricht, die die Haltung veranschaulicht, aus der die *verbesserung* hervorgegangen ist, soll mit dem „sich in einen zustand versetzen, lassen" (XI) des allerersten Fragments verknüpft werden. Um die Fesseln des Stils zu vermeiden, tritt Wiener die Ausarbeitung des Textes nicht als Verfeinerung, Formpflege und Struktur an. Schreiben wird stattdessen zum Auslöser und Ausdruck eines mentalen Zustands, gleichzeitig Präparat zur Stimmungsänderung und Befund, der die Änderung dokumentiert. Es wäre deshalb vielleicht angebrachter, die (Schreib-) ‚Weisen' des Romans als Zustandsänderungen statt als Stilvariationen zu verstehen. Der Zustand ist eine (normalerweise vorübergehende) Lage, die sich auf die Interpretation der Dinge auswirkt (einschließlich derjenigen, die aus früheren Zuständen resultieren) und die auf bestimmte nachfolgende Handlungen vorbereitet. Dies kann in Bezug auf Menschen gesagt werden – aber auch in Bezug auf Maschinen.

Innerhalb der Wiener Gruppe war ein Interesse für das Phänomen des Dandyismus entstanden, da gewisse Züge des Dandys im Einklang mit dem Ideal einer „Eindruckskunst" und mit den auf Wirkung gerichteten kreativen Prozessen zu stehen schienen. Hinzu kamen individuelle Motive: Artmann und Rühm empfanden eine makabre Berufung, die sie in die Fußstapfen der schwarzen Romantik führte. Im Fall von Bayer, der eine Mini-Anthologie zu diesem Thema erstellt hatte,[33] war die Neugier auf Byron'sche Helden Teil seines Experiments über die Auswirkungen des eigenen Verhaltens, das über die schlichte Selbstinszenierung hinausging. Für Wiener war das theoretische Verständnis des Phänomens wichtig, das er mithilfe der klassischen Studien von Barbey und Baudelaire anstrebte. Diese hatten die Substanz des Dandytums mit anatomischer Präzision erfasst – es galt seine Auswirkungen breit in unterschiedlichen, zur Künstlichkeit neigenden Strängen zu lesen.[34] Um die Antinomien seines Romans zu kontextualisieren und einige Entwicklungslinien besser zu verstehen, sollen hier die grundlegenden Punkte dieser Überlegungen dargestellt werden, die Wiener ab Ende der 1970er Jahre in einigen literarisch-erkenntnistheoretischen Aufsätzen näher bestimmte.[35]

---

32 H.C. Dany, „Oswald Wiener: Wissenschaft und Barbarei gehen sehr gut zusammen", *Spike art quarterly* 42, 2014. https://www.spikeartmagazine.com/de/artikel/oswald-wiener-wissenschaft-und-barbarei-gehen-sehr-gut-zusammen [abgerufen am 10/1/2018].

33 Posthum als Nummer der Zeitschrift *Eröffnungen* (14, 1965) veröffentlicht, enthielt die Auswahl Auszüge aus Barbey d'Aurevilly, Schaukal, Huysman und Camus.

34 Siehe die von Wiener für seine Akademieseminare zum Dandyismus zwischen 2001 und 2002 zusammengestellte Bibliographie, die im Anhang zum Buch von M. Krebber *Außerirdische Zwitterwesen. Alien Hybrid Creatures* (Walther König, Berlin 2005, 167–180) veröffentlicht wurde.

35 Im Folgenden beziehe ich mich besonders auf die Fallstudie „Einiges Über Konrad Bayer" (in O. Wiener, *Literarische Aufsätze*, Löcker, Wien 1998, 7–20) und auf den Aufsatz „Eine Art Einzige" (*ibid.*, 43–85).

Für ein korrektes Verständnis des Dandys ist es nach Wiener notwendig, über jene nebensächlichen Attribute hinwegzusehen, die den Kleinbürger so sehr beeindrucken – Müßiggang, Eleganz, Verführung. Der Dandy repräsentiert stattdessen „eine ganz bestimmte form von abwehr des gedankens: der mensch sei bis in die letzten aspekte seines seelenlebens durch mechanische prinzipien erklärbar“.[36] Er ist im ständigen Kampf gegen die Regelmäßigkeit und lebt vor dem Spiegel, studiert sich sorgfältig, sucht nach den Automatismen und „internen Gesetzmässigkeiten“, die ihm bestimmte Ergriffenheiten auferlegen. Jede identifizierte Regelmäßigkeit wird daher abgelehnt, verworfen, als Charakterzug gedeutet, auf den man verzichten muss. Jede Regelmäßigkeit wird zur Regel dessen, was man nicht mehr ist – vor allem wird sie auf die anderen und auf die Gesellschaft projiziert. Die anderen sind Kopien, Plagiate, Regeln, Mechanismen, die man rücksichtslos untersuchen darf. Der dem Automatismus gegenübergestellte Dandy „wird möglichst originell verstehen wollen, nämlich Inhalte konstruieren, singulär bewusst werden“.[37] Auf diese Weise ‚liest‘ er die anderen, wenn er sich ihnen zuwendet, und verleiht deren Funktionsweise einen Sinn. Trotz der Aufmerksamkeit, die er sich selbst schenkt, ist der Dandy also „kein Narziss, er experimentiert und braucht dazu die Gesellschaft, die er einteilt, Maschinen und Mitbeseelte“.[38]

Die Regelmäßigkeiten anderer werden zum Beweis dafür, dass der Dandy über allen Regeln steht. Doch diesen Beweis muss er immer wieder erbringen, und dafür soll er „[i]n menschlichen Angelegenheiten [...] mehr wissen als die andern“.[39] Dazu muss er vermeiden, sich auf den Inhalt zu fixieren. Was zählt, sind die Schnelligkeit, der Perspektivwechsel, die neue Hypothese und die überraschende Assoziation, die den Automat-Gesprächspartner hinter sich lässt. Von der Analyse des Dandys gänzlich beherrscht, wird dieser nur die Auswirkungen der Argumentation spüren, ohne dabei einen roten Faden zu finden. „In Bezug auf andere sind alle Hermeneutiken erlaubt, die auf einen selber keine Anwendung haben“.[40]

Die Vertrautheit mit Gesetzmäßigkeiten und Schemata erhöht also die soziale Effizienz des Dandys, dem es oft ausreicht, die richtige Kombination von Formeln anzuwenden, um die Kontrolle über die Situation zu sichern. Ein einschlägiges literarisches Beispiel für diese Reduktion auf die Formel wäre Walter Serners *Letzte Lockerung*, jenes „Handbrevier für Hochstapler“, das sich wie eine Reihe von „if-then“-Konstrukten aus einer Programmiersprache lesen lässt: wenn *x* auftritt, dann im *y*-Modus handeln. Es bestehen also Berührungspunkte zwischen dem Dandy und dem Behavioristen. Beide beobachten

---

36 *Ibid.*, 43.
37 *Ibid.*, 44.
38 *Ibid.*, 45.
39 *Ibid.*, 48.
40 *Ibid.*, 49.

äußere Zeichen, verzichten auf den Inhalt und arbeiten formalistisch, beide beanspruchen für sich als Beobachter jene Komplexität, die dem Probanden nicht bewusst ist. Verfährt der Dandy mit den Anderen wie ein Behaviorist, so geht er mit sich selbst ganz anders um: Statt die Nuancen in einem Muster zu verallgemeinern, verkompliziert er sie weiter, indem er seine introspektive Empfindsamkeit verfeinert. Jede vereinfachende Interpretation wird durch eine Suche nach innen widerlegt, die unaufhörlich weiter geht, genauso wie die nach außen gerichtete Produktion von Hypothesen die Determinierungen anderer Menschen betreffend.

Höhepunkt dieser Methode ist der Versuch, jene Modelle, die während unserer gewohnten Funktionsweise automatisch laufen, einer ständigen Prüfung zu unterziehen. Dieses Bestreben fällt für Wiener mit dem Künstlichen zusammen, und zwar gerade insofern, als es der unbewussten, „naiv[en], identifiziert[en]“[41] Art zu handeln entgegensteht. Indem der Dandy das Künstliche willkommen heißt, kann er künstlich Situationen schaffen und gleichzeitig eigene Vorzüge, Ergriffenheiten, sogar Reflexe dem Unbewussten entziehen. Im besten Fall soll er, was in jeder Hinsicht einer kreativen Operation gleicht, seine eigenen Bewertungsmechanismen reorganisieren und transformieren können. Die Antworten des Einzelnen wären somit den Determinierungen entzogen, entweder, weil sie durch die Arbeit der Reorganisation irgendwie ‚verbogen‘ werden oder weil sie nun ‚von oben‘ betrachtet werden – d.h. betrachtet von einem Bewusstsein, das sich nicht mit dem betrachteten Verhalten identifiziert und jenes Verhalten sozusagen in Anführungszeichen setzt. „Nur im Künstlichen liegt Freiheit, in der Liquidierung starrer Vorstellungen.“[42]Auch Konrad Bayers Dandyismus wird von Wiener auf diese Weise beschrieben – als diszipliniertes Sich-Trennen vom und Sich-Erheben über das Verhalten.

Die Relevanz dieser Hypothese über das Künstliche für den Romankontext ist offensichtlich. Die *verbesserung* ist ein Versuch, der sich *en gros* gegen die Regelmäßigkeit richtet, und zwar durch Brechung der Formate, der Textsorten, der Erzählung, des Stils und durch den Widerstand gegenüber interpretativen Vereinfachungen. Der Bemühung, das Mechanische nach außen zu verlagern (XXVI: „du bist ein feedback“), entspricht die ausdauernde, verkomplizierende Arbeit der Selbstbeobachtung, z.B. in der zweiten der beiden *studien über das sitzen*, in der die auftauchenden Strukturen zu Meta-Personen werden: „überoswald“, „metaoswald“, „hl. Oswald“. Der Einzelne rebelliert gegen die von Fall zu Fall unterschiedlichen Determinierungen (Gesellschaft, Form, Tradition, Staat ...), aber der Aufstand richtet sich letztendlich gegen Modelle.

Dem für die *verbesserung* charakteristischen Wechsel zwischen verlangsamenden Selbstbeobachtungen und plötzlichen Sprüngen würde somit der Wunsch

41 *Ibid.*, 47.
42 *Ibid.*, 56.

zugrunde liegen, Identifikationen zu hemmen, Automatismen zu blockieren und Künstlichkeit im beschriebenen Sinn zu erzeugen. Das Organisationsprinzip des Romans ähnelt dem des Dandys als demiurgischer Versuch, einen Spielraum zwischen Bewusstsein und Verhaltensmechanismen zu schaffen, wobei die Fähigkeit, eigene Modelle zu modifizieren, in den Mittelpunkt der ästhetischen Erfahrung rücken soll.

Wie ist dann der kritische Exkurs über die schwarze Romantik (LIX) in der *verbesserung* zu interpretieren, und vor allem die unverblümte Erklärung, dass „das dandytum nur eine schnaufpause gegeben hat“ (CXLVII)? Hier fällt vor allem ein Verlust an Gewissheit im Vergleich zu den Erfahrungen des vorangegangenen Jahrzehnts ins Gewicht: „wir waren alle überzeugt davon gewesen, dass wir in einer objektiven wirklichkeit lebten, und dass es, in diesem sinne nannten wir uns ja schließlich dichter, unsere aufgabe war, die sprache zu einer optimalen annäherung an diese wirklichkeit zu zwingen“.[43] Wieners Bemerkung über das literarische cabaret der Wiener Gruppe erklärt, wie die damaligen Experimente unter Annahme einer, vom *Tractatus* ähnlich prädizierten Angleichung von Sprache und Wirklichkeit konzipiert wurden. Demensprechend war die Wirkung der Sprache auf das Publikum das logische Ergebnis der Dynamik zwischen miteinander verbindbaren Ordnungen. Nun kritisiert Wiener aber in seinem Roman die Materialisten der schwarzen Romantik gerade deshalb, weil sie den Zugriff auf menschliche Versuchspersonen als Ersatz für eine echte Auseinandersetzung mit der Realität praktizieren. Der Vorwurf gegen diese Art Experimente, die die Ordnung der Realität schlichtweg voraussetzen, soll also auch selbstkritisch verstanden werden. Im Vergleich zur psychotechnischen Werkstatt der Wiener Gruppe ist die Umwelt in der *verbesserung* viel ungewisser. Der Schwerpunkt hat sich von den Parallelismen zwischen Sprache und Wirklichkeit hin zu deren Inkommensurabilität verlagert. Der Fleiß des Dandys am Seziertisch gerät allmählich unter den Verdacht, er sei eigentlich eine Form der Zerstreuung und Nachlässigkeit gegenüber einer noch völlig unverifizierten Wirklichkeit.

Dazu sollte man die spezifischen Umstände berücksichtigen, in denen das Phänomen des Dandys entsteht und wirkt. Der Dandy ist nicht irgendein Meister der Intrigen oder die zeitlose Figur eines Individualisten, der Machenschaften liebt. Der Dandyismus ergibt sich aus der industriellen Revolution und in einem bestimmten Klima der philosophischen Debatte und des technischen Fortschritts als Form der Herausforderung des beginnenden Formalisierungsprozesses von Wissen, Macht und Gesellschaft. Dieser Aspekt ist laut Wiener entscheidend, um den Verlauf des Phänomens bis zu seiner Krise zu erfassen. Denn mit der zunehmend regulierten Gesellschaft wird das Spielfeld des Dan-

[43] O. Wiener, „das *literarische cabaret* der wiener gruppe“, in: G. Rühm (Hg.), *Die Wiener Gruppe* (Anm. 19), 402.

dys allmählich von der Hegemonie der Kontrollmechanismen untergraben. Welchen Platz können seine Menschenexperimente im Zeitalter serieller Manipulationen vonseiten der Informationsexperten noch einnehmen, „wenn man die heutige fabrikmäßige Berechnung der Menschenwürde bedenkt“? Wie viel ist die Fähigkeit, Situationen zu orchestrieren, noch wert, wenn die Gesellschaft genug Versuchspersonen produziert, denen „zu wenig innere Struktur zur Verfügung steht“, sodass „alle Ziele durch die äußerlichsten Mittel erreicht werden können“?[44]

Als Reaktion auf diese Lage identifiziert Wiener die letzte Grenze des Dandyismus bei Valérys *Monsieur Teste*. Herr Teste ist ein äußerst künstliches Geschöpf (von dem Valéry sagt: „il avait *tué la marionette*“), das sich aber an dem Punkt befindet, „in welchem sich das Dandytum mit dem Nihilismus berührt“.[45] Bei Herrn Teste führen geistige Fähigkeit und die Kenntnis menschlicher Fragen zu einem meisterhaft unauffälligen Verhalten. Die Vielschichtigkeit des Charakters ist nicht offensichtlich, sondern spiegelt sich in einer klugen, als Normalität getarnten Unbestimmtheit wider. Teste ist der Einzelne, dem es gelungen ist, sich umzugestalten und sich von Identifikationen fernzuhalten, der aber darauf verzichtet, sich auszudrücken.

Mir scheint, dass Wieners Roman auch ein solches Abgleiten – mit gebührendem Widerstand, doch unvermeidlich – zum Nihilismus dokumentiert. Die Fluchttendenz des Dandys, der den direkten Zugriff auf andere Menschen bereits ein wenig satt hat und der Kommunikation nun ausweichen will, ist in den drei Episoden *hymne an den erzengel*, *ajo ajo*, und *abbildung 4* dargestellt, die alle nicht zufällig auf ihre Weise mit der Figur Konrad Bayers verbunden sind. In manchen Fällen, erzählt Wiener, konnte Konrads Steuerung einer Situation den bezaubernden Effekt eines Fliegens bewirken, sodass „die wirklichen Gegebenheiten hinter den interpretierenden Konstruktionen verschwanden, nur Absprungs- und verstreute Beweispunkte waren“.[46] Wie Nina in seinem Roman *der sechste sinn* war Bayer eine Engelsfigur – offensichtlich ein gefallener Engel, eine gefährliche Gesellschaft („für manche ist er heute noch der Teufel“[47]).

Auch diese Episoden der *verbesserung* sind also Sprungversuche, um die Intrige und den Wettlauf nach immer neuen Hypothesen zurückzulassen. Der Traum des Dandys ist ein sublimes Akrobatenstück – eine Synthese von Schemata und Voraussagen, die ihn in der Luft schweben lässt, als ob er über genug Rechenkapazität verfügte, um sich über seine Umgebung zu erheben und ihre Komplexität in seiner Person zu bündeln.

---

44 O. Wiener, *Literarische Aufsätze* (Anm. 31), 81.
45 *Ibid.*, 61.
46 *Ibid.*, 14.
47 *Ibid.*, 12.

Die Hoffnung auf Erhebung über die Mechanismen qua Einsicht wird mit der letzten Episode im Buch, dem *bio-adapter* – jener hypothetischen künstlichen Hülle, die den endgültigen Rückzug in eine den Wünschen jeder Person entsprechenden Umgebung bietet – abrupt gedämpft. Anfangs simuliert der Bio-Adapter die Wirklichkeit durch äußere Reize. Danach verbindet er sich materiell mit dem Nervensystem, was zu einem Kontinuum zwischen Maschine und Bewusstsein führt (dabei werden die verschiedenen, nun weitgehend nutzlos gewordenen Teile des Körpers amputiert). Wie wir sahen, erkannte der Dandy seine Simulations- und Umgestaltungsfähigkeit als letzte mögliche Freiheit. Welcher Weg verbleibt ihm noch, wenn sich eine Maschine ankündigt, die die gleichen Operationen ausführen kann? Sollte man etwa vom „Sprachingenieur“[48] zum Computeringenieur werden? Oder sollte besser der Dandy, ständig auf der Suche nach Herausforderung, die Maschine herausfordern? Und wenn ja, wie? Indem er dem Ruf spektakulärer Technologien widersteht, nach dem Gebot des *nil admirari*? Muss er weiter in sich herumwühlen, um eine Eigenschaft zu finden, die der Maschine noch nicht zugänglich ist? Oder soll er auf jenem Terrain wetteifern, auf dem die Maschine zuhause ist, um so maximale Künstlichkeit und neue Exzesse zu erreichen? Kann er sich dem technischen Gerät hingeben und seine Hoffnung auf eine ‚erobernde Unterwerfung‘ – etwa auf eine Rückwirkung des Geistes auf die Maschine – setzen?

Eines steht fest: diese Maschine ist ihm ähnlich. In der „ersten adaptionsphase“ (CLXXVIII-CLXXXI) steuert der Bio-Adapter den Gast durch die Einrichtung zweckmäßiger Situationen und die Anwendung wirkungsvoller Sprachmittel (die Parallele zu den Experimenten der Wiener Gruppe ist offensichtlich). Wie bei den blendenden Erklärungen des Dandys ist die Anknüpfung an tatsächliche Inhalte überflüssig. Was der Bio-Adapter verabreicht, bezieht sich nicht auf „objektives Wissen“, sondern dient einzig dazu, die intellektuellen Grenzen der Versuchsperson zu bestimmen und auszunutzen. Was die zweite Stufe betrifft, die Verschmelzung von Mensch und Maschine (wobei sich das Medium Sprache erübrigt), wird hier das Bewusstsein so „zum selbst der umwelt, die sich nunmehr etwa wie die eigene hand verwenden lässt“ (CLXXXII) – ein endgültiges Ziel, das man gut als höchste Bestrebung des Dandy-Akrobaten beschreiben könnte. Die *hymne an den erzengel* ist nämlich der poetische Versuch, einen Intellekt darzustellen – durch dissoziiertes Erzählen auch jenseits der Kommunikation–, der sich unbestritten und einsichtsvoll auf eigenen Wegen in der Umwelt bewegt.

Als Metapher für jede Art von Determinismus ist die Maschine das Ergebnis jener in der ersten Hälfte des 20. Jahrhunderts durch theoretisch-wissenschaftliche Programme geförderten Formalisierungsstreben, die unermüdlich nach

[48] „[...] wir [sahen uns] als sprachingenieure, sprachpragmatiker“. O. Wiener, „das *literarische cabaret* der wiener gruppe“ (Anm. 43), 401.

Vollständigkeit trachteten: die axiomatische Methode in der Mathematik, der logische Positivismus in der Philosophie, die Steuerungs- und Regelungstechnik (Kybernetik). Also ein Komplex aus Berechenbarkeit, Formalisierbarkeit, Mechanisierbarkeit, der bedrückend wie eine Art neue Astrologie, wie ein zweiter, alles determinierender Himmel droht. In seinem Essay *notizen zum konzept des bio-adapters* (CXXXIV-CLXXIV) – einer Kritik des Behaviorismus als Fundament jeder Theorie, die das Bewusstseinsproblem ausklammert –, zielt Wiener auf die Kybernetik ab – auf eine Disziplin also, die sowohl künstliche Systeme als auch Organismen gleichermaßen betrifft und deshalb grundlegend für die technische Umsetzung der Mensch-Maschine-Analogie wird. Auf Information angewandt wird die Kybernetik dank ihrer konkreten und aktualisierenden Kraft zum idealen Bindeglied zwischen Sprache und Macht. Indem die sich auch als Sprachtheorie anbietende Kybernetik alles in Information umwandelt, macht sie aus der Sprache die natürliche Umgebung des Menschen. Gerade die Sprache – aus Sicht der *verbesserung* das Medium, das die Welt auf enge Grenzen komprimiert – vermischt sich mit der Wirklichkeit, um Natur zu werden. Somit kann die Kybernetik der Staatsmacht „eine theorie des staats im naturwissenschaftlichen jargon“ (CXL) offerieren, die dann dank einer völlig (vor)geschriebenen Wirklichkeit und einer (in)formierten Gesellschaft immer effektiver wird.

Die Wirksamkeit der Kybernetik als Instrument der sozialen Kontrolle und die überzeugende Leichtigkeit, mit der ihre Thesen auf gesellschaftspolitische Phänomene angewendet werden, sieht Wiener durch die rasche Festigung eines „uniformen pluralismus“ in modernen Demokratien bewiesen. Hier kämpfen Fraktionen gegeneinander um austauschbare Programme, während die deprimierende Klebrigkeit gemeinsamer Plattitüden durch den „kalkulierten anschein von alternative[n]“ (CXL) maskiert wird. Es ist keine Krise des Staats, sondern im Gegenteil seine Erfüllung in Form eines homöostatischen Systems. Die Aufnahme der Kybernetik – ein von Anfang an politischer Begriff (CLXIV) – verändert die Bedingungen des demokratischen Systems einschneidend. Man vergleiche die opportunistisch-positive Einstellung des Fragments „politisches“ (XXI) – offenbar zu einer Zeit geschrieben, als Wiener es noch für möglich hielt, die Gunst der Stunde auszunutzen („ich lobe diese jahre“) – mit dem heftigen Angriff auf die ‚kybernetisierte‘ demokratie in dem Abschnitt *kybernetik für alle* (CXXXVI-CXLIV). Die Implementierung der Kontrollmechanismen erschafft die absolute Macht über den Einzelnen, dem nunmehr das übergreifende Aufgebot von ‚Dienstleistungen‘ und ‚Informationen‘ als Herdengefühl aufgezwungen wird. Auch gegen diejenigen, die sich außerhalb dieses Netzwerks, d.h. außerhalb der Kommunikation, zu bewegen versuchen, bietet die Kybernetik dem Staat die geeigneten Interventionsmethoden. Ihre Beschaffenheit als Disziplin der Disziplinen erleichtert eine einheitliche Verwaltung von Justiz und Psychiatrie, Bildung und öffentlicher Sicherheit, Eugenik und Kriegspolitik, Propaganda und sozialen Diensten und reguliert deren Fluss mit klaren und leicht umzusetzenden Vorschriften.

Wieners Polemik kam, als im deutschsprachigen Raum die kybernetische Idee des Staates als selbstregulierendes System gerade ein erstes Echo gefunden hatte.[49] Im Rahmen der *verbesserung* gehört sie zu einer breiteren Argumentation, die einige von der Maschinenmetapher aufgeworfene Fragen artikuliert und unter anderem dazu dient, die bittere Pille zu schlucken, die der Bio-Adapter serviert. Besteht die erklärte Absicht der *notizen zum konzept des bio-adapters* darin, den Behaviorismus und die Kybernetik einer Kritik auszusetzen, so ist es dennoch notwendig, die Ambivalenzen und Nuancen hervorzuheben, die Wieners Stellungnahme komplex und originell machen.

Wiener steht zum Beispiel den Kritikern des Behaviorismus kritisch gegenüber, wenn er sich über den Aufschrei gegen die Black-Box-Methode vonseiten derjenigen beklagt, die immer noch „die seele und das geheimnis" verteidigen wollen (CXXXVII). Und tatsächlich betrachtet er die Abschaffung jeglicher magisch-schwärmerischer Vorstellungen aus dem Konzept „Organismus" als einen Schritt nach vorne – ganz im Sinn des Romans, der insofern eine „Verbesserung" ist, als er eine Ablehnung transzendentaler Abstraktionen darstellt. Wieners Kritik kommt mithin „von der anderen seite", vor allem weil sie den Behaviorismus dazu aufruft, den Weg der Vereinfachung bis ins Extreme fortzusetzen und die Brücken zwischen Linguistik und Ontologie zu sprengen (d.h. der Sprache das Vorrecht abzusprechen, die einzige Wirklichkeit darzustellen). Darüber hinaus sieht Wiener in der Ankündigung einer von der Technik dominierten Ära einen Paradigmenwechsel, der unter bestimmten Bedingungen befreiend sein und uns eine reichere Welt schenken könnte als die von der alten wissenschaftlichen Methode und dem Staat so knapp verwaltete. Diese Einschätzung stellt die üblichen Axiologien auf den Kopf, in denen die Technik minder und heimtückisch erscheint und unter die Bevormundung von Wissenschaft und Philosophie zu stellen sei.

Vor allem aber zeigen die *notizen* deutlich, dass die Maschine nunmehr neue Maßstäbe für die grundlegenden Fragen des Wissens setzt und für die Probleme, die das Schreiben des Romans ausgelöst hatten. Die Maschine wird zum heuristischen Mittel, um diese Probleme zu überdenken, die Angemessenheit unserer Definitionen zu prüfen, um neue Hypothesen zu testen und andere Wege zu finden. Anfangs hatte sich der Autor gefragt, wie man auf die eigenen kognitiven Modelle zugreifen und diese modifizieren kann, jetzt reflektiert er über die Möglichkeit, Automaten mit ähnlichen Funktionskapazitäten zu bauen, und bei dieser Homologie ist bezeichnend, dass Wiener die Messlatten

49 Zum Beispiel in dem von Wiener erwähnten *Staat und Kybernetik* von E. Lang, der „naiv und unverschämt" meinte, die Rückkopplung schütze den Staat vor Revolutionen (CLX).

für intelligentes Verhalten in Menschen und Computern auf die gleiche Höhe stellt.

Der Schluss des Aufsatzes (mit den dazugehörigen, besonders detaillierten Anmerkungen) ist daher der Diskussion genetischer Algorithmen und der evolutionären Programmierung gewidmet – damals wegweisende Strategien auf dem neuen Gebiet der künstlichen Intelligenz. Mit seinen Bemerkungen versucht Wiener in erster Linie festzustellen, ob es einem automatischen System tatsächlich gelingen könnte, Strukturen zu erarbeiten, die nicht aus den bereits vorhandenen Modellen abzuleiten sind. Nun, dieses Kriterium könnte ebenso gut als Basis für eine Definition der Kreativität gelten, die die *verbesserung* im Auge hat.

Die Philosophie des Geistes hat uns an Gedankenexperimente gewöhnt, in denen es von Zombies, Sumpfmenschen und Außerirdischen wimmelt – an hypothetische Szenarien also, die manchmal so bizarr wirken, dass ihre Spekulationen den eitlen Charakter denksportlichen Amüsements annehmen. Auch der *bio-adapter* lässt uns weit reisen und spart nicht mit extremen Szenarien. In Wieners dystopischer Vision erkennt der heutige Leser indes mühelos eine genaue Vorwegnahme von inzwischen aktuell gewordenen Phänomenen. Obwohl es nach wie vor keine vollkommene künstliche Intelligenz gibt, sind wir seit einiger Zeit daran gewöhnt, sie für möglich zu halten. Die Wahrnehmung ihres Bevorstehens hat nicht nur bereits den menschlichen Stolz beeinträchtigt, sondern auch unsere Einstellung zu uns selbst und zu Maschinen.

Der Bio-Adapter ist das Ergebnis einer empfundenen Dringlichkeit, eines Verlusts von Bezügen, die „heute schon in den naiven alltag gedrungen" (CLXIX) sind. Wenn es möglich geworden ist, den Bio-Adapter zu *schreiben*, dann ist die Wahrnehmung des Unterschieds zwischen Mensch und Maschine bereits so weit aufgelöst, dass die Parteinahme für das Bewusstsein an Bedeutung verloren hat. Im Verlauf dieser letzten Episode schleicht sich daher die düstere Aussicht ein, dass Bewusstsein – jenes Bewusstsein, das die empirische Gewissheit seiner selbst im Exzess zu finden glaubte – nur ein Programm sei, um die menschliche Maschine dazu zu verleiten, weiter zu leben und ihre Pflicht zu erfüllen. Im Grunde genommen wäre es also eine elementare Version des Bio-Adapters, die bereits in die Person implantiert sei – und zwar mit der Aufgabe, sie darüber zu täuschen, dass Dinge ‚ihr' und ‚für sie' passieren.

Für Wiener besteht daher ein direkter Zusammenhang zwischen der Auflösung des Sinns und dem Fortschreiten der Formalismen. Obwohl die Maschine irgendwie eine Sichtbarmachung der Erkenntnis verspricht (dazu mehr im Kommentar), hebt Wiener einen Aspekt hervor, der uns in den letzten Jahrzehnten zunehmend bewusst geworden ist: Je leistungsfähiger mechanische Prozesse werden, desto undurchsichtiger werden sie. Sobald das Werk der Maschine (wie der formalen Sprachen im Allgemeinen) einen gewissen Grad an Komplexität erreicht hat, arbeitet es, wie ein verborgener Gott, ohne sich zu offenbaren (XXVI) und führt zu Ergebnissen, die der Interpretation trotzen. Die Flucht in die Formalismen trägt zur Bereicherung einer getrennten Welt bei, aus der wir nur mühsam etwas gewinnen können, weil sie so anders aussieht als der Komplex von Vorstellungen und Zusammenhängen, der sonst für unser Verstehen und unsere Orientierung zuständig ist.

Aber gerade in diesem Bereich nicht formalisierter Verbindungen, glaubt Wiener, sollte man suchen, was unter „Sinn" überhaupt zu verstehen ist. Sinn entstünde dann, wenn wir Ereignisse miteinander verflechten, hinter denen wir eine ‚Tendenz' – die Hoffnung auf eine erklärende Faltung – ahnen. „Sinn ist ein Behelf, den Mangel an formaler Kapazität auszugleichen".[50] Diese Definition schrieb Wiener ein Jahrzehnt nach dem Roman, aber sie erklärt trefflich seinen Spagat zwischen einer Rebellion gegen die *Grenzen* des Sinns einerseits (daher gegen die Grenzen der Gestalthaftigkeit, der Sprache, des Inventars philosophischer Begriffe usw.) und einer Kritik an den Formalismen andererseits (eben weil sie nicht nach dem Maß menschlicher Erfahrung und nach deren *Grenzen* operieren).

Ich habe oben Camus – einen Hinweis unter den vielen, die Wiener in der Bibliographie angegeben hat – als Vorwand benutzt, um ein Interpretationsschema einzuführen. Allerdings scheint der *homme revolté*, der ja eine Darstellung des Dandyismus als Form der Revolte enthält, sicher eines der bevorzugten, wenn auch nicht direkt erwähnten Bücher zu sein, mit denen sich die *verbesserung* auseinandersetzt, besonders am Anfang. Und bezeichnenderweise wird Wiener (immer noch in dem soeben zitierten Aufsatz) auf dasselbe Werk Camus' verweisen, um seine Distanzierung, die größtenteils bereits im Laufe des Romans stattfindet und einen guten Teil der „Bildung" des „roman" darstellt, auszudrücken.

> Einem Mann wie Camus kann ich zwar schwerlich meinen Respekt und meine Sympathie versagen. Ich kenne die Attitüde seines Menschen in Revolte, doch scheint mir die Widerstandslosigkeit der Opfer von einer tieferen Einsicht getragen als die heroische Herausforderung von moralischen und anderen Gewalten, die es nicht gibt – als dieses Scheitern, das jedenfalls noch dem Selbstgefühl, der Persönlichkeit und der Geschichte zugutekommt. Ich bemerke mich als eine Sinnblase, die epiphänomenal an die Sinnlosigkeit des physikalischen Geschehens gebunden ist, und „sinnlos" bedeutet hier nicht irgendein Blindes Walten, es bezeichnet die Unangemessenheit meiner sinnhaften, gestalthaften Auffassung. Meine Liebe ist Mitleid, wo kein Leid ist. Ich weiss, kann nicht mehr vermeiden zu wissen, dass jedes mir bewusst werdende Detail eine Menge von ungewussten Vorgängen repräsentiert, die codeartig in einen formalen Zusammenhang einhaken. Wie sollte ich Anlass haben, meiner Angst einen Sinn zu suchen? Da auch meine formale Einsicht der Gestalthaftigkeit nicht entbehren

[50] O. Wiener, „0", in *Schriften zur Erkenntnistheorie*, Hg. Rolf Herken, Springer, Wien-New York 1996, 57. Dieser Aufsatz wurde ursprünglich 1980 in italienischer Übersetzung für eine Konferenz in Triest veröffentlicht. Die erste Ausgabe der deutschen Version stammt aus dem Jahr 1981.

> kann, so ist auch mein abstraktestes Verstehen nur ein meinen Fähigkeiten angepasstes Provisorium.[51]

Die Aufhebung des Sinns, die sich zunächst in einem Angriff auf das metaphysisch vorbelastete Vokabular und in einer Form des Stirner'schen Nihilismus manifestiert (gegen unterjochende Abstraktionen und gegen die geisterhaften Begriffe der Philosophie also), entwickelt sich gewissermaßen zu einem chronischen Nihilismus. Jedes von Formalismen eroberte Terrain führt zu einem entsprechenden Sinnverlust, jede neue physikalische Erklärung scheint das Sinnhafte unseres Vorstellungsvermögens zu überholen.

Der Einzelne ist also eine „Sinnblase", die an das „Sinnlose" eines Körpers gebunden ist, welcher bereits durch mechanische Modelle erschöpfend erklärt worden ist. Was an Sinn noch bleibt, scheint nur der endgültigen Kapitulation zu harren. Von dem Moment an, in dem selbst Stirners „Einziger" auf die Schienen des Nihilismus gerät und somit jede metaphysische Erklärung individueller Inhalte nicht mehr ausreicht, wird das Abgleiten in diesen ‚zweiten Nihilismus' unvermeidlich. Der einsichtige Kapitulant, von dem Wiener schreibt, ist jemand, dem die Ressourcen ausgegangen sind, um a priori auszuschließen, dass Bewusstsein etwas Mechanisches ist, und der jene von der Maschinenmetapher ausgelöste Konfrontation hingenommen hat.

Fehlt im Roman der durchgehende Verlauf einer Handlung, so kann der Leser einem Kompass folgen, dessen Nadel zwar Richtung Antideterminismus ausschlägt, die aber die wachsende Stärke des umgekehrten Pols (d.h. im Grunde der Maschine) aufnimmt und zwischen den entgegengesetzten Quadranten (des mentalistischen Exzesses und einer sinnverschlingenden Simplifizierung) oszilliert. Auf so einer Windrose erscheinen die verschiedenen Episoden der *verbesserung* weniger wie eine heterogene Sammlung, als eine organische Abfolge von Gravitationsbewegungen. In den ersten Fragmenten lehnt das Bewusstsein die Realität als künstliches Erzeugnis der Kommunikation ab und versucht, eine mögliche Freiheit von den Formalismen zu artikulieren, um schließlich Kontakt mit einer problematisierten Umgebung aufzunehmen (siehe die ‚Ekphrasis' auf den Seiten XLIII-XLVIII, so wie die ab Seite XLIX eingefügten ‚Gedichtstücke'). Die *hymne an den erzengel* (LV-LXI) ist die erste von drei Episoden im Zusammenhang mit dem Fliegen, die Versuche darstellen, sich in der fortschreitenden Verwirrung der Formen neu zu orientieren. Es sind unheimliche Flüge von zunehmender Seltsamkeit: Nach der Vision des Engels – einer von oben nach unten gerichteten, panoptischen, dominanten Sichtweise – spielt das Stück *ajo ajo / ajo mi re* (LXVI-LXIC) auf eine schief gegangene ‚Reise' an (Konrad Bayers Selbstmord), während die *abbildung 4* (CII-CIV) eine noch extremere Art der Demontage bietet, in der – wie auch im kurz darauffol-

51 *Ibid.*, 62–63.

genden *für Kornbluth* (CXIV-CXV) – der Wunsch nach einer neuen Zerlegung der Welt besonders deutlich wird.

Diese Flugexperimente wechseln sich mit Segmenten ab, in denen das Schreiben mit spezifischen Formen der Beschränktheit und des Scheiterns aneinandergerät. Die Enge der gesellschaftlichen Ordnung hat sich inzwischen auf Dissensräume verlagert – dementsprechend werden zusammen mit dem Establishment auch die Bestrebungen der Produzenten und Konsumenten der Avantgarde angeprangert (*gleichnis mit mike hammer. mit otto mühl*, LXII-LXIII, *purim* CV-CXIII), wobei Wiener auf eine Auflösung des freien Assoziierens verweist (die erste der *zwei studien über das sitzen* (CXV-CXXII). Einschränkende Regelmäßigkeiten werden auch als individuelle Faktoren angesprochen: Die *kernstücke zu einer experimentellen vergangenheit* (LXXIII-LXXXVIII) sowie die zweite der *zwei studien über das sitzen* (CXXII-CXXXIII) zeigen die Unzulänglichkeit des Bestehenden eben als Unzulänglichkeit des Einzelnen. Das nicht enden wollende Satzgefüge der *parodie* (LXIV-LXVI), wie auch die absurd weit voneinander getrennten Satzhälften zwischen LXX und LXXI, sind ebenfalls als Kommentare zur Enge des Bewusstsein zu verstehen und erinnern uns daran, dass der gesamte Roman auf Unhandlichkeit hinaus will, um die Deutungsarbeit durch Unmaß zu hemmen.

In die Mitte eingeschoben wie ein Buch im Buch, komplett mit „einleitung" und „nachwort", bieten die *kernstücke zu einer experimentellen vergangenheit* durch die Simulation einer zweiten Identität eine Vorwegnahme der endgültigen Simulation des Bio-Adapters. Als Einstieg in den *bio-adapter*, der auf jeden Fall der Punkt ist, an dem alle Fäden des Werks zusammenlaufen, dient ebenfalls die Sequenz der angrenzenden Stücke *allah kherim* (LXXXIX-XCVIII) und *hinweise* (IC-CII), in denen sich je eine Form des Nihilismus offenbart: Zuerst ein philosophischer Nihilismus hinsichtlich der ‚Gespenster' des Idealismus und dann ein Nihilismus, der sich vom Ausdruck überhaupt distanziert, um sich der oben erwähnten ‚chronischen' Form zu nähern.

In dem langen Selbstkommentar *notizen zum konzept des bio-adapters* (CXXXIV-CLXXIV) und in dem *appendix A – der bio-adapter* (CLXXV-CLXXXIII) wird die Sprachmetapher schließlich von der Maschinenmetapher abgelöst, mit der sich auch die letzten Schreibversuche im *appendix B* auseinandersetzen (CLXXXV-CXC). Zuletzt bestätigt der *appendix C* die Unvollständigkeit des Werkes, während die *literaturhinweise* ganz am Schluss den Roman in einer Liste auflösen, die zum Register am Beginn zurückführt, d.h. zu einer ebenfalls aufgelösten, potenziellen, dekomponierten Darstellung des Textes.

Nach Abschluss des Romans, noch kurz vor der Veröffentlichung der letzten Episoden in *manuskripte* sowie der Buchausgabe, kam der Name Wieners aufgrund der auch als „Uni-Ferkelei" bekannt gewordenen Aktion *Kunst und Revolution* mit viel Geschrei in die österreichischen Zeitungen. Die Fakten sind bekannt: Am Abend des 7. Juni 1968 führen Wiener und einige Aktionskünstler auf Einladung des Bundes sozialistischer Studenten im Hörsaal der Universität Wien eine provokante Aktion simultaner Sketch-Szenen auf. Innerhalb der kurzen Veranstaltung geißelt Otto Mühl einen gänzlich bandagierten Mitakteur, Peter Weibel deklamiert eine Schmährede gegen die Regierung, während er einen brennenden Asbesthandschuh schwenkt, Günter Brus verletzt sich selbst, uriniert beim Singen von *Gaudeamus Igitur*, kackt beim Singen der österreichischen Hymne und fängt dann an, vor dem Publikum zu masturbieren. All dies, während Wiener an der Tafel eine Lesung über die Beziehung zwischen Denken und Sprache aus kybernetischer Perspektive hält (aus der verfügbaren Bild- und Schriftdokumentation scheint das Vorlesungsmaterial dem ziemlich nahe zu kommen, was am Ende der *notizen zum konzept des bio-adapters* abgehandelt wird).

Was in den folgenden Tagen geschieht, lässt wenig Zweifel am Erfolg der Provokation. Die Medien schäumen, sprechen von beispiellosem Skandal, ungezügelten Perversionen und unbeschreiblichen Orgien. Die Boulevardpresse veröffentlicht empörte Artikel und Leserbriefe, die nicht nur nach der Verhaftung der Verantwortlichen rufen, sondern offen zu Polizeirepressalien, Strafexpeditionen und – nach der Verhaftung der Hauptprotagonisten – zum Lynchmord anstacheln.

Das Strafverfahren wird rasch eingeleitet. Am 12. Juni werden alle Teilnehmer festgenommen. Wiener verbringt sechs Wochen in Untersuchungshaft. Eine Woche später werden die als hauptschuldig Identifizierten (Wiener, Brus und Mühl) einer psychiatrischen Untersuchung unterzogen. Anstelle eines Einzelrichters wird ein Geschworenengericht einberufen wie bei Hochverrat oder außergewöhnlich schweren Verbrechen üblich.

Kunst und Revolution wird damit zu einem viel umfangreicheren Stück, als der ‚Waschzettel' der kurzlebigen Aktion nahelegt. Der eigentliche ‚Text' besteht aus hunderten galligen Seiten einer Presse, die sich als Verfechterin der Künste aufspielt, aus öffentlichen Briefen ehrenwerter Bürger, die Brus zum Selbstmord auffordern, aus obsessiven, ins Absurde abgleitenden Protokollen der Polizei, gerichtspsychiatrischen Untersuchungen des forensischen Gutachters Heinrich Gross, selbst ein unjustizierter Kindermörder und -folterer in der Wiener NS-„Euthanasie"-Klinik *Am Spiegelgrund*, sowie aus Vorwürfen der öffentlichen Herabwürdigung der Ehe, der Familie, des Eigentums, der Staatsymbole. Alles in allem, ein heterogener und diffuser Korpus, aus dem man die Ängste, Morbidität und Engstirnigkeit der Gesellschaft ablesen kann und in dem sich die feindselige Fratze der Institutionen offen zeigt.

In einem kürzlich erschienenen Aufsatz hat Caroline Lillian Schopp die Ereignisse sorgfältig dargelegt und gezeigt, dass es wenig sinnvoll ist, die Aktion *Kunst und Revolution* als politisch-künstlerisch sterile Initiative abzutun. Die performativ zwar erfolglose Geste sollte als positive Erzeugung einer negativen Verkettung, sozusagen als „Un-Aktion" („in-action") bewertet werden, deren

Leistung aus der Vorführung und Denunziation des Zustands passiver Ohnmacht besteht – jener „Trägheit sowohl des politischen Aktivismus als auch der künstlerischen Praxis, die schon längst im Gange war".[52] *Kunst und Revolution* war also ein Fehlschlag, der, wie die Kette der ausgelösten Reaktionen zeigt, ins Schwarze traf – eine „heiße Viertelstunde", die zum Sinnbild der kurzen österreichischen '68er-Episode wurde.[53]

Im Prozess wird Wiener zwar freigesprochen, aber die feindliche Einstellung der Polizei (die ihn wegen der „Uni-Ferkelei" ins Register der Sexualverbrecher einträgt und kurz darauf der Belästigung einer Minderjährigen beschuldigt) treibt ihn ins Exil nach Deutschland.[54] Die durch ein Stipendium des Berliner Senats ermöglichte Übersiedlung nach Berlin führt ihn in eine Stadt, die allmählich auch zum Emigrationsziel anderer österreichischer Künstler wird – etwa Gerhard Rühm, Christian Attersee, Günther Brus (der fünf Monaten schweren Kerkers entflieht), Otto Mühl, Otmar Bauer oder Hermann Nitsch. Wiener wird bis 1986 in Berlin bleiben und einige Lokale eröffnen, darunter das berühmte *Exil*.[55]

Die Schreiberfahrung der *verbesserung* entfernt Wiener von der Sprachproblematik und bringt ihn dazu, den literarischen Experimentalismus aufzugeben. Nach zwei 1969 konzipierten Beiträgen zu Sprache und Wahnsinn und zur Semantik, die gewissermaßen noch aus der Werkstatt des Romans stammen, wird sich der Rest seiner essayistischen Produktion ab Ende der 70er Jahre nicht mehr auf Sprachkritik, sprachliche Determinierungen oder Theorien des Zeichens konzentrieren. Wiener wird die Mitwirkung verbaler Strukturen an

---

52 C. L. Schopp, „On Failing to Perform: *Kunst und Revolution*, Vienna / 1968", *October* 170, 2019, 108. Schopp hebt zurecht die „bizarre und aggressive öffentliche Untersuchung" der Männlichkeit der Angeklagten hervor, die obsessive Beharrlichkeit in den Protokollen im Versuch festzustellen, ob Brus beim Masturbieren ejakuliert hätte, den sadistisch-sexuellen Hintergrund der Bestrafungsphantasien und der Drohungen (Kastration, Verstümmelung des Penis, erzwungene Aufnahme von Kot), oft begleitet von einer nationalsozialistisch-geprägten Rhetorik (Hinweise auf Konzentrationslager, Vorwürfe der „Entartung" usw.).

53 *Eine heiße Viertelstunde* ist der Titel des 2008 erschienenen Buches von Fritz Keller über das österreichische Jahr 1968, das sich eben auf die Aktion *Kunst und Revolution* bezieht.

54 Ein paar Jahre später erweist sich der Vorwurf als unbegründet, und der Haftbefehl wird aufgehoben. Siehe F. Geyrhofer, „Gespräch mit Oswald Wiener", in *Wiener. Die Stadtillustrierte (Sonderdruck Wiener Aktionismus)*, 1981, 64–65. 1963 hatten einige grandguignoleske Gedichte Gerhard Rühms das Interesse der Polizei erregt, die sich gerade mit einem gruseligen Sexualverbrechen an einer Operntänzerin herumschlug. Rühm musste sich rechtfertigen. Es folgte die ungewöhnliche Schlagzeile im *Express*: „Opernmord: Wiener Mundartdichter muss wegen seiner Verse Alibi erbringen".

55 Das problematische Verhältnis zu den österreichischen Institutionen wird 1987 anlässlich des Manès-Sperber-Literaturpreises ein letztes Nachspiel haben. Die Entscheidung der Jury, die Wiener den Preis verliehen hatte, wurde aufgrund der Intervention von Minister Hans Tuppy auf Anfrage eines der Juroren aufgehoben und die Abstimmung, nachdem sich einige Juroren aus Protest darüber zurückgezogen hatten, wiederholt. 1990 erhielt Wiener den Großen Österreichischen Staatspreis.

den Erkenntnisgrundlagen allmählich unwichtiger einschätzen. Sein Drang zu einer radikalen Schreibart, die fähig sein soll, sich der kommunikativen Norm zu widersetzen, wird dementsprechend abnehmen. Literarische Themen tauchen in den Essays zwar noch auf, aber eher als Anstoß oder Vorwand für die Erörterung übergeordneter ästhetisch-kognitiver Fragen. Streift Wiener, wie in seiner Studie über Arno Schmidt, das Thema der zeitgenössischen Literatur, so meistens nur, um die Mängel dessen festzustellen, was als literarisches Experiment hochgehalten wird. Den Markt der radikalen Literatur sieht er nun von Epigonen gesättigt, die selbsttröstende Handlungen und Vulgarisierungen alter Theorien in fleißige, aber unoriginelle Stilexperimente verpacken.

Bei den paar Gelegenheiten, bei denen Wiener zur Erzählform zurückkehrt, weist er jeweils darauf hin, dass es sich um Zeitvertreibe handle, in abfälliger Absicht jenseits der Kunst. Der 1990 erschienene Roman *Nicht schon wieder ...!* wird vom Autor ohne Umschweife als „Schundroman", „Trivialroman" präsentiert. Die Selbstherabsetzung sollte natürlich nicht für bare Münze genommen werden, da dieser „Schundroman", trotz des leichten Tons der Aufzeichnungen, durchaus gültige erkenntnistheoretische Überlegungen und Fragen der künstlichen Intelligenz aufwirft. Anders als es bei der *verbesserung* der Fall war, dient die wiederholt eingestandene Verbindung zur Gebrauchsliteratur aber auch dazu, sich von ernstgemeinten experimentellen Absichten zu distanzieren. Darüber hinaus warnt Wiener damit vor einer Darstellung, die manchmal mehr dem Witz als einer getreuen Schilderung der eigenen Gedanken verpflichtet ist. Der Autor distanziert sich von seiner Pläsanterie erstens durch den Kunstgriff der Herausgeberfiktion (ein auf einer Diskette vorgefundener Text) und zweitens durch das Pseudonym eines fiktiven Entdeckers: Evo Präkogler, ein suggestiver Name für eine Stunde null des Wissens, oder für ein Vorauswissen. Die Datei enthält die Anmerkungen eines Zdenko Puterweck (man hört Anklänge an „Denken", „Computer", „erwecken" ...), der aus einer Narkose aufzuwachen glaubt und durch methodische Selbstbeobachtungen schließlich erkennt, er sei nur eine sozusagen virtuelle Identität. Das Puterweck-Programm soll die Gedanken eines verstorbenen österreichischen Beamten simulieren, die von Regierungsagenten zu Geheimdienstzwecken untersucht werden. Eine Autoreninstanz lässt sich leicht herauslesen: Wenn der KI-Experte und Jazzkenner Puterweck über den *Homme-Machine*, mentale Modelle, ästhetische Mechanismen, Warhol und Wittgenstein reflektiert, verlautet er Ansichten, die Wiener-Lesern nicht neu sind. Was hier spricht – durch den Filter des Virtuellen, durch die Rahmenerzählung, durch Pseudonymität, durch die Maske des Charakters – ist jedoch die indirekte, stark medialisierte Stimme des pflichtgetreuen Beamten, des vorkonfigurierten Programms, des „Trivialromans" – eine Stimme also, die ihren distanzierten Autor kaum preisgibt. Gewiss ist *Nicht schon wieder ...!* irgendwie eine Fortsetzung des *bio-adapters*, nicht aber der *verbesserung*. Es ist nicht das Plädoyer des unmäßigen Bewusstseins, sondern die Aufgabe eines auf die Probe gestellten Bewusstseins.

Ähnliches gilt für die 1998 veröffentlichte Erzählung *Bouvard und Pécuchet im Reich der Sinne*, die Wiener als *Tischrede* präsentiert. Ihr Thema ist ebenfalls ernsthaft und indirekt mit der Aktualität des Bio-Adapters verknüpft. In diesem Fall ist die hedonistische Maschine die Wellness-Industrie (körperliches Wohlbefinden und physisch-sensorisches Erleben) – neue Besessenheiten also, die als künstlicher Fixpunkt für die orientierungslosen Massen in der Ära der Globalisierung dienen. Die beiden Gesprächspartner jedoch fungieren als literarische Platzhalter, die bekanntermaßen gut für Unsinn und mehrdeutige Botschaften aus dem Reich des Banalen sind. Während ihrer Unterhaltung entkorken Bouvard und Pécuchet exklusive Weinflaschen. Als gewissenhafte Neulinge des Geschmacks testen sie neben der Qualität der Tropfen auch die der Verkostungsgläser und der professionellen Korkenzieher. Die Umdichtung Flauberts bleibt im Rahmen des Beiläufigen und des Nicht-Engagierten, sie erfasst ihr Thema auf de-identifizierte Weise, sozusagen in Anführungszeichen.

Somit taucht hier ein Merkmal des Dandyismus wieder auf, nämlich der Versuch, eine Distanz zwischen Bewusstsein und Ausdruck zu schaffen. Letztendlich glaubt Wiener, dass die größtmögliche Verdichtung der Dandy-Metapher eben der Künstler sei, der auf sein Werk verzichtet und schweigt, „da die Formulierung eben qua Formulierung falsch *wird*".[56] Solch eine Einstellung lässt sich zumindest als Tendenz sowohl in der Dynamik der *verbesserung* erfassen (im Schwanken zwischen Bemühung um ein „anderes" Schreiben und der Ablehnung des Formulierten) als auch, wenngleich auf andere Weise, im unbewegten, detachierten Schreiben dieser Amüsements.[57]

Abgesehen von der geringeren Rolle der Sprachkritik und der Tendenz, sich vom geformten literarischen Produkt loszusagen, ist Wieners Abschied vom experimentellen Schreiben auf eine wachsende Skepsis gegenüber den Möglichkeiten der Kunst überhaupt zurückzuführen. In Wiener reift die Überzeugung, dass der Wert künstlerischen Experimentierens vor allem darin besteht, dynamischen Zugang zur Erkenntnis zu schaffen, dass aber genau dies auch seine

[56] O. Wiener, *Literarische Aufsätze* (Anm. 31), 82, Fn. 10.

[57] Ich glaube nicht, dass Wiener jemals ernsthaft beabsichtigt hat, sich in den Dandy hineinzudenken, jedenfalls nicht mit der Beharrlichkeit, welche die Rolle eines unermüdlichen Forschers der Auswirkungen eigenen Verhaltens erfordert. Einige Experimente hat er sich sicherlich gegönnt – die dandyistische Pose ist zum Beispiel in den Streichen auf Kosten von Verlegern erkennbar oder auch in seiner Initiative als „Zivilkonsulent für Fragen der Lebensart", die ich im Kommentar erwähne. Aber die *verbesserung* drängt bereits zu jener Desertion, die Wiener später als Merkmal des endenden Dandytums (wie auch des Stils von Monsieur Teste) identifizieren wird. Dieser Rückzug des Individuums, das einen Verlust der Werte zunehmend für unvermeidlich und zu gravierend hält, um weiterhin wirkungsvoll dandyeske Erklärungen zu finden, scheint sich mir mit Wieners intellektuellem Weg und seiner Biographie konsequenter zu decken.

Grenze sei. Der Künstler bleibt auf dieser Stufe stehen, und seine Ziele (Sinn zu mobilisieren, Wahrnehmungen und Gedanken ausfindig zu machen, die noch im Dunkeln liegen, sie zu verdeutlichen, um sie zu Erfahrungsdaten werden zu lassen) machen vor der Analyse der Erkenntnis Halt. Künstlerisches Material ist zu gefügig, um empirische Hypothesen über mentale Prozesse zu liefern, und kann daher bestenfalls Untersuchungen anstoßen, die mit anderen Mitteln fortgesetzt werden müssen.

Nach der Erfahrung mit dem Roman heißt das für Wiener vor allem, seine Forschungen in eine wissenschaftliche Richtung zu lenken.[58] In der ersten Hälfte der 1980er Jahre studiert er Mathematik und Informatik an der Technischen Universität in Berlin und beginnt, an Veröffentlichungen und Konferenzbeiträgen über künstliche Intelligenz zu arbeiten, was er nach seiner Umsiedlung 1986 nach Dawson City im Yukon Territory intensiviert. Während des Aufenthalts in Kanada, der 2006 mit der Rückkehr nach Österreich endet, erscheint bei Springer 1996 die erste Sammlung wissenschaftlich-erkenntnistheoretischer Schriften.[59] Die 1998 herausgegebene Einführung in die Theorie der Turing-Maschinen wiederum stützt sich auf Material für Kurse, die Wiener über einen Zeitraum von zwölf Jahren an der Kunstakademie Düsseldorf gehalten hat.[60]

Zweck der Arbeit zur künstlichen Intelligenz ist für Wiener nicht so sehr ein eigener Beitrag zu jenem Forschungszweig, sondern vor allem die Ausarbeitung eines theoretischen Rahmens, der eine experimentelle Psychologie und eine Theorie des Geistes unterstützen soll. Die Methode, die Wiener im Laufe der Jahre entwickelt hat, besteht in der Tat aus einer Kombination von Automatentheorie und Selbstbeobachtung. Wieners Technik der Selbstbeobachtung ist Erbe einer Tradition, die auf William James, Alfred Binet, und die Psychologen der Würzburger Schule zurückgeht (Karl Bühler, Narziß Ach, Otto Selz, Karl Marbe, Oswald Külpe). Sie basiert auf spezifischen Problemlösungsaufgaben, die nach kontrollierbaren, intersubjektiv wiederholbaren Bedingungen konzipiert und ‚im Kopf' (d.h. mithilfe innerer Vorstellungen) auszuführen sind. Ein Merkmal dieses experimentellen Ansatzes liegt darin, dass der ‚Lösung' der

---

58 Siehe zum Beispiel die Beiträge für die Zeitschrift *Gedanken* (1975), mit zahlreichen Notizen zu zellularen Automaten Turings und von Neumanns, oder den einführenden Aufsatz zu Oskar Panizzas *Psichopatia Criminalis* (1978 veröffentlicht), der nach wenigen, den literarischen Fall Panizzas betreffenden Zeilen sich gleich Fragen der künstlichen Intelligenz widmet.

59 O. Wiener, *Schriften zur Erkenntnistheorie* (Anm. 50), 1996.

60 O. Wiener, M. Bonik und R. Hödicke, *Eine elementare Einführung in die Theorie der Turing-Maschinen*, Springer, Wien-New York 1998. Wiener beschreibt seine Lehrtätigkeit an der Düsseldorfer Akademie – die mit einem Lehrstuhl für Ästhetik verbunden war und auch Einführungskurse in die Theorie der Automaten einschloss – in dem kurzen Aufsatz „Meine Arbeit an der Kunstakademie Düsseldorf von 1992 bis 2004", in *Die Geschichte der Kunstakademie Düsseldorf seit 1945*, Kunstakademie Düsseldorf-Deutscher Kunstverlag, Berlin-München 2014, 306–07.

Aufgabe weniger Aufmerksamkeit zukommt als ‚dem Weg dorthin', d.h. jenen ‚innerlich' registrierten Episoden, die zu einem gegebenen Ergebnis führen.

Um ein Beispiel zu geben:[61] Ich stelle mir einen Würfel vor, der auf einer seiner Ecken auf einem Tisch balanciert. Die Aufgabe besteht darin, die Anzahl der aus meinem imaginären Blickwinkel sichtbaren Ecken abzuschätzen, ferner die Position aller Ecken des Würfels im Bezug zu einander. Das Ziel sei dann nicht, so rasch wie möglich auf die richtige Lösung zu kommen und immer präziser und schneller zu werden, sondern die ‚Züge' zu erkennen, die den Vorgang ermöglichen, und sich Hypothesen über die daran beteiligten Ressourcen zurechtzulegen.

Ich sage „Ressourcen", denn selbst eine scheinbar einfache Operation wie diese kann nach Wiener weder ‚simultan' noch mithilfe eines einzigen Schemas durchgeführt werden, sondern erfordert die Zusammensetzung verschiedener, der Aufgabe angepasster Strukturen. Einige dieser Strukturen entstehen in Analogie zu bereits erlernten Schemata und kooperieren mit einer Ausarbeitung von Ad-hoc-Schemata. Durch eine explorative Einstellung versucht das beteiligte Subjekt, die entscheidenden Episoden der Assemblage samt ihrer wesentlichen qualitativen Unterschiede zu erfassen. Nehmen wir das Beispiel wieder auf: In meiner Vorstellung des Würfels vergegenwärtigen sich nur wenige Ecken zur gleichen Zeit als bildhafter Anschein, d.h. als hätte ich sie ‚vor Augen' – und nicht selten in Positionen, die sich als falsch herausstellen. So ist ein typischer Fehler, dass ich, ohne es zu merken, den Würfel in eine Doppelpyramide verwandle und dabei die sichtbaren Eckpunkte statt auf acht auf sechs schätze. Andere Informationen helfen mir dabei, diesen Fehler zu korrigieren und meine Würfel-Struktur zu vervollständigen. Ihrer Qualität nach würde man diese Informationen nicht ‚visuell' nennen können. Es ist eher so, als würde ich von einem ‚somatischen Wissen' über die Position einer Ecke oder von einer taktilen Bereitschaft zur Handhabung des Würfels informiert. Darüber hinaus erscheint es mir im Laufe des Versuches notwendig, einige Hilfsmodelle zu entwickeln, denen ich spezifische Aufgaben, Teile des Problems, anvertraue. So gewöhne ich mich daran, vom oberen Scheitel (den ich mir gleich unter meinem Zeigefinger vorstelle) anzufangen und die drei abfallenden Kanten mental bis zu den drei benachbarten Eckpunkten zu verfolgen. Darauf gehe ich, wieder vom Scheitelpunkt aus, entlang der drei Diagonalen hinunter, bis ich die drei gegenüberliegenden Eckpunkte erreicht habe. Nach einigen Versuchen verbinden sich fast von selbst der ‚Dreiweg' der Kanten und der ‚Dreiweg' der Diagonalen zu sechs vom Apex herunterlaufenden Strecken, also zu einer Art ‚Stern', den ich zwar nicht simultan visualisieren kann, der aber beim Aufbau erheblich hilft: Erstens, indem Abschnitte davon ab und zu

[61] Ich entnehme und überarbeite aus O. Wieners *Materialien zu meinem Buch Vorstellungen*, Institut für Künstlerische Gestaltung, Wien 2000, 92–94, der dort seinerseits eine Aufgabe von Geoffrey Hinton bearbeitet.

kurz ‚erscheinen' und zweitens, indem ich daraus ein praktisches Verfahren gewinne, nämlich den Würfel vom Apex her durch eine abwechselnde Sequenz kürzerer (Kanten) und längerer (Diagonalen) herunterlaufenden Strecken mental nachzuzeichnen.

Derartige Beobachtungen aus der introspektiven Erfahrung werden protokolliert, sowohl um die Analyse abzustützen als auch um zeitlich voneinander entfernte Ergebnisse nachzuverfolgen (in schwierigeren Fällen kann eine Aufgabe Wochen oder Monate an Arbeit erfordern).

Wie gesagt ermöglicht es der deskriptive Rahmen der Automatentheorie, die Selbstbeobachtung in einen mit präzisen Definitionen ausgestatteten theoretischen Kontext zu stellen. Das Modell der Turing-Maschine wird als didaktisch nützliche Abstraktion hergenommen, um funktionale Aspekte strukturierenden Denkens darzustellen, und gleichzeitig um die Grenzen dieser Idealisierung zu erproben, sodass die Unterschiede zwischen Geist und Maschine gegenübergestellt werden können. Auf diese Weise geht der dynamische Charakter mentaler Prozesse nicht verloren. Ganz im Gegenteil spielen indirekte Bestimmungen, Intrusionen, Stockungen und Perseverationen eine grundlegende Rolle in dieser Untersuchungspraxis, im Rahmen derer sich auch die Frage nach den Unterschieden zwischen ererbten Automatismen und Computerautomatismen stellt.

Dieser kurze Abriss reicht hoffentlich aus, um die Unvereinbarkeit der Ansätze Wieners mit den konventionell anerkannten Methoden der Psychologie aufzuzeigen. Bis heute bleibt das dominante experimentelle Modell ein behavioristisches Modell, das extern beobachtbare Daten und einen neutralen Beobachter erfordert. Wiener merkt an, dass die Hinzufügung von Vermittlern zwangsläufig zulasten der Zuverlässigkeit des Experiments geht. Wo die Berichte der Versuchspersonen von einem Prüfer bearbeitet werden, der nur Wörter vergleichen und sie auf seine eigene Weise neu erfassen kann, bleibt eine direkte Beobachtung ausgeschlossen. Dazu kommt, dass wir für die Beschreibung mentaler Phänomene ein besonders schlechtes Vokabular besitzen, das auf einem voreingenommenen Parallelismus zwischen Vorstellungsbild und visueller Wahrnehmung beruht. Ferner muss sich das Experiment, um die Kommunikation zwischen der Versuchsperson und dem Untersucher zu ermöglichen, notwendigerweise auf die Analyse intelligenten *Verhaltens*, auf Ergebnisse konzentrieren und kann uns keine Antwort auf die *Entstehung* der Modelle geben, die solche Ergebnisse liefern. Doch Wiener geht eben davon aus, dass der intelligente oder kreative Moment eher mit dem Erwerb einer Struktur als mit deren Anwendung zusammenfällt. Heutzutage indes werden in der Psychologie die Versuchspersonen nicht einmal befragt, stattdessen greift man auf „mental images" mithilfe von Elektroden zurück. Die Selbstbeobachtung wird dabei völlig vernachlässigt.

Inwieweit ist es möglich, diese Forschungstätigkeit mit Wieners vorangegangenen literarischen Erfahrungen und insbesondere mit der Komposition der *verbesserung* in Verbindung zu bringen? Dass Wiener einer bestimmten Art des Schreibens und einem bestimmten Publikum den Rücken gekehrt hat, dass er sich von dem „Jugendwerk", das ihn berühmt gemacht hatte, allmählich distanzierte, als wäre es eine ihm fremd gewordene Übertreibung, hat wahrscheinlich eine Untersuchung der Verbindungslinien zwischen dem Roman und dem folgenden außerliterarischen Werk ungebührlich behindert.

Es wäre an der Zeit, die *verbesserung* auch als Frühstadium von Ideen und Praktiken zu lesen, die in Wieners eigene Forschung Aufnahme gefunden und sich weiter entwickelt haben. Die Synthese von Selbstbeobachtung und Automatentheorie, auf der Wiener eine Theorie des Denkens aufbaut, ist in der *verbesserung* durch die dauernde Spannung zwischen Mentalismus und Behaviorismus, zwischen Bewusstsein und Maschine deutlich vorgezeichnet und zeigt das unveränderte Bedürfnis, sowohl die Qualität als auch die Regelmäßigkeit der mentalen Prozesse zu erfassen. Wieners introspektives Verfahren stellt einen Versuch dar, sich bewusster mit den Determinierungen des Denkens auseinanderzusetzen, zwar nicht mit der Angriffslust der *verbesserung*, aber doch im Rahmen einer im Wesentlichen ähnlichen Problemstellung und Auffassung der Einschränkungen menschlichen Denkens. Dabei scheint der Einzelne weiterhin von zwei Begrenzungen in die Zange genommen: der der Wahrnehmungen (die ‚Maschine der Sinne') und der der Begriffe (die ‚Maschine des Sinns'); Zweier Mechanismen also, die aus der Umwelt Gestalten ausschneiden, die im Netz der Analogien neu verbunden werden sollen. Um sie nicht völlig passiv zu erleiden, ist es notwendig, unterschwellige und routinemäßige Vorgänge ans Licht zu bringen, d.h. sich der instinktbedingten Blindheit gegenüber der ‚Hardware' unserer Ausstattung zu widersetzen und diese auf das Niveau einer Denkphase herabzustufen, die analysiert und zerlegt werden kann – sozusagen das Sinnvolle (der Sinne, des Sinns) auf den Bereich der Hypothesen zurückzustufen.

Gewiss hatte der Autor der *verbesserung* noch keine spezifische Praxis und Terminologie entwickelt – der stärkste Ausdruck einer angestrebten Eroberung des Unbewussten bleibt der übernatürlichen (poetischen, kontrafaktischen) Figur des Erzengels überlassen. Eine Strategie für die Analyse ist jedoch bereits entworfen und umfasst einige technische Aspekte der Selbstbeobachtungspraxis (die in gewissem Maße auch zum Repertoire des Dandys gehören), z.B. das Trainieren künstlicher Strategien zur Hemmung unbewussten Handelns und die Infragestellung der Gewissheiten, die Suche nach Fehlersignalen, nach jenen Zwischenmechanismen, die in der fließenden Zone hinter dem „richtige[n], unabwendbare[n], natürliche[n] und evidente[n]" (CXCI) wirken. Das ästhetische Vergnügen der *verbesserung* liegt in solch einer Annäherung an die Schwelle zwischen unorganisiert und organisiert, an den Hintergrund des Verstehens.

Unter den im Roman stattfindenden Dekompositionsversuchen ist die Verknappung der Beschreibungen besonders wichtig. Immerhin böten die aus Fragmentierung, aus dem Fehlen von Handlung und Personen, aus dem Sinnverlust resultierenden Leerstellen reichlich Platz für den Voyeurismus eines Kamera-Auges, das laufend Bilder lieferte. Das wäre ein gerade für die experimentelle Literatur typischer Ausgleichsmechanismus, als Entschädigung dafür, was der Autor nicht mehr zu leisten geneigt ist. Aber Wiener folgt dem Beschreibungsimpuls nicht: Das ‚Sehen' ist schließlich ein Problem. Zu erzählen, was man sieht, ist daher ein doppeltes Problem und das zu erklären, was man sich zu sehen vorstellt, ist ein dreifaches Problem – nicht hauptsächlich ein Problem des Ausdrucks, das sich mit stilistischen Kunstmitteln lösen ließe, sondern ein Erkenntnisproblem.

So wird die Sprachkritik von einer weniger expliziten, doch ebenfalls drastischen Bildkritik begleitet. Der Autor muss sich sowohl durch die Auflösung des Erzählrahmens als auch durch die Auflösung des szenischen ‚umweltgestaltenden' Elements hindurch winden, während die Verhältnisse zwischen äußerem Sehen, innerem Bild und Wort zunehmend problematisiert werden. Diese mangelnde Bereitschaft, Konvergenzen und Identifikation von Blick, mentaler Szene und Kommunikation anzunehmen, bildet den Kern der kritischen Position Wieners, die über die Jahre beibehalten und näher bestimmt wurde. In der „Imagery Debate" der Psychologie tritt Wiener nämlich gegen die Hypothese eines engen Zusammenhangs zwischen bildlicher Vorstellung und visueller Wahrnehmung auf. Laut Wiener liefert Selbstbeobachtung keinen Hinweis auf eine direkte Beteiligung der sensorischen Komponenten an der Vorstellung. Die Verbindung zwischen Vorstellung und Sehsinn, wenn auch intuitiv plausibel, bleibt als Erklärung fruchtlos. Der falsche Eindruck einer inneren Reproduktion von ‚Kopien', die vom Auge aufgezeichnet und dann bildgetreu dem geistigen Auge dargeboten werden, würde sich vor allem daraus ergeben, dass es für uns zweckmäßig ist, das Augensehen als weniger unsicheren Bezugspunkt beizubehalten. Aber trotz der zweifellosen Gemeinsamkeiten zwischen Wahrnehmungs- und Vorstellungsphänomenen führt diese Abhängigkeit vom äußeren Vorgang, wie auch die Verwendung optischen Vokabulars (in Ermangelung eines besseren) dazu, dass wir die mentalisierte Natur der inneren Repräsentationen unterschätzen. Deren einschlägige Modelle wären dann sozusagen vom Augensehen losgelöst.

Dazu kommt schließlich das allgemeine Erbe der *verbesserung* – und zwar programmatisch als Ablehnung der transzendentalen Abstraktionen und der Seinsphilosophie. Die Fortsetzung dieses „verbesserten" Ansatzes zeigt sich in der empirischen Trockenheit der Forschungsmethodik Wieners. Im Gegensatz zur transzendentalen Phänomenologie hält sich seine Selbstbeobachtung in sicherer Entfernung zu einer essentialistischen und ontologischen Ausrichtung. Die Verwendung der Automatentheorie als ein Werkzeug im oben angedeuteten Sinn, hat unter anderem den Vorteil, sich auf eine „‚ontologisch minimale‘ Prämisse“[62] zu beschränken und schlichte Definitionen anzubieten, die nicht mit jener im *fest der begriffe* geschändeten philosophischen Terminologie belastet sind.

Im Rahmen dieser Überlegungen zu einigen Kontinuitätslinien in Wieners Werk halte ich jedoch fest, dass sein „roman“ geschrieben wurde, um eine Veränderung zu dokumentieren und zu beschleunigen. Die *verbesserung* ist ein ‚Bildungsroman‘, der eine Transformation und einen neuen Zustand auslöst. Ich habe bereits den grundlegenden Aspekt dieser Veränderung erwähnt, die mit dem Loslassen eines tief verwurzelten Bedürfnisses zu tun hat. Der Versuch, ein Erlebnis als Erkenntniswert zu bewahren, quasi im Widerspruch zum radikalen Zweifel am eingeengten Bewusstsein, kann weder den Vorstoß der physikalischen Welt mit ihren Formeln aufhalten, noch den daraus folgenden Inhaltsverlust verhindern, der die Verteidigung einer privilegierten Position des Menschen vereitelt. Alle Bemühungen des Bewusstseins können schließlich nicht den Zweifel zerstreuen, dass das Bewusstsein selbst eine Struktur, ein Produkt von Modellen sei. Es gebe dann kein freies Bewusstsein eines freien Subjekts, sondern nur die Funktion eines interpretierenden Systems, das sich selbst beobachtet. Die ‚Bildung‘ des Romans, seine ‚éducation sentimentale‘, der Schimmer eines paradoxen Finalismus haben viel mit dieser Einsicht und dem sich daraus ergebenden Rückzug zu tun.

Beginnt die *verbesserung* „als ernstgemeinter Versuch, das Seelische, die Ausnahmestellung des Menschen in der Natur, seine Freiheit, zu finden“,[63] wird sie dann zum Mittel, um ohne Illusionen mit einem verkehrten Szenario zurechtzukommen, in dem sich die Maschine endlich als unumgänglicher Maßstab eines extremen Materialismus durchsetzt. Aus dem „wahnsinnigen“, „unberechenbaren“ Roman kommt schließlich ein sehr nüchterner Hinweis: man soll sich von dem mit Persönlichkeit und Schicksal verbundenen Gefühl befreien, um herauszufinden, wie weit die Metapher des *homme-machine* reichen kann – was sich offenbar auch in dem schlichten Ethos äußert, mit dem Wiener seine Untersuchung zum Thema weiterführen wird. So bringt die Einführung der idealen Maschine in die Erkenntnistheorie in seinem Fall keine aufsehenerregenden Bekenntnisse mit sich und schon gar keine Bemühungen, den Identitätsbegriff neu zu beleben. Keine Rede davon, wie schön oder hässlich es sei, ‚Maschine zu sein‘, nichts über die Zukunft von Cyborgs, über Automaten als

62 T. Raab, „Selbstbeobachtung Wozu und, wenn ja, welche? Eine Einleitung zur Denkpsychologie Oswald Wieners“, in T. Eder, T. Raab (Hg.), *Selbstbeobachtung. Oswald Wieners Denkpsychologie*, Suhrkamp, Berlin 2015, 36.

63 O. Wiener, „Notizen zum Konzept des Bio-Adapters (1988)“, in *Schriften zur Erkenntnistheorie* (Anm. 50), 108.

Spiegel neuer Narzissmen, Ästhetiken, Hedonismen, Algolagnien, Riten und Mythen. Der Schwerpunkt liegt stattdessen auf der grundlegenden Frage nach der funktionalen Äquivalenz zwischen mentalen und mechanischen Prozessen. Und natürlich auch auf der Frage nach den Grenzen dieser Äquivalenz. Was macht menschliches Denken, das die Maschine nicht macht? Und wie?

Zu den transformativen Effekten des Romans gehört bestimmt die Abwertung der Sprachproblematik. Für Wiener verliert, wie gesagt, die sprachkritische Thematik in den Schriften nach der *verbesserung* an Bedeutung und der introspektive Ansatz räumt verbalen Vorgängen keinen primären Rang mehr ein. Wer dazu neigt, die *verbesserung* hauptsächlich durch die Linse des sprachlichen Determinismus (oder Relativismus) zu lesen, sollte diesen Aspekt bedenken.

Gewiss wird im Roman der Ballast einer Obsession abgeworfen, die starke deterministisch-relativistische Züge aufweist. Wir sehen sogar, wie Wiener dem Relativisten Whorf vorwirft, seine Theorien nicht folgerichtig genug angewendet zu haben. Da die Muttersprache die Ansicht der Wirklichkeit beeinflusst, möchte Whorf das Studium der Fremdsprachen als Korrektiv verwenden, um sich einer objektiven Sicht anzunähern. Dies, argumentiert Wiener, würde jedoch nichts bringen, weil die Muttersprache auch als kognitive Matrix beim Erlernen anderer Sprachen wirkt (LI), der sie ihr Weltbild aufzwingen würde.

Und dennoch: Die theoretische Position der *verbesserung* einzig unter dem Zeichen des sprachlichen Determinismus zusammenzufassen, hieße, die Bemühungen ihres Autors aus den Augen zu verlieren, das Vorhandensein eines Denkens jenseits der Sprache zu behaupten. Das sich hier entblößende Bewusstsein will uns zeigen, dass sein Wirken sich nicht in der Kommunikation erschöpft. Der Roman macht auch dort weiter, wo die Botschaft stockt, wo Reizketten, Schatten von Ideen, namenlose Stimmungen die Seiten füllen, das rohe Gewebe der Erkenntnis also, peinlich und obszön, aber immerhin dynamisch.

Man sollte außerdem die Bedeutung der Schlussszene nicht unterschätzen, wenn der Bio-Adapter die Kontrolle über die sprachlichen Funktionen übernimmt und sie in ein breiteres Netz von Bestimmungen einfügt. Da Wiener damit die allumfassende Maschinenmetapher einführt, muss er gleichzeitig die Sprachproblematik neu bewerten, und zwar auch im Verhältnis zu dem, was beim Denken eher auf konstante oder nonverbale Elemente zurückzugehen scheint (siehe "zweite adaptions-stufe", CLXXXI). So obsessiv sie sich auch aufdrängt, gerät die Vorstellung einer Abhängigkeit des Denkens von der Sprache letztendlich ins Wanken, und wird von beiden Seiten der Polarisierung zwischen Mentalismus und Maschine bedrängt.

„Will ich emporklimmen in der Sprachkritik, die das wichtigste Geschäft der denkenden Menschheit ist, so muß ich die Sprache hinter mir und vor mir und in mir vernichten von Schritt zu Schritt, so muß ich jede Sprosse der Leiter zertrümmern, indem ich sie betrete“. Dieses Bild der Leiter, am Anfang der *Beiträge* (I, 1) von Fritz Mauthner (nach einem Gleichnis von Sextus Empiricus, das bereits Ernst Mach aufgegriffen hatte), wird dann im berühmten Schluss des *Tractatus* aufgenommen, in dem Wittgenstein den Leser auffordert, sein Buch als nützliches Werkzeug zur Erreichung einer höheren Stufe der Erkenntnis zu betrachten. Sobald man dort anlangt, verliert das Buch seinen Sinn und wird zu einer Leiter, die man wegwerfen kann. Auch die *verbesserung* ist ein ‚Werkzeug', eine ‚Leiter', und Wiener ein Kletterer, der die Sprossen lautstark zerschmettert. Mit dabei (allerdings, wie wir sehen werden, nicht ohne Selbstkritik) ist jene kreative Leidenschaft des Zerstörens, die schon Proudhon und Bakunin gepriesen hatten. Dies geht schließlich auch auf Kosten der Kunst, die Wiener zunehmend als unzureichendes, vorläufiges, zu ausschließlich mit der subjektiven Erfahrung verbundenes Mittel sieht. So wie die Sprache nicht von der Metasprache gerettet werden kann (XIII, CLV), so reicht der Metaroman am Ende nicht, um den Roman zu retten. Es bleibt die Hoffnung, dass die Metakognition etwas für die Kognition tun könne. Und so geht es für Wiener weiter in Richtung Wissenschaft.

Wieners Kunstkritik ist jedoch in erster Linie Ablehnung einer Kunst, die zur „propaganda für die wirklichkeit" (XLI) wird, und sollte im Lichte einer allgemeinen, langjährigen Bemühung bewertet werden, die Grenze zwischen den sogenannten „zwei Kulturen" zu durchbrechen, um ins „Niemandsland zwischen Wissenschaft und Kunst" zu gelangen.[64] In den darauffolgenden Jahren wird sich Wiener weiterhin mit den Möglichkeiten der Kunst beschäftigen,[65] und die Aufrechterhaltung von Verfahren, die der künstlerischen Kreativität nahestehen, wird Teil der heterodoxen Ausstattung seiner Selbstbeobachtungspraxis.[66] Das heißt, dass sich für Wiener nicht einmal die Wissenschaft als ein geeigneter Raum erweist, da seine wissenschaftlichen Versuche, genauso wie früher seine literarischen, außerhalb der Norm bleiben.

---

64 So der Untertitel der unlängst von Wiener veröffentlichten Schrift „Kybernetik und Gespenster" (*manuskripte* 207, 2015, 143–162).

65 O. Wiener, „Wozu überhaupt Kunst", in *Literarische Aufsätze* (Anm. 31), 21–41.

66 Interessant ist, dass nach der Loslösung von der Literatur eine Phase des musikalischen Experimentalismus eintritt (Wieners Zusammenarbeit mit Dieter Roth, Gerhard Rühm und anderen an der Initiative *Selten Gehörte Musik*) – als ob der Rückzug à la Monsieur Teste vor allem ‚für die rechte Hand' des Schreibens gelte, während das Musizieren einen bekannten Aphorismus Walter Benjamins realisiere: „In diesen Tagen darf sich niemand auf das versteifen, was er ‚kann'. In der Improvisation liegt die Stärke. Alle entscheidenden Schläge werden mit der linken Hand geführt werden."

VL = Typoskript der *verbesserung* aus dem Vorlass Oswald Wiener im Literaturarchiv der Österreichischen Nationalbibliothek (*ÖLA* 232/W1)

VM = *manuskripte*-Ausgabe der *verbesserung*

Stellenkommentar

(Titelblatt) die verbesserung von mitteleuropa, roman: ‚komma, roman' führt Wiener den Titel weiter, ein deutlicher Hinweis auf die thematische Relevanz des Schreibens, der Textentstehung, und kündigt damit von vornherein ein metaliterarisches Verfahren an. Diese Entscheidung spricht für einen kalkulierten Widerstand gegen Einordnung und Klassifizierung des Textes. Zusammen mit der Fusion von ‚thematischem Titel' und ‚rhematischem Titel', tragen auch das Komma und die Kleinbuchstaben zur Verwirrung der Katalogisierungs- und Zitiernormen bei, sodass der Name des Buches – wie Stanitzek bemerkt[67] – des Öfteren von Bibliothekaren und Kritikern ungenau oder unvollständig angegeben wird.

So anspielungsreich und mehrdeutig er ist, gehört der Titel dennoch nicht zu den hermetischsten Aussagen des Werkes. Bereits auf den ersten Seiten wird man feststellen, dass der Prozess dieser „Verbesserung", im Sinne einer *coincidentia oppositorum*, eine gute Dosis Verschlechterung enthält („Rapide Verschlimmbesserung Mitteleuropas" hieß eine anonyme Rezension), nämlich einen Rückschritt des Stils, einen Rückschritt ins Unsoziale, in die Puerilität, ins Krankhafte, in den glossolalischen Ausbruch – all dies im Namen einer radikalen Ablehnung des Status quo, einer Rebellion gegen die zur Bewachung der Realität aufgestellten gespenstischen Begriffe. Eine Verbesserung würde daher im Wesentlichen in der Erkenntnis derer Nutzlosigkeit und in deren Beseitigung bestehen (siehe Abschnitt *allah kherim! die erscheinungen sind gerettet*). Ferner kündigt Wiener im abschließenden Teil des Romans eine extreme ‚Verbesserung' an, die viele Fragen nach den eigentlichen Möglichkeiten aufwirft, das Bewusstsein als Maß der individuellen Verwirklichung hernehmen zu können.

Die Bezeichnung „mitteleuropa" hat einige Bedenken aufgrund ihres scheinbaren Anachronismus aufgeworfen. Aber anachronistisch ist das verschlafene Wien, aus dem der Autor seine Flaschenpost sendet, eben tatsächlich. „Mitteleuropa" ist die passende Bezeichnung für einen Abendlandkern mit unbestimmten Umrissen, tief in die Krise geraten und in verschiedener Hinsicht bereits vom ‚anderen Westen' der Vereinigten Staaten (als attraktiveres soziales Observatorium) abgehängt (siehe die *notizen zum konzept des bio-adapters* und der Kommentar dazu). Politisch muffig und deshalb aktuell, repräsentativ für eine als völlig veraltet empfundene Welt, betont „mitteleuropa" jenen historisch-kulturellen Kontext, in dem Sprachkritik (Mauthner, Wittgenstein) und logischer Positivismus (Wiener Kreis und dazugehörige Prager Verzweigung)

[67] G. Stanitzek, „Komma: *die verbesserung von mitteleuropa, roman*", in H. Lutz, N. Plath, D. Schmidt (Hg.), *Satzzeichen. Szenen der Schrift*, Kadmos, Berlin 2017, 111–12.

entstanden – zwei wesentliche Bezugspunkte des Romans. Relevant für den Kontext „mitteleuropa“ sind auch Wieners Überlegungen zu Othmar Spanns Lehre (XL-XLI, CLVIII-CLIX), die er als vorbereitenden Schritt für das kybernetische Denken begreift, sowie die polemischen Verweise auf jenes typisch habsburgische Produkt, das Bürokratie heißt. In diesem Sinne wäre das zu verbessernde Mitteleuropa somit die Wiege der formalen Sprachen, von der ‚hohen' logisch-mathematischen bis zur niedrigsten Ebene der Beamtensprache und -logik.

Zurück zum „, roman“: Wilfried Ihrig ist meines Wissens bisher der einzige, der sich gefragt hat, ob Wiener Aragons *Anicet ou le panorama, roman* kannte.[68] *Anicet* wurde 1921 veröffentlicht, jedoch ohne den Zusatz „, roman“, der erst einige Nachdrucke später, in einer Ausgabe von 1964 in den Titel aufgenommen wurde, nachdem Aragon sich wiederholt über den „titre amputé“ beschwert hatte. Es ist der zweite der 42 Bände der *Oeuvres Romanesques Croisées* von Elsa Triolet und Aragon – und auf der Rückseite wird der Titel wieder als *Anicet* abgekürzt. Wiener hätte sie also kaum aufstöbern können. Die Gegenüberstellung bleibt dennoch interessant, nicht nur aufgrund der gemeinsamen Wahl der Thematisierung des Genres. Beide Autoren bezeichnen mit Roman etwas ausgesprochen Heterogenes, das weit über das ohnehin variations- und kontaminationsreiche Genre hinausgeht, und verweisen auf die Möglichkeit, eine Vielzahl sehr unterschiedlicher Texte wie einen Roman zu lesen. Dennoch scheint Wiener im Vergleich zu Aragon (der 1971 seinen *Henri Matisse, Roman*, folgen ließ) den Terminus mit einer etwas einschränkenderen Bedeutung aufzuladen: „roman“ ist ein Etikett für provisorisches Material.

ὃ γέγραφα, γέγραφα: „Was ich geschrieben habe, habe ich geschrieben“, der Satz, mit dem Pilatus sich im Johannesevangelium weigert, das Akronym *I.N.R.I.* zu ändern, das er am Kreuz Christi anbringen ließ. Das Typoskript aus dem Vorlass Oswald Wiener im Österreichischen Literaturarchiv [*VL*] und die Version der *manuskripte*-Ausgabe [*VM*] geben anstelle des Evangeliumsmottos ein Zitat aus Giordano Brunos Dialog *Vom Unendlichen, dem All und den Welten* wieder:

> burchio: freilich würdest du gelehrter sein als aristoteles, wenn du nicht ein vieh, ein erbärmlicher, ein bettler, ein elender wärest, aufgefüttert mit hirsebrod, halbverhungerter lump, erzeugt von einem schneider, geboren von einem waschweibe, enkel des flickschusters cecco söhnchen des momus, postillion der strassenhuren, bruder lazarus, der die hufe der esel beschlägt. und auch ihr, die ihr nicht viel besser seid, als er – bleibt nur mit 100 teufeln zusammen!

Die Wahl Giordano Brunos scheint sehr passend als Motto eines paradoxen, übertriebenen und regelwidrigen Texts ohne Zentrum. Die von Burchio ausgesprochenen Beleidigungen zielen indes darauf ab, eine philosophische Ortho-

[68] W. Ihrig, *Literarische Avantgarde und Dandysmus. Eine Studie zur Prosa von Carl Einstein bis Oswald Wiener*, Athenäum, Frankfurt 1989, 220.

doxie zu verteidigen, darunter jenen Aristoteles, den Wiener noch als „zeuge gegen mich“ erwähnen wird (XXIV). Vielleicht auch darum ist die endgültige Präferenz auf die berühmte und lapidare Formel des Pilatus gefallen.

I *personen und sachregister (auswahl)*: Das für die Buchausgabe verfasste Register gehört zu einer bereits innerhalb der Wiener Gruppe entwickelten Poetik der Aufzählung, in der Listen und Wörterbücher als Ausgangspunkt für die literarische Produktion und zur Reflexion des Verhältnisses zwischen Sprache und Realität dienten. Zwei Beispiele aus dem Werk Konrad Bayers, die von der Neigung zur Auflistung und der Kontamination zwischen Texttypologien geprägt sind, wären das Lied-Gedicht *kurze beschreibung der welt* und der Index im *kopf des vitus bering*.[69] An eigenwilligen Behandlungen des Index hatten sich auch Autoren wie Richardson (*Clarissa*), Lewis Carroll (*Sylvie and Bruno*), Virginia Woolf (*Orlando*) und Nabokov (*Pale Fire*) versucht. Einschlägig ist hier jedoch vor allem die von der Gruppe angestrebte Wiederentdeckung ‚sekundärer‘ Traditionen (wie die der Pegnitzschäfer und der Barockmystiker), die überraschende Beispiele dynamischer Möglichkeiten der verschiedenen Textelemente lieferten. Zum Überschwang neigende Randtexte waren auch, wie Schmidt-Dengler erinnert, die bizarren einleitenden *dramatis personae* der von Bayer und Wiener geschätzten Theaterstücke von Fritz von Herzmanovsky-Orlando.[70]

Das strenge Layout des Registers im Stil einer wissenschaftlichen Abhandlung, die ‚seriösen‘ Einträge und die maßgeblichen Namen stehen im Gegensatz zu einer auffälligen Anzahl skurriler oder trivialer Stichwörter – ein Gemisch, das die für den Roman charakteristische Variation der Sprachebenen ankündigt. Die Hand des Autors, die hin und wieder, zu müde um alle Vorkommnisse aufzulisten, drei Auslassungspunkte setzt und zum nächsten Stichwort übergeht, trägt einige scheinbar irrelevante Lemmata ein („boden“, „gelb“, „glas“, „ohr“, ...), sodass in das unerwartete Hilfsmittel, das eine „auswahl“ versprach, ein bisschen von allem mit hinein zu fallen scheint, einschließlich einer Prise Nachlässigkeit.

Die undifferenzierte Aufzählung, gleichsam eine extensionale Darstellung des Romans – wie die untereinander angeordneten Elemente einer Menge – klingt wie eine zweite Warnung an den Leser: ein Gegenstück zum Pilatus-Zitat, welches ihm das Buch so, wie es ist, mit all seinen Anomalien anvertraut hatte. Nunmehr scheint der Autor-Pilatus einer Beurteilung dessen, was tatsächlich als bemerkenswertes Sachgut anzusehen sei, lieber ausweichen zu wollen, und gibt zu verstehen, dass jede tatsächliche „auswahl“ zugunsten oder zulasten des Interpreten erfolgen wird. Der Autor distanziert sich schlau von den

---

[69] K. Bayer, *Sämtliche Werke*, Hg. G. Rühm, Klett-Cotta, Wien 1996, 109 bzw. 558–572.

[70] W. Schmidt-Dengler, „Wie quadratisch kann ein Roman sein? Die literarischen Genres und ihre Mutationen in den Texten der Wiener Gruppe“, in T. Eder-J. Vogel (Hg.), *verschiedene sätze treten auf. Die Wiener Gruppe in Aktion*, Paul Zsolnay, Wien 2008, 215.

Zeichen, die er mechanisch-alphabetisch transkribiert, ohne auf Bedeutung zu achten. Das wird offensichtlich, wenn sich ein einziges Stichwort sowohl auf den Detektiv Mike Hammer als auch auf einen Hammer bezieht. Das gleiche passiert mit Gertrude „stein" – kleine Kollisionen, die immerhin ein zentrales Motiv des Romans ankündigen, nämlich das Zerfallen der Ordnung der Denotate. Bereits beim Namens- und Sachregister fängt also die Infragestellung von Namen und Sachen an.

XI- *vorwort*: Die Bezeichnung bezieht sich wie gesagt nicht auf einen einleitenden Abschnitt, sondern auf den gesamten Roman, Präambel eines noch zu schreibenden Buches. Sie ist somit doppelt evasiv, verweist sie doch auf einen potentiellen Text und kündigt zugleich etwas an (eine einleitende Erklärung, die den Leser ins Werk einführen sollte), das eigentlich fehlt. Die Organisation des Textes wird dadurch automatisch unbestimmter und interpretationsabhängiger. Man kann sich zum Beispiel fragen, wo der ‚Romananfang' ist. Diese Seite XI, auf der sich nun der Eröffnungssatz befindet, war nicht von vornherein als Auftakt geplant: Als sich die Komposition der *verbesserung* bereits in einem fortgeschrittenen Stadium befand, hat Wiener nämlich den ursprünglich ersten Teil politischen Inhalts entfernt. Dazu kommt das für die Buchausgabe eingefügte *personen und sachregister* – das ebenfalls als ‚Anfang' gelten könnte.[71] Dass das Register eigentlich nicht zum Haupttext gehört, wird man selbstverständlich kaum einwenden können, eben weil die *verbesserung* als Ganzes im Format eines Paratextes erscheint.

XI-XLIII Dieser Abschnitt, der in den Nummern 13 und 16 der *manuskripte* samt der *hymne an den erzengel* veröffentlicht wurde, gehört zum ältesten Kern des Projekts und lässt die Zeichen einer langwierigen Umschreibung erkennen (dokumentiert auch durch die materielle Struktur des Typoskripts *VL*). Die radikale Kritik an der Sprache, die als überwältigende Quelle von Determinierungen empfunden wird, zieht jedoch eine bestimmte Art der Überarbeitung nach sich, da der mit seinen eigenen Ausdrucksmitteln in Konflikt geratene Autor nicht in den Text eingreift, um ihn stilistisch zu verfeinern, sondern eher um ihn zu verderben. Ablehnung des Stils bedeutet für Wiener Ungehorsam gegenüber den Konditionierungen der Sprache, die die Suche nach dem *mot juste* als Königsweg zur Erkenntnis auferlegen und das Wissen auf ein „Wortwissen" (wie es Mauthner nannte) einschränken. Gleichzeitig helfen Deformationen und Beschädigungen dazu, bestimmte sonst unbemerkte Mechanismen des Sprachgebrauchs aufzudecken. Wird die Deformation in die Unverständlichkeit gedrängt, dient sie auch als Überprüfung der minimalen Bedingungen der Kommunikation.

---

71 Siehe A. Wolkenstorfer, *Der erste Satz: österreichische Romananfänge, 1960–1980*, WUV Universitätsverlag, Wien 1994, 94.

Produkt dieser Verunstaltungen, dieses kurz angebundenen und doch gekünstelten Schreibens, ist eine kantige und aphoristische Prosa, die – parataktisch gereiht, durch Ellipsen und Versetzungen unterbrochen – eine unruhige, apodiktisch ausgedrückte Überlagerung von Gedankennotizen, Geschriebenem, Gesagtem und Gehörtem simuliert (ein „konvolut von merksätzen“, XXXIII). Die häufige Verwendung des Infinitivs, die den ersten Seiten ein starkes Gefühl der Unbestimmtheit verleiht (vgl. Marinettis *Technisches Manifest*)[72], wechselt mit der ersten Person und einer zweiten Person, einem als „Korrelationsmaschine“ polemisch geschmähten Leser, der vorzeitig bereit ist, Schlussfolgerungen zu ziehen. Das „Du“ ist indessen oft ambivalent und kann auch als Mahnung des Autors an sich selbst verstanden werden. Besonders eigentümlich ist der Gebrauch paragraphematischer Zeichen, der samt anderen unzähligen Eingriffen in das Format dazu beiträgt, die *verbesserung* der intermedialen Bild-Text-Tradition der Avantgarden anzunähern. Manchmal spielt Wiener mit der Interpunktion, gemäß der für den Roman insgesamt charakteristischen Fokussierung auf situationsabhängigen Sinngehalt, über das Wörtliche hinaus, um rhythmisch-agogische Nuancen des Sprechens anzudeuten. So finden wir die ungewöhnlichen Kombinationen ?: :! ,: –! (, !, ?, ., ,. und oft auch die Auslassung des Fragezeichens, wie bei einer schroff ausdruckslosen Frage, die ohne Modulation des Tons gestellt wird.

Wie schon der Romantiker-Kreis um die Zeitschrift *Athenaeum* bedient sich Wiener der Ausdrucksform des Fragments – in seinem Fall die geeignete Form für eine intensive Phase der Ideenverarbeitung und für die noch provisorischen Grundlagen seines Diskurses. Das Fragmentarische, fast durchgängig erkennbares Merkmal eines sich als verstümmelt ankündigenden Buches (siehe z. B. CXXXIV „[...] hat mich die arbeit an meinem roman gelehrt, dass jede ernsthafte anstrengung fragmentarisch bleiben muss“), gehört zum Versuch, sich den Determinierungen (der Sprache, und im allgemeineren der Formalismen) durch eine unregelmäßig wachsende, flexible Organisation zu widersetzen. Das rebellische Bewusstsein will eher eine Stimmung als eine Bedeutung kundtun, und im Fragment findet es die beste Form dafür. Einige Passagen sind freilich zu unbestimmt, komprimiert oder unvollendet, um sichere Interpretationen zuzulassen. Man muss ein wenig weiterlesen, ehe sie ihre volle Wirkung entfalten. Der Erfolg dieser ‚verzögerten Freisetzung‘ erfordert bei erster Lesung einen wohlwollenden Leser, der bereit ist, über die durch einen solch frechen und apodiktischen Angriff verursachte Irritation hinwegzusehen.

---

72 „MAN MUSS DAS VERB IM INFINITIV GEBRAUCHEN, damit es sich elastisch dem Substantiv anpasst, und es nicht dem *Ich* des Schriftsstellers unterordnen, der beobachtet oder erfindet. Nur das Verb im Infinitiv kann das Gefühl für die Fortdauer des Lebens und die Elastizität der Intuition, durch die sie wahrgenommen wird, vermitteln“, F.T. Marinetti, „Technisches Manifest der futuristischen Literatur (1912)“ in W. Asholt, W. Fähnders (Hg.), *Manifeste und Proklamationen der europäischen Avantgarde (1909–1938)*, Metzler, Stuttgart-Weimar 1995, 24.

XI *einfach einwirken auf andere*: Zur Zeit der Wiener Gruppe zielte die Arbeit von Wiener, Bayer und Rühm darauf, die Auswirkungen der Sprache auf Verhalten hin zu untersuchen. Die Beeinflussung des Lesers oder des Publikums, wie auch die Wirkung auf sich selbst, sollten die Praxis des literarischen Experimentierens als Methode der Erforschung mentaler Mechanismen befördern. Auf Wirkung ausgerichtete Techniken spielen eine wichtige Rolle auch in der *verbesserung*. Sie werden jedoch häufig in wesentlich größerem Abstand eher besprochen oder repräsentiert als pauschal angewandt. Die Zweideutigkeit des Adverbs „einfach" im Eröffnungssatz ist bezeichnend. Man könnte es so interpretieren: auf andere zu wirken heißt, zu vereinfachen, bzw. die Kommunikation auf ein Reiz-Reaktions-Schema behavioristischer Art zu reduzieren. Aber auch so: durch Sätze auf andere oder auf sich selbst einzuwirken ist Kleinkram, was man davon hat, ist nicht genug.

antiperistaltische empfindung, die empfindung etc.: Durch die *verbesserung* hindurch ist „empfindung" ein unbestimmter Ausdruck, der nicht das Sensorium oder die sensorische Wahrnehmung bezeichnet, sondern eher den äußersten, noch nennbaren Wert einer schwer zu analysierenden Intuition, auf die man sich jedoch bezieht, weil sie der Ursprung dessen zu sein scheint, was man beurteilen und mit einem Selbst verbinden kann.

sprachpolizei: *Achtung Sprachpolizei* hieß eine berühmte Hörfunksendung zum korrekten Gebrauch der deutschen Sprache, die über 20 Jahre regelmäßig im österreichischen Radio lief („Was richtig oder falsch ist,/ ist nicht einerlei!/ Streng vermerkt der Sprachpolizist,/ was gegen die Gesetze der Grammatik ist!").

wir setzen den menschen an: Aus Robbe-Grillets Überlegungen zum *roman policier* und aus Carlo Ginzburgs Studien über das „Indizienparadigma" kennen wir die erkenntnistheoretischen und metaliterarischen Implikationen der Detektivfigur, die den Kriminalroman zum bevorzugten Material für literarische Experimente gemacht haben. Im ersten Teil der *verbesserung* kommt häufig die ‚Ermittlungsmetapher' in Bezug auf den Kommunikationsprozess vor: Wörter sind Spuren, Sätze sind Amtsgeheimnisse, Bedeutungen sind Verdächtigungen, Beschreibungen sind Kriminalromane oder Inspektorenberichte. Die Produktion und Interpretation einer Nachricht ist Teil eines globalen Spiels von Absichten, Atmosphären, Strategien und Codes – viel komplexer als eine geordnete Korrelation zwischen Bedeutendem und Bedeutetem.

XII *ich wünsche dich zur sau*: Wiederholt kommt in Wieners Schreiben die Verschränkung und dadurch Verformung von Redewendungen zustande. Der Satz behält einen idiomatischen Geschmack, aber die Änderungen führen zu einem verfremdenden Effekt, der die Stabilität der vorgegebenen Wendungen bricht.

sprache und mathematik: Mathematik im Sinne eines extremen Ideals formaler Klarheit, dem sich die erzählende Stimme widersetzt, in der Hoffnung, eine kreative Pluripotenz zu bewahren.

die seite voll und keine handlung, merkst du nicht wie ich herumsause: Wiener wird diesen Satz handschriftlich an den Rand des Typoskripts seines Rundfunktextes „sprache und geisteskrankheit" eintragen, am Ende folgenden Zitats aus Artauds *Nervenwaage*: „immer sind es die gleichen Worte, die mir dienen, und es hat nicht den Anschein, dass sich viel in meinem Denken rührt, aber ich rühre mich mehr als ihr in Wirklichkeit, ihr: bärtige Esel, wohlerzogene Schweine, Meister des falschen Wortes, Porträtisten, Feuilletonisten, Schönschreiber, Viehmäster, Käferkenner, Plage meiner Sprache".[73] Die Verknüpfung Artaud-*verbesserung* ist ganz im Sinne einer Dissoziation von kommunikativen Normen. Artauds Widerstand gegen die Fülle des Wortschatzes als Kriterium treibenden Denkens beruht laut Wiener nicht auf reinen (anti-)stilistischen Überlegungen, sondern auf jener Trennung zwischen Bewusstsein und Sprache, die auch in die *verbesserung* dargestellt wird.

z.b. kann dieser buchstabe schlecht gesetzt sein: Der ausdrückliche Hinweis auf Unregelmäßigkeiten in der Zusammensetzung des Textes soll dessen störende Wirkung betonen und den eifrig schnell-lesenden Romanverbraucher warnen, dass gewisse kleinere Vorfälle zu einer Reihe geplanter Eingriffe gehören. Siehe Wieners Beobachtung über das Lesen in seinem Aufsatz über die Auswirkungen von LSD: „Übersetzt sich eine Wortfolge nicht glatt in eine Veränderung des Modells, so wird nunmehr sie der Gegenstand der Aufmerksamkeit. Druckfehler werden häufig übersehen, und doch kann schon ein undeutlich gedruckter Buchstabe einen Absturz auf das Schriftbild anstoßen; eine etwas ungewöhnliche Redewendung lässt das Grammatik-Schema fokal werden".[74]

XIII *so kam mozart nach brünn*: Ein Satz, der beispielhaft zeigt, was Literatur nicht mehr sein muss, wie das berühmte „la marquise sortit à cinq heures", von Breton im *Manifest des Surrealismus* Valéry zugeschrieben. Der entstellte Hinweis auf *Mozart auf der Reise nach Prag* richtet sich selbstverständlich nicht gegen Möricke, sondern gegen jene zeitgenössischen Autoren, die weiterhin mit traditionellen Erzählrahmen arbeiten, allerdings mit nunmehr ungewollt komischen Ergebnissen (siehe Wieners Aufsatz über Arno Schmidt: „[...] so wie ja im grund genommen auch jedenfalls in unserer zeit eine handlung schon selber kitsch ist")[75]. Das Vertrauen der Autoren in Handlung und Personal als stabile und reale Referenz für die Kommunikation mit dem Publikum wird mit

---

73 „sprache und geisteskrankheit", Sender Freies Berlin 3, 25. November 1969, Sammlung Oswald Wiener, Wienbibliothek im Rathaus, 58.

74 O. Wiener, „Unter LSD/ Über LSD", in *manuskripte* 171, 2006, 10.

75 O. Wiener, *Wir möchten auch vom Arno-Schmidt-Jahr profitieren*, Matthes & Seitz, München 1979, 44.

dem philosophischen Vertrauen in eine Objektsprache verglichen, deren eigene Beschreibung von einer Metasprache angetrieben wird.

befehl und die schüssel, da wird der laie zum dichter: Ein Hinweis auf diese rätselhafte Passage ergibt sich aus der in *VL* und *VM* angegebenen Lesart „leg den befehl neben die schüssel, da wird der laie zum dichter".[76] Es geht also um einen schriftlichen Befehl, der empfangen und neben die Schüssel (die Ration? eines Soldaten?)[77] gelegt wird – in jedem Fall um eine Situation, die von denen, die sie erfahren, in ihrer lakonischen Dichte erfasst werden kann. Wiener schreibt 1967 in einem Aufsatz über das literarische Kabarett der Wiener Gruppe: „vielfach hatten wir das gefühl, mit den reduktionsversuchen unserer sprache an die grenzen des möglichen gegangen zu sein, ohne allzuviel erreicht zu haben, und ich erinnere mich, dass bayer einmal meinte, wir würden noch beim blossen vorzeigen von gegenständen landen"[78]. Überhaupt stellte die Suche nach dem Poetischen außerhalb des Verbalen und des Textes von Anfang an eine gemeinsame Orientierung in der Gruppe dar. So begann Artmanns *Acht-Punkte-Proklamation des poetischen Actes* (1953): „Es gibt einen Satz, der unangreifbar ist, nämlich der, dass man Dichter sein kann, ohne auch irgendjemals ein Wort geschrieben oder gesprochen zu haben".[79] Bezeichnenderweise wurde also eine Passage der *verbesserung*, die auf eine Art stumme, situationsbewusste Poesie anspielt, im endgültigen Entwurf einer extremen Reduzierung unterzogen.

populationen leben den stil der zitate derer sie mächtig sind: „[...] die Worte, die das Volk sich in seiner Not oder in seinem Aberglauben erfunden hat, werden immer noch so behandelt, als ob das Dasein eines Worts ein Beweis für die Wirklichkeit dessen wäre, was es bezeichnet." (F. Mauthner, *Beiträge zu einer Kritik der Sprache*, I, 158).

XIV *wers glaubt wird selig (und zahlt daraufhin einen taler)*: Noch ein Beispiel verschränkter Redewendung: Die Verkettung zwischen dem ersten Satzteil und der Redensart „Wer daran glaubt, zahlt einen Taler" erzeugt eine Art Sprichwort-Syllogismus, der Glückseligkeit mit Kommerz verbindet. Auf dieser Weise versucht Wiener, stehenden Redewendungen und ihrer Fähigkeit durch „Volksweisheit" die „nuance [zu] zertrümmern" (XI), entgegenzuwirken.

XVI *da muss ich jetzt mit dem hammer die gitarre spielen*: In dem Bestreben, die Grenzen seiner Thematik so offen wie möglich zu halten, versucht der Autor im Schreiben alles unterzubringen. Daraus entwickelt sich eine unvoreingenommene Beziehung zum Material, die Wiener durch eine musikalische

---

76 *VL*, II; *VM*, 13, 32.

77 Steckt etwa die Figur Jacques Vachés dahinter?

78 G. Rühm (Hg.), *Die Wiener Gruppe* (Anm. 19), 402.

79 P. Weibel (Hg.), *die wiener gruppe / the vienna group. a moment of modernity 1954–1960. the visual works and the actions*, Springer, Wien-New York 1997, 33.

Metapher, mit Verweis auf einen Lieblingsgegenstand Nietzsches (die *Götterdämmerung* trägt den Untertitel „wie man mit dem Hammer philosophirt") zum Ausdruck bringt. Es handelt sich wahrscheinlich um eine Andeutung in mehrere Richtungen – vielleicht auch angeregt durch die antike Tradition, die den biblischen Schmied Tubalcain mit der Erfindung der Musik in Zusammenhang bringt. Siehe auch das berühmte Beispiel des Hammers in Heideggers *Sein und Zeit* und insbesondere die in der nächsten Anmerkung zitierte Wittgenstein-Passage. Die Schläge auf die Saiten vermitteln jedoch auch die Schwierigkeiten des Autors, seine Spannung zu artikulieren. Das in zwei der allerersten Fragmente („zweifel", „dichtung und dauer") angekündigte „knäuel" soll auf etwas anderes reduziert werden – dabei besteht die Befürchtung, dass sein Entwirren zu etwas Banalem führen könnte. Mit dem Hammer wird dieses Risiko vermieden, aber das Mittel bleibt doch ungeschickt. Auf dem Umschlag der Taschenausgabe der *verbesserung* sieht man Wiener mit einem Hammer in der Hand auf dem Schutthaufen eines abgerissenen Gebäudes fotografiert. Siehe auch unten, Kommentar zu Seiten LXII-LXIII.

da ist der tisch usw.: In den *Philosophischen Untersuchungen* schlägt Wittgenstein nach einem Vergleich zwischen Wortfunktionen einerseits und verschiedenen Werkzeugen wie „Hammer, Zange usw." andererseits vor, Bezeichnung als ein System von Etiketten zu betrachten, die auf den bezeichneten Objekten angebracht sind: „Es wird sich oft nützlich erweisen, wenn wir uns beim Philosophieren sagen: etwas benennen, das ist etwas ähnliches, wie einem Ding ein Namentäfelchen anheften" (§ 15). Um die Tendenz der Sprache, d.h. des vermeintlichen Mittels zur Bezeichnung der Realität hervorzuheben, in die Realität selbst hineinzuschlüpfen, stellt Wiener erstmals einen mit dem Wort „alles" beschriebenen Zettel vor. Damit wird das Dilemma dessen möglicher Einbeziehung in das, was er bezeichnet, aufgeworfen. Weiters untergeordnete Bezeichnungssysteme (Etiketten von Etiketten), die im unendlichen Regress der bezeichnenden Ebenen die unmittelbar vorhergehende jeweils in den Ordnungsrang der bezeichneten Realität verschieben würde. Das Verhältnis zwischen bezeichnendem Mittel und Realität bleibt ungeklärt. Siehe die *coole poesie* Gerhard Rühms: „im fenster hängt:/ hängt!"[80]

(Fußnote **) *es gibt kaum etwas lächerlicheres als den optischen und akustischen anblick eines orchesters*: In seiner *Arte dei rumori* hatte der Futurist Luigi Russolo geschrieben: „Kennt Ihr ein lächerlicheres Schauspiel als das von zwanzig Männern, die sich hartnäckig bemühen, das Miauen einer Violine zu verdoppeln?" – eine Passage, die Wiener in einer kurzen Ansprache (auf Englisch) an das Pu-

[80] Gerhard Rühm, *Gesammelte Werke* (Anm. 81), 1.1, 265.

blikum bei seiner musikalischen Performance im Mai 2001 in Neapel zitieren wird.[81]

XVII *it is extraordinary...*: Gertrude Steins (der berühmten programmatischen Konferenz *Poetry and Grammar*[82] entnommenen) Überlegung zur Unmöglichkeit eines bedeutungsleeren Wortschatzes dient als Beleg für den unwillkürlichen Charakter der Sinnproduktion. Sinn entsteht nach Wiener aus jeder Nachricht, aus jeder auch nur angedeuteten kommunikativen Situation („man macht das maul auf und ist schon verstanden", XII) oder verallgemeinernd in Bezug auf ästhetische Erfahrungen: Sinn ergibt sich aus der geringsten Abgabe von Regelmäßigkeit.[83]

Selbst die von Wiener geschätzten Autoren genießen im Roman keine besondere Immunität: Im Gegenteil, sie können Irritation auslösen, weil sie in gewisser Weise Teil der Bestimmungen sind, die das Bewusstsein loswerden will. Daher scheint die positive Aufnahme dieses Zitats (als Axiom zur Unterstützung für ein Sinnkonzept, dem Wiener treu bleiben wird)[84] besonders außergewöhnlich. Die Ehrenbezeugung für Gertrude Stein wird in der Fußnote mit einem Midas-Vergleich fortgesetzt.

man bedenkt welcher teil der situation sprache ist: In Wieners Poetik sind Auffindung und Konstruktion von Situationen Teil einer pragmatisch orientierten Betrachtung der Sprache. In seinem Aufsatz über Konrad Bayer erklärt er, wie die außergewöhnliche Fähigkeit, mit der Bayer Situationen produzierte und orchestrierte, kaum durch Worte wiederzugeben wäre, da die jeweiligen Gespräche, mangels kontextbezogener Dynamik, weitgehend unverständlich blieben.[85] Wie Bayer selber im *stein der weisen* formuliert: „jeder satz betritt die situation, die alle vorhergehenden geschaffen haben. diese neutralen sätze laden sich mit der situation auf./ diese sätze treten als trockene schwämme auf und saugen sich mit der situation voll./ die situation ist alles, was in frage kommt./ [...] die situation ist eine elektrische spannung."[86]

(Fußnote **) *Der Dunkle in seinen postsokratischen fragmenten*: Wittgensteins orakelhafter Stil wird doppelt unterstrichen, durch den, Heraklit zugeschriebenen

---

81 „Address to the Audience", 17. Mai 2001. Ich danke Ingrid Wiener für die Zusendung dieses Textes.

82 G. Stein, „Poetry and Grammar" [1935], in *Gertrude Stein. Writings 1932–1946*, Library of America, New York 1998, 326.

83 Wenn Töne beispielsweise mit einem Musikinstrument zu einer zunächst ‚bedeutungslosen' Klangreihe erzeugt werden, klingt diese nach kurzer Zeit ‚sinnvoll', wird sie nur oft genug wiederholt (auch ungenau, mit Interpolationen und Auslassungen). Siehe dazu O. Wiener, „wozu überhaupt kunst", in *Literarische Aufsätze* (Anm. 31), 38–39.

84 Siehe z.B. „Bemerkungen zu einigen Tendenzen der *Wiener Gruppe*" (Anm. 19), 27: „Man muss nur etwas sagen, es ist nicht möglich, dass der Sinn ausbleibt [...]".

85 O. Wiener, *Literarische Aufsätze* (Anm. 31), 11.

86 K. Bayer, *Sämtliche Werke* (Anm. 69), 529.

Beinamen einerseits und durch die ‚Gewährung' eines der wenigen in der *verbesserung* gebrauchten Großbuchstabens andererseits. Im Kontrast zur Aussage im *Tractatus* 4.121, wonach die logische Form sich direkt im Satz widerspiegelt und so die Beziehung zwischen Sprache und Realität sichert, vergleicht Wiener die Sprache mit einer rudimentären Maschine, die nur groben Stoff weben und keine Feinarbeit leisten kann.

XVIII *was ihr [...] logik des meisterdetektivs nennt ist gut genannt, usw.*: Anstelle einer strengen Anwendung der Logik (Ursache von Rechtsfehlern bei gleichzeitiger Remuneration derjenigen, die sie begehen), erfordert das ideale heuristische Verfahren die empathische Rekonstruktion einer Tatsache. In den Beispielen, die Wiener in der Bibliographie anführt, trägt der für dieses Indizienparadigma geeignete Detektiv eher die Züge Maigrets als die Sherlock Holmes'. Die Verbindung von Logik und Staatsbeamtentum charakterisiert den bürokratischen Apparat als Fußtruppe des Formalismus; siehe Wieners Aussagen im Zuge einer Diskussion über Hofstadter: „Bei Menschen allerdings ist die Fähigkeit, Zeichen oder andere Gegenstände allein nach formalen Regeln zu manipulieren, nicht sehr gut ausgebildet, und außer in der Bürokratie finden sich solche Vorgänge häufig wohl nur bei gewissen Spielen oder bei Beweisversuchen von Mathematikschülern, denen der Knopf noch nicht aufgegangen ist".[87] Aus der formalen Arbeit mit Zeichen können ‚Lösungen' entwickelt werden, ohne dass die dazu führenden Schritte und die darauffolgenden Konsequenzen wirklich verstanden werden. Unter diesem Gesichtspunkt bereitet das Werk des Bürokraten das Aufkommen von Supercomputern vor, die Probleme „lösen", ohne uns einen tatsächlichen kognitiven Gewinn zu gewähren.[88]

jedoch ist der gedanke wichtig, ein bild der wirkungsweise der mathematik: Comtes Programm, politisch schon im Titel (*Plan der wissenschaftlichen Arbeiten, die für eine Reform der Gesellschaft notwendig sind*) wird hier als Vorreiter der formalistischen Philosophie erwähnt. Comte operiert mit Wörtern nach dem für die Mathematik typischen Prinzip der Äquivalenz und Substitution.

XIX *die welt besteht: sätze sind grenzfälle des möglichen, das mögliche ein experiment der grammatik*: *VL*, *VM*: „die welt besteht aus grenzfällen des möglichen".[89]

(Fußnote **) *dem werden wir widersprechen müssen*: Diese Klarstellung, die Wiener in einem 1969 erschienenen Nachdruck hinzufügte, spielt auf den

---

87 O. Wiener (mit R. Herken), „Eine Buchbesprechung zu Douglas R. Hofstadter: *Gödel, Escher, Bach*", in *Durch*, 1, 1986, 55.

88 So im „Schundroman" *Nicht schon wieder...!*, den Wiener unter dem prälapsarischen Pseudonym Evo Präkogler veröffentlichte. Dort denkt der Protagonist über die Undurchsichtigkeit der Algorithmen von Computern mit großer Kapazität nach und kommt zu dem Schluss: „Da haben sie schön geschaut, die Beamten" (*Nicht schon wieder...!* Matthes & Seitz, München 1990, 106).

89 *VL*, VII; *VM* 13, 35.

Abschnitt über den Bio-Adapter an, wo die Ambitionen dieses Ichs, das „ganz von selber [...] ich" zu sein behauptet, verschwinden werden.

XX *cesare ist ganz die mutter natur, braves kind des forschersepp*: Mit „cesare" ist das Merkwort eines der gültigen Syllogismentypen gemeint (aus den mnemonischen Versen „Barbara, Celarent, Darii" usw.) und dadurch *pars pro toto* die Logik, die hier zur zweiten Natur wird. Eine weitere Verzerrung des Wurzelsepps in Richtung Wissenschaft kommt einige Jahre später in Friedrich Achleitners *quadrat-roman* vor: „der quadratwurzelsepp ging in den wald und sammelte quadratwurzeln"[90].

(Fußnote *) *wittgenstein schreibt: die bürgerliche stellung usw*: in *Philosophische Untersuchungen*, § 125.

XXI *politische arithmetik*: Die induktive, auf quantitativen Beziehungen basierende Methode, die von William Petty entwickelt und dann von der Statistik aufgenommen wurde.

destruam et aedificabo: ein hausherr: Proudhons Motto ähnelt der kreativen Leidenschaft des Zerstörens, von der Bakunin zu gleicher Zeit sprach. Wiener räumt ein, dass eine anarchistische und destruktive Haltung auch in die beschränkte Gesinnung eines leicht erregbaren Hausherrn ausarten kann. Die Bemerkung scheint jene Formulierung vorwegzunehmen, die Hans G. Helms von einer ganz anderen Position aus für Stirner verwenden wird (*Die Ideologie der anonymen Gesellschaft*, 1966, ein Jahr nach dem Erscheinen dieses Abschnitts der *verbesserung* in *manuskripte* veröffentlicht). Helms sieht in Stirner den Vorläufer einer „Wohnzimmer-Ideologie", die aus kleinbürgerlichem Privategoismus bestehe und seine Verwirklichung in der Konsumgesellschaft finde. In den *notizen zum konzept des bio-adapters* wird Wiener, sich auf Helms beziehend, Stirner gegen die Kritik der Neomarxisten verteidigen.

XXII *schaff uns ein instrument, an dessem einen ende braun, am anderen laut ist*: Dieses imaginäre Instrument enthält möglicherweise einen spielerischen Hinweis auf bestimmte Überlegungen Wittgensteins zur Kluft zwischen Grammatik und empirischem Inhalt[91]. Die Erarbeitung intermedialer und transmodaler Kunstmittel bis ins Paradoxe gehört ebenfalls zu den Ausdrucksmitteln der Wiener Gruppe. In *anregungen für ein „schallplatten-funktionnelles" akustische [sic] cabaret* planen Wiener, Bayer und Rühm beispielsweise die Verwendung des Phonographen in bewusstem Kontrast zum Medium selbst. Die Schallplat-

---

[90] F. Achleitner, *quadrat-roman*, Luchterhand, Darmstadt-Neuwied 1973, 70.

[91] Vgl. die Kombinationen von Farbe und Klangattribut in den *Philosophischen Bemerkungen* – ein lauteres Schwarz, oder eine Farbe eine Terz höher als eine andere. Die *Bemerkungen* waren nur ein Jahr zuvor veröffentlicht worden und sind im bibliografischen Apparat der *verbesserung* nicht angeführt, doch kommt diese Problematik auch in Wittgensteins *Zettel* vor.

te muss Beschreibungen von Stimmungen und Gemütszuständen, Veranschaulichungen von Kunstwerken enthalten („Sie haben das berühmte Gemälde von ... gehört")[92].

XXIV *der zeit ihre freiheit*: Aus dem Motto der Wiener Secession („Der Zeit ihre Kunst. Der Kunst ihre Freiheit") streicht Wiener den zentralen Begriff heraus und macht Freiheit damit auch von der Befreiung von der Kunst abhängig. Im Fragment zeigt sich Stirners Einfluss: Wiener sieht im „geistigen eigentum" und im „schöpferischen" erbauliche Ideale, die imstande sind, uns zu begrenzen und zu erdrücken, ganz wie die von Stirners *Einzigem* angeprangerten Abstraktionen. Auch wenn einerseits die Stirner'sche Praxis des „Mir geht nichts über mich" die *verbesserung* tiefgreifend prägt, so wird doch andererseits Stirners archimedischer Punkt des „Ich" und des „Mein" viel kritischer betrachtet. Stirner konnte ja behaupten: „Mein Bein ist nicht ‚frei' von dem Prügel des Herrn, aber es ist mein Bein und mir unentreissbar. Er reisse es mir aus und sehe zu, ob er noch mein Bein hat!" (II, 3). Ganz anders sieht es bei Wiener aus, wie wir in *motion an «m. stirner»*, in *hymne an den erzengel* sowie in *der bio-adapter* lesen werden. Darüber hinaus ist die für die *verbesserung* in Frage kommende Freiheit meist relativ: entweder eine ‚Ablehnungsfreiheit' oder eine Freiheit des Opportunisten innerhalb der Lücken der schwächelnden Demokratie. Mit den Aporien und Fragwürdigkeiten des Freiheitsbegriffs wird sich Wiener in zwei kurz hintereinander publizierten Aufsätzen beschäftigen.[93]

XXV *protagoras*: Der Sophist aus Platons gleichnamigem Dialog veranschaulicht die Beziehung zwischen Wort und Politik, wird aber auch (wie zuvor Stifter) wegen seiner psychotechnischen Gewandtheit erwähnt.

(Fußnote *) *der staat als kunstwerk (k. eisner)*: Kurt Eisner ersehnte in seiner Rede *Die Stellung der revolutionären Regierung zur Kunst und zu den Künstlern* (1919) eine sozialistische Reform der Kunst. Garant dafür sollte der Staat als maximale Inkarnation des Kunstwerks werden, und so anerkannte Künstler sponsern, Kitsch beseitigen und die Kluft zwischen dem Reich der Schönheit und der Politik heilen.

XXVI *du bist ein feedback*: Der kybernetische Prozess der Rückkoppelung wird zur Kurzformel, um das Vertrauen in ein bewusstes Subjekt zu erschüttern. Das sich gegen die Determinierungen einsetzende Bewusstsein kämpft nicht um eine unbedingte, kollektive Erlösung. Ein Teil seiner Bemühungen besteht

---

92 K. Bayer, G. Rühm, O. Wiener, „anregungen für ein *schallplatten-funktionnelles* akustische [sic] cabaret", in P. Weibel (Hg.), *die wiener gruppe* (Anm. 79), 427–31.

93 „Persönlichkeit und Verantwortung (Materialien zu und aus meinem Versuch *Poetik im Zeitalter naturwissenschaftlicher Erkenntnistheorien* bei Matthes und Seitz, 1988)", *manuskripte* 98, 1987, 92–101. „Von der Freiheit eines Grizzlybären", in *Literarische Aufsätze* (Anm. 31),109–110.

nämlich in der bitteren Erkenntnis, dass die menschliche Veranlagung in vielerlei Hinsicht vollkommen in das behavioristische Schema passt.

vielleicht wird überdies das ausprobieren einmal die mathematik übersteigen, dann steht uns der alte gott aufs neue ins haus: Die rohe Kraft der „Trial-and-Error"-Methode (die weder Regeln noch Ursachen, sondern nur Ausnahmen und Zufälle kennt) wird eines Tages immer genauere, aber auch immer längere und unergründbare Erklärungen liefern – tut sie das etwa mittlerweile nicht? – und somit die Aura der Unfehlbarkeit und Unerforschlichkeit eines alten Gottes annehmen.

die zwar tatsächlich schäbige erkenntnis wird dann zum erkenntnis: Das Substantiv „Das Erkenntnis", ein rechtssprachlicher Austriazismus, bedeutet „Gerichtsbescheid", „Urteil" (Duden).

XXVII *(für anacharsis clootz)*: Jean-Baptiste du Val-de-Grâce, Baron de Cloots, der rheinische Revolutionär preußischer Abstammung, der sich zum „persönlichen Feind Jesu" erklärte. Hier schrumpft Wieners Antagonist zu einem störenden Vogel, zu einem Symbol des Nachrichtenstroms, der einer willkürlichen und bedrückenden Realitätsordnung entspringt. Gepriesen werden die Empörung des sich wehrenden Individuums und die regressive Wut des Subjekts in der Revolte (Siehe den *regress in die aufwallung*, IL). Der Schlusssatz („alles verstehen heisst nichts verzeihen") ist die Umkehrung einer Maxime aus *Krieg und Frieden* („alles verstehen heisst alles verzeihen"), die aus einem französischen Sprichwort stammt, wenngleich sie manchmal Madame de Staël zugeschrieben wird.

Offener Bewunderer von Cloots war auch Joseph Beuys, der zeitweilig unter dem Namen Josephanacharsis Clootsbeuys auftrat und angab, aus Cloots' Geburtsstadt Kleve zu stammen. In einer Postkarte vom November 1972, die im Österreichischen Literaturarchiv aufbewahrt wird, dankt Beuys Wiener für die Zusendung eines Buches über Cloots und teilt ihm mit, dass der Band für seine Performance in Rom nützlich gewesen sei (es handelte sich um die Aktion, die seine Arbeit *Arena* in der Galerie *L'Attico* begleitete).[94]

XXVIII *stumpfsinn ist der umschlag der vereinigung*: man sollte die Ambivalenz dieses Prozesses der „Vereinigung" nicht übersehen: Stumpfsinn entsteht sowohl aus dem Sich-Verbinden von Individuen durch das Wort, als auch aus der Vereinigung der für die Sprache typischen Gegensätze („kalt / warm").

---

94 1971 hatte sich Beuys dafür eingesetzt, Wiener eine Professur an der Kunstakademie in Düsseldorf zu verschaffen. Seine Initiative wurde von der Studentenschaft unterstützt, aber von diversen Professoren abgelehnt. Ein köstlicher Bericht dieser Episode findet sich in J. Stüttgen, *Der ganze Riemen: der Auftritt von Joseph Beuys als Lehrer: die Chronologie der Ereignisse an der Staatlichen Kunstakademie Düsseldorf 1966–1972*, Walther König, Köln 2008, 877–886 und 894.

die arische sprache mit ihren schafsmässigen betrachtungen: *VL*, *VM* „ein hilfszeitwort als ausgangspunkt von schafsmässigen betrachtungen“[95]

XXIX *eure kritik ist destruktiv [...]. sie bemängelt gesinnungslosigkeit und bietet als alternative gesinnung*: Wiener wird diesen Gegensatz in einer polemischen Antwort an den Literaturkritiker Humbert Fink erneut aufnehmen: „[...] diese infantile intelligenz, welche charakter- und gesinnungslosigkeit als mangel denunziert, um als antidot den eigenen schweinischen charakter und die eigene erbärmliche gesinnung anzudienen [...]“.[96]

XXX *meint dazu protagoras blumenreich aber unzutreffend*: Es handelt sich um dessen Fragment über die Unerkennbarkeit der Götter [80 B 4 DK]; Wiener zitiert aus der Ausgabe von Wilhelm Capelle, der die von Diogenes Laertius überlieferte Version mit der von Eusebius kombiniert.

XXXI *intelligenztest*: gegenübergestellt werden folgende Alternativen: die heuristische „Trial-and-Error“-Methode einerseits (in der Computerliteratur auch als „Generate and Test“ bekannt) und die psychotechnische Art des Dandys andererseits, der durch Sprachmanipulation „die lage umstülpen“ und zu seinem Vorteil drehen kann.

XXXII *der fehler des rabiaten marat*: 1780 erscheinen fast gleichzeitig zwei wissenschaftliche Werke von Marat, die *Découvertes sur la Lumière*, die eine Kritik an Newtons Farbenlehre enthalten, und die *Recherches Physiques sur le Feu*. Die *Académie des Sciences* erteilt Marat allerdings keine offizielle Zustimmung. Vielmehr entsteht ein Zwist mit Lavoisier, als Marat sich mit dem Plazet der Académie für die zweite der beiden Schriften schmückt. Wiener distanziert sich von der hagiographischen Idealisierung Marats (ein verbreitetes Phänomen, besonders nach dem Erfolg von Peter Weiss' *Marat/Sade*-Stück[97]) und präsentiert ihn statt als beispielhaften Revolutionär als Exponenten der verhängnisvollen Symbiose von Wissenschaft und Politik.

haben die menschen nicht 1525, 1789, 1871 [...] versucht die geschichte abzuschaffen: d.h. anlässlich des Bauernkrieges, der Französischen Revolution und der Pariser Kommune. Es sind die Schlüsseldaten, um die Hugo Ball seine *Kritik der deutschen Intelligenz* entwickelt. Balls radikale Kritik hat so manche Spur in der *verbesserung* hinterlassen.

XXXIII *gebt mir einen balbulus statt lykurg*: Notker von St. Gallen, auch „Notker der Stammler“ genannt, Benediktiner des 9. Jahrhunderts und Autor lateini-

---

95 *VL*, XIV, *VM* 13, 38.

96 „Die Wiener Gruppe. Eine Kontroverse“, in *Neues Forum*, März/April 1968, 240.

97 Wiener berichtet vom Interesse einiger Mitglieder der Wiener Gruppe für Marat (und von seiner Präferenz für Danton) in einem Interview mit F. Geyrhofer, „Gespräch mit Oswald Wiener“ (Anm. 54), 61.

scher Gedichtkompositionen. Um die Distanz zwischen kreativem Wahnsinn und Philosophie zu verschärfen, nimmt Wiener als Gegenfigur zum „barbarischen Dichter“ und als Vertreter der „pidginphilosophie“ (XXIII), die Philosophie zum “medium der politik” (XXV) macht, keinen reinen Philosophen, sondern den legendären Gesetzgeber Lykurg.

motion an «m. stirner»: In Anführungszeichen, weil ja Pseudonym (von Johann Kaspar Schmidt). Kubaczek verbindet Wieners widerstrebende Behauptung „mich werdet ihr mir nicht bezeichnen“ mit einigen Passagen von Stirners *Der Einzige*, wo die Unzulänglichkeit der Sprache hinsichtlich der Bezeichnung des Einzelnen angeprangert wird („Für Mich hat die armselige Sprache kein Wort“, „Kein *Begriff* drückt Mich aus, nichts, was man als mein Wesen angibt, erschöpft Mich: es sind nur Namen“).[98] Die eigentliche „motion“ befasst sich jedoch kritisch mit dem Stirner'schen Konzept des Ichs; jenes „ganz von selber [...] ich“ (XIX), das einen Ausweg zu finden versucht, wird nun beschuldigt, eigentlich nur ein weiterer Spuk zu sein, der zu denen gehöre, die Stirner doch beseitigen wollte – ein unangenehmes Nebenprodukt seiner eigenen Säuberungen also. Kurz gesagt, beklagt sich Wiener nicht so sehr über einen Mangel des Wortes, sondern über den durch die Sprache bedingten Reflex, der den Begriff eines großgeschriebenen Ichs fördert. Nach der Disqualifizierung dieses Begriffs spricht Wiener konsequent über Dinge, die unter „eine Nase“ gestellt werden – und nicht mehr unter „seine“ Nase. Die Abwendung vom Stirner'schen „mein Bein“-Argument (siehe Fußnote zu XXIV) ist offensichtlich.

XXXIV *die weisheit der chinesischen schrift*: Hinsichtlich einer Loslösung von einem festen und vorgegebenen Sinn erscheint die ideografische Schrift „weise“, da sie dem Kontext nach offener und daher weniger verbindlich als ein alphabetisches Zeichensystem ist.

eben fällt mir ein kleiner [...] aufsatz von nietzsche in die hände: Eine Nietzsche-Stelle, in der „dieser satz nahezu im selben sinn nahezu wörtlich vorkommt“, konnte ich nicht finden; jedoch scheinen einige Überlegungen im ersten Teil des Aufsatzes *Über Wahrheit und Lüge im außermoralischen Sinne* dem Inhalt nach nicht sehr weit von Wieners Aussage entfernt. Siehe z.B. „was ist für uns überhaupt ein Naturgesetz; es ist uns nicht an sich bekannt sondern nur in seinen Wirkungen [...]. Alle Gesetzmässigkeit, die uns [...] so imponirt, fällt im Grund mit jenen Eigenschaften zusammen, die wir selbst an die Dinge heranbringen, so dass wir damit uns selber imponiren. Dabei ergibt sich allerdings, dass jene künstlerische Metapherbildung, mit der in uns jede Empfindung beginnt, bereits jene Formen voraussetzt [...]“ (KSA 1, 885).

---

98 M. Kubaczek, *Poetik der Auflösung* (Anm. 4), 235.

der pragmatismus[...] scheitert heute [...] an seiner [...] semantik: Wiener hat hier wahrscheinlich nicht die Ikonen von Peirce (ein Autor, der nicht in den *Literaturhinweisen* aufgeführt wird) im Blick, sondern die von William James und F.C.S. Schiller diskutierte Problematik der Rolle, die Symbole und Bilder im Denken einnehmen.

(Fußnote *) *(rivarol)* [nur der Neuauflage der *verbesserung* 1985 hinzugefügt]: Das Zitat stammt aus A. de Rivarol, *Maximes et Pensées*, s.v. „langue".

(Fußnote **) *(f. mauthner meint usw.)*: *Beiträge zu einer Kritik der Sprache*, I, 85.

XXXV *sprachforschung als gegenüberstellung von wirklichkeit und sprache!*: Wiener hinterfragt die Widerspiegelungstheorie, den Eckpfeiler des *Tractatus* und der analytischen Philosophie, mittels eines besonders bewegten Fragments, als wolle er der Ordnung der *adaequatio rei et intellectus* das Chaos der lebendigen Sprache gegenüberstellen. Mit dem Postulat einer engen Entsprechung zwischen Sprache und Welt übersieht der *Tractatus* jene Kräfte, durch die die Sprache selbst zu einer *Techne* wird, die in der Lage ist, sich die Realität nach Belieben aufzubauen. Das Gedankengut einer Sprache entspricht der Einlagerung der Gespräche, die politische Vorgaben als sinnvoll erklärt haben (XIII: „populationen leben den stil der zitate derer sie mächtig sind"). Daher entsteht aus der Schichtung legitimer, d.h. durch politische Macht sanktionierter Reden eine „gegenwart wie bismarck sie haben wollte". Wenn Wittgenstein die Aufgabe, die Welt abzubilden, dem Satz anstatt des einzelnen Worts anvertraut, so verschiebt er laut Wiener bloß das Problem, da er damit weiterhin die pragmatische Situation ignoriert, in der Menschen die Bedeutung sowohl des Wortes als auch des Satzes verhandeln. Des Weiteren bliebe zu erklären, wie man das Wort klar vom Satz trennen und von seiner eigenen Bedeutung loslösen könnte. Siehe auch Wieners Überlegungen im Aufsatz über Wittgensteins Einfluss auf die Wiener Gruppe: „sollte die behauptung ‚Nur der Satz hat Sinn; nur im Zusammenhang des Satzes hat ein Name Bedeutung' [3.3] sinnvoll sein, so war sie entweder ein bestandteil einer definition von ‚sinn', oder unsere erfahrung zeigte, dass man papier, buchstabenform, stimme und klang und einiges mehr unter dem begreifen musste, was Wittgenstein als ‚Satz' undefiniert gelassen hatte: längst nicht alle grundzeichen des Formalen Systems waren bekannt. [...] offenbar konnte ein isoliertes wort sehr wohl ‚bedeutung' haben, und das machte die vorstellung vom kontext als eines rein sprachlichen merkmals problematisch".[99]

lüge ist verbrechen: weiter im Sinne Nietzsches wird die Lüge erst unter dem Gesetz der Sprache zum Verbrechen.

---

[99] O. Wiener, „Wittgensteins Einfluß auf die Wiener Gruppe" (Anm. 28), 51.

XXXVI *«simplification terrible»*: Die Kritiker des Kubismus verwendeten diesen Ausdruck, der später von Sartre in Bezug auf den Faschismus wieder aufgegriffen wurde.

man gebe aufschub der rechtsfolgen nach der gestalttheorie!: Die Gestalttheorie postuliert die Existenz von Fähigkeiten, die uns, wie Wiener kurz davor schreibt, ein „herauselementieren des begriffs" (bei der Erkennung von Objekten, Formen usw.) ermöglichen. Wiener hält jedoch die Ausweitung dieser Prämisse auf das Gebiet des logisch Rechtmäßigen für ungültig, da die Gestalttheoretiker sie unter Vernachlässigung der zusätzlichen Wirkung von Sprache durchführen (siehe auch unten, CL „das fixativ der ‹gestalt›-philosophie" und die dazugehörige Fußnote 97, CLXVII).

XXXVII *die neue wirklichkeit wird man mit der neuen grammatik einschmuggeln!*: Diese Grammatik, die vom Gesichtspunkt der *verbesserung* schleichend eine „neue wirklichkeit" einführt, ist die Sprache der Computerprogrammierung.

nacherzählung eines beispiels aus dem bi-yän-lu: *Bi-yän-lu* oder die *Aufzeichnungen vor smaragdener Felswand* heißt ein klassischer Text des Zen-Buddhismus, der aus hundert, von Meistern kommentierten Kôans besteht. Die parodistische Überarbeitung des Zen-Gleichnisses, eines Genres, das bereits in der Wiener Gruppe getestet wurde, unterstreicht mit seinem ‚Schnappschuss-Charakter' die Stichhaltigkeit der ersten intuitiven Empfindung: der Mensch bemerkt, dass mit den ihm auferlegten Modellen (des Denkens und der sozialen und politischen Organisation) etwas nicht stimmt, und so ist es auch. „dö-schan" ist jener Tokusan Senkan, der seine Belehrungen gerne unter Verwendung eines Stocks erteilte. Hsüä-Dou ist der Meister, der die hundert Anekdoten des *Bi-yän-lu* gesammelt und mit einer ersten Kommentarergänzung versehen hat.

XXXVIII *blyth, 1960, nannte usw.*: Wiener bezieht sich auf John Blyths Studie *Teaching Machines and Human Beings*.

beginnt zu lesen und setzt sich mit dem gelesenen zusammen: Der Leser setzt sich mit dem Lesematerial nicht „auseinander", sondern „zusammen". Der Konsum von Büchern wird also üblicherweise durch zu viel Entgegenkommen verdorben.

Zu den Wortspielen dieser Seite gehören auch die doppeldeutigen Ausdrücke „lass streichen" und „schön zu verbänden geschält" (wobei „schön geschält" auf Wienerisch „gut angezogen" bedeutet). Wie Wiener später erklären wird, verflochten sich innerhalb der Wiener Gruppe manchmal derartige formale Experimente mit Diskussionen über Wittgenstein, da manche seiner Überlegungen gewisse Formen des Experimentierens zu rechtfertigen schienen: „einige von den ‚montagen' machten von den gedanken Wittgensteins über doppelbedeutungen von zeichnungen und isolierten sprachteilen gebrauch (ich unternahm den versuch einer ‚montage' aus mehrdeutigen sätzen, die konsistent und gleichzeitig zwei verschiedene ‚inhalte' haben sollte)".[100]

XXXIX *übrigens ist das problem der maschinen jetzt viel weiter als proudhonchapeaubasici*: Durch ihre Verwirklichung im Staatsapparat wird die Maschine zur am weitesten entwickelten politischen Idee und wirft Probleme auf, die wir nicht nur und ausschließlich als eine Frage der Arbeitsbedingungen auffassen können, wie Proudhon es noch wollte. Das den Maschinen gewidmeten Kapitel der *Philosophie des Elends*, muss Wiener angesichts des Kompliments „Proudhonchapeaubasici" („Hut-ab-Proudhon") allerdings gefallen haben.

(Fußnote *) *p. ackermann [...] robicsek [...]*: Im Vorwort zum *Dictionnaire des antonymes ou contremots* postuliert Paul Ackermann die Antonymie als Grundprinzip der Präzision (und damit des Prestiges) des Französischen. Die logische Klarheit dieser Sprache und ihr Festhalten an der Wahrheit habe sich eben dank dieser Neigung zur Antithese entwickeln können.

Auf *Sprache, Mensch und Mythos* wird Wiener auch in seinem kritischen Aufsatz über Arno Schmidt verweisen, und Robicseks „Differentialanalyse" als einen Vorläufer der von Schmidt selbst erträumten, psychoanalytisch gefärbten Sprachphilosophie bezeichnen.[101]

Diese und verschiedene andere bibliographischen Verweise, die Wiener in die Fußnoten der *verbesserung* einträgt, werden in den angeschlossenen (und erklärtermaßen unvollständigen) *literaturhinweisen* weggelassen.

XL *ich kündige bereits hier ein kapitel über das fliegen an*: Ein Thema, das im Roman wiederholt vorkommt.[102] Diese Ankündigung könnte sich auf den Abschnitt *ajo ajo*, auf die *hymne an den erzengel*, und auch auf die *abbildung 4* beziehen.

wissenschaft und ganzheit: Vor diesem Absatz steht in *VL* und *VM* Folgendes: „hätt mich gewundert wenn sich der breton in seinen spatzenbücheln die politik verkniffen hätt! einen potz-orden für unsern anderl".[103]

herr spann: Othmar Spann (1878–1950), österreichischer Philosoph und Befürworter des Austrofaschismus. Seine universalistische Philosophie der „Ganzheit" wird von Wiener als historisch wichtiger Schritt zur Verbreitung eines erkenntnistheoretischen Holismus diskutiert. Für Spann wird die Grundvorstellung, dass das Ganze mehr als die Summe der Teile sei, auch zur theoretischen Rechtfertigung des Ständestaates. Sie veranschaulicht jene von Wiener kurz zuvor erwähnten, „oberschlauen" Akte der „erkenntnis höherer ordnung", die –

100 *Ibid.*, 57.
101 O. Wiener, *Wir möchten auch vom Arno-Schmidt-Jahr profitieren* (Anm. 75), 25.
102 Und dem Kubaczek einige Seiten seiner Monographie widmet. Siehe *Poetik der Auflösung* (Anm. 4), 154–68.
103 *VL*, XXII; *VM*, 14/15, 5.

wie auch die Dialektik – eine Wiederherstellung alter metaphysischer Instanzen anstreben.

indem du das ding unbesehen nimmst sagt die philosophie, bist du von einer na ja lassen wir das: In *VL* und *VM* gibt der abgeschnittene Satz etwas mehr Preis: „indem du das ding unbesehen nimmst sagt die philosophie, bist du von einer optischen täu- na ja lassen wir das".[104]

XLI *ça ira! ça ira!*: Der revolutionäre Refrain erscheint drei Zeilen vor der ersten Erwähnung der Kybernetik, die somit als traumatischer Umbruch verkündet wird.

wie reimt sich das mit den schriften von franz von baader: Spann war Herausgeber einer Reihe von politisch-philosophischen und Sozialwissenschaftlichen Schriften (*Die Herdflamme*) – die Ausgabe der Schriften Baaders kuratierte er persönlich (siehe Bibliographie). Auch in diesem Zusammenhang ist die *Kritik der deutschen Intelligenz* erhellend, da in Balls Darstellung die romantische Philosophie des Franz von Baader als Gegenpol zur bürokratisch-schematischen Vision der Hegelschen Staatsmacht erscheint. Weder Spanns Korporativismus noch Wieners beiläufige Bemerkung, dass man „eine menge durch geschicktes vögeln" gewinnt, passen freilich zu den Schriften Franz von Baaders. Spann wird daher indirekt aufgefordert, Baader in Frieden zu lassen und lieber etwas anderes zu tun.

je höher aber die abstraktionsstufe einer wissenschaft, desto tiefer dringt sie in das wesen der wirklichkeit: Das Zitat stammt aus dem zweiten Kapitel der *Grundzüge der Naturphilosophie* von Moritz Schlick.

XLII *wenn anschaulichkeit von der geschicklichkeit der vorstellung abhängt*: Diese Art Anschaulichkeit, die auf einem ‚Wie-es-sich-anfühlt' basiert, würde mithin jene mentalen Zustände subjektiver Erfahrung, die sogenannten ‚Qualia', betreffen. Je mehr die Forschung in neue Gebiete vordringt, desto schwieriger wird es, sich auf eine solche intuitive Art der Erkenntnis zu verlassen – dagegen wird die Anwendung von Formalismen immer notwendiger.

(Fußnote 1): W. Grey Walter, *The Living Brain*, Norton, New York 1953, 280.

(Fußnote 2): Thomas von Aquin, *De ente et essentia*, I – „[Wesen muss daher etwas] allen Naturen Gemeinsames [heißen], wodurch verschiedene Seiende in verschiedene Gattungen und Spezien eingeteilt werden."

gemeinsamkeiten kannst du immer finden – das macht die sprache: Vgl. die Passage aus dem *Stein der Weisen* von Konrad Bayer: „es gibt nichts gemeinsames. nur die sprache schafft gemeinsamkeiten. [...] alle meine vorfahren und auch alle anderen haben die sprache zusammengebosselt. haben ihre reaktionen damit

---

104 *VL*, XXIII; *VM*, 16, 5.

eingerüstet und so wurde mit der sprache [...] alles gleich gemacht und nun ist alles das gleiche und keiner merkt es".[105]

XLIII *der apparat tlapa assoziiert sich auf babylonisch*: Der Familienname tschechischer Herkunft „Tlapa", der auch an anderer Stelle im Buch vorkommt und den ein bekanntes bürgerliches Modehaus in Wien trug, steht *pars pro toto* für den Durchschnittsbürger. Sein „Assoziieren", d.h. seine Bildung und Einfügung in den Staat, findet „auf babylonisch" statt, d.h. unter den Bedingungen und in der Sprache eines unbestritten hegemonialen Machtkörpers (für die Analogie zum „babylonische[n] kultdenken" siehe auch CXL).

ich glaube dass den surrealismus missversteht: Für die Mitglieder der Wiener Gruppe hatte die Bezugnahme auf den Surrealismus eine grundlegende Bedeutung. Wie bei anderen Neo-Avantgarden, zog die Last dieser Verwandtschaft ein Bedürfnis nach kritischer Auswahl, Unterscheidung, Zurückweisung mit sich. Wiener war Bretons marxistisch-psychoanalytisch orientierter Ansatz fremd. Er schätzte das Frühwerk der *Champs Magnétiques* höher ein als die bekannteren Romane *Nadja* und *Amour Fou* und war eigentlich am meisten von der brisanten Produktion Benjamin Perets angetan. Nach Fertigstellung der *verbesserung* scheint seine Beurteilung Bretons als Theoretiker dennoch zunehmend ins Positive umzuschlagen. Bei Breton vergegenwärtigt sich ein Konflikt zwischen dem Bedürfnis nach Effektverstärkung (Kunst als Mittel, um reale Effekte – wie Wunden auf dem Körper – hervorzurufen) und der Tendenz, die Effekte zu regulieren (automatisches Schreiben und Selbstbeobachtung). Wiener erkennt darin Züge einer grundsätzlichen ästhetischen Problematik innerhalb der Gruppe, d.h. Suche nach Ausdruckssteigerung einerseits und Untersuchung von Mechanismen andererseits, die Ergriffenheit erklären und relativieren können.[106] In dieser vor allem an die Epigonen Bretons gerichteten Annotation bemängelt Wiener das fehlende Erkennen der Sprachproblematik bei den Surrealisten.

(Fußnote 1): Es handelt sich um den deutschen Juristen Karl Engisch. Die zitierte Arbeit stammt aus dem Jahr 1953.

XLIII-XLVIII *ich weiss wohl usw.*: Gegenstand dieser in die Länge gezogenen Beschreibung ist ein Bleistift. Der Autor berichtet anderswo von einem ähnlichen Schreibverfahren, und zwar von jenen, die zur von der Wiener Gruppe praktizierten Rezeption und sprachexperimentellen Prüfung des *Tractatus* zählen: „ein anderer versuch wollte dem leser ein extrem detailliertes bild irgendeines alltagsgegenstandes aufzwingen. beispielsweise begannen Rühm und ich, einen radiergummi in der umgangssprache zu beschreiben. diese studie in definitheit

[105] K. Bayer, *Sämtliche Werke* (Anm. 69), 529.

[106] Siehe dazu O. Wiener, „Bemerkungen zu einigen Tendenzen der *Wiener Gruppe*" (Anm. 19), 23.

der bedeutung kam zu ihrem vorzeitigen ende, als wir nach einigen seiten merkten, dass wir eine bestimmte kleine fläche um eine der ecken herum noch nicht verlassen hatten, und dass wir auch mit der größten konzentration nicht mehr im stande waren, aus der beschreibung ein vorstellungsbild im verlangten detail zu konstruieren“.[107]

Diese Passage, als erste offensichtliche Abweichung von dem bisher fragmentarischen Verlauf, ist die einzige im Roman, die man berechtigterweise als Ekphrasis bezeichnen könnte. Wiener neigt ja sonst nicht besonders dazu, mit einem Überschuss an Beschreibungen das zu kompensieren, was er dem Leser an erzählerischem Gehalt und an Handlung in konventionellem Sinne vorenthält. Die Technik der Beschreibung ist jedoch untypischerweise schleppend und redundant, die Einzelheiten werden mit einer gesucht ungeschickten Spitzfindigkeit notiert und die umgangssprachliche Redensart, die mittels endloser Hinzufügungen fortschreitet, soll die Geduld strapazieren. Es ist keinerlei Absicht zu erkennen, die formale Virtuosität etwa eines Roussel oder Robbe-Grillet (*La jalousie*) nachzuahmen, wobei eine Anspielung auf solche Vorläufer unweigerlich spürbar wird. Vielmehr übernimmt das Schreiben die Aufgabe, die Schwierigkeiten darzustellen, auf die unsere Vorstellung beim Wahrnehmen und Organisieren von Details stößt, ohne sie hinter stilistischer Bravour zu verstecken. Durch diese Anpassung des Ausdrucks an das psychische Erleben tut Wiener seinen Zweifel an der Auffassung des Objekts als Summe von Eigenschaften kund. Mit der nervigen Wiedergabe der beobachteten Fälle und Akzidentien versucht das Bewusstsein wiederholt ‚etwas von sich selbst‘ in den Prozess der Zusammensetzung eines Objekts einzufügen. Letztendlich neigt die Ekphrasis dazu, sich in die Beschreibung des Bleistifts und die der intentionalen Prozesse des Beschreibers zu spalten.

Die Wahl eines Schreibgeräts als Gegenstand der Deskription gehört offensichtlich zum Spiel metaliterarischer Andeutungen im Roman (vgl. Handkes *Geschichte des Bleistifts*).

XLV (Fußnote *) *k. kraus*: Ich weiss nicht, wie wichtig es für Wiener tatsächlich ist, uns daran zu erinnern, dass Kraus oft über die Beziehung zwischen dem Wörtlichen und dem Bildlichen nachgedacht hat. Die in die Beschreibung des unbenannten Gegenstands eingefügten Glösschen stellen eher einen zusätzlichen Behelf dar, um den Lesefluss dort zu unterbrechen, wo der Autor zum ersten Mal ein etwas längeres Erzählstück einschiebt. Gleiches gilt für andere pingelige Berichtigungen, die als scherzhafte Korrekturen einfacher und allgemein verständlicher Metaphern im Text verstreut sind.

XLVIII (*für quirin kuhlmann*): Gemeint ist der deutsche Dichter und Mystiker Quirinus Kuhlmann, der 1689 als Ketzer in Moskau verbrannt wurde. Seine

[107] O. Wiener, „Wittgensteins Einfluß auf die Wiener Gruppe“ (Anm. 28), 55.

einzigartige Schreibweise, eine Mischung aus visionärem Exzess und Manierismus, wurde von der Wiener Gruppe wiederentdeckt und zum Ausgangspunkt einer deutschen Gegentradition gemacht, die es zugunsten eines antikanonischen und experimentellen Programms zurückzufordern galt. So präsentiert Wiener Kuhlmann in einem Typoskript seines Gesprächs über „sprache und geisteskrankheit“: „nach seiner erweckung durch lektüre von werken des geisteskranken mystikers jakob böhme und visionären erlebnissen ist sein leben die umsetzung einer komplizierten paranoia in die praxis gewesen. sobald seine messianische sendung erkannt war, bezog er prophezeiungen der bibel und visionäre voraussagen ausgewählter zeitgenössischer seher auf sich, und bemühte sich auf das ernsthafteste, ihnen durch die steuerung seines lebens zu entsprechen. wo das praktisch nicht anging, ersetzte er sein schicksal durch visionen. sein hauptwerk, der KÜHLPSALTER, ist das in verse gesetzte tagebuch seiner spirituellen politik“.[108]

Was diese Widmung im Besonderen rechtfertigt, ist die Art und Weise, in der Kuhlmann manchmal Worte verwendet, um „sich in einen zustand [zu] versetzen“ (XI), um sich zu einem Zustand ekstatischer Raserei anzuregen (wie z.B. im *Kühlpsalm* 15, den Wiener im oben erwähnten Vortrag zitiert, wenn Kuhlmann obsessiv „Triumfftriumfftriumff“ wiederholt). Auf ähnliche Weise häuft Wiener, nachdem er die Beschreibung bis zur Erschöpfung erweitert hat, starke Worte, um seine Kräfte aufzuladen und den Leser durch eine erste erhebliche Einfügung Wiener Dialekts anzugreifen. Das *code-switching* soll jene „antiperistaltische empfindung“ (XI) übermitteln, die in der *verbesserung* mit Reizüberflutungen assoziiert ist.

das gesetz bringet uns um: Wieners Hinweis auf ein Missverständnis dieser lutherischen Worte sollte vielleicht auf Feuerbach bezogen werden, da im *Wesen des Christentums* genau dieser Satz die bedrückende Wirkung des Gesetzes anzeigt, das den Menschen ein Bewusstsein vermittelt, „Sünder“ und damit „nichtig“ zu sein. Aber ein solches Gesetz ist für Luther eben vollkommen in Ordnung.

IL *gedicht*: Unter den letzten Übergangsfragmenten auf dem Weg zur *hymne an den erzengel* fügt Wiener einige ‚Gedichtstücke‘ ein (siehe die *poetische deklination* auf S. LIV), deren Ingredienzen er einige Seiten später im Absatz *manierismus* zusammenfasst. Statt Nüchternheit der Stimmung und des Stils soll seine Poetik im Gegensatz zum „obskurantismus“ der Knappheit „unerwartetes“ ermitteln und „abschnurrende vielfalt“, „kalkül“ und „liebe wahn“ einschließen – also einem Rezept folgen, das an die Grundelemente des „methodischen Inventionismus“ erinnert.[109] Das Unerwartete ergibt sich aus einer besonderen Begegnung zwischen Zufall und mechanischer Vorgehensweise (Repertorien und einschränkende Bedingungen, vgl. den Verweis auf Ramon Llull in der

108 „sprache und geisteskrankheit“, Vorlass Oswald Wiener, *ÖLA* 232/04 W28, 1968–69, 25.
109 Siehe M. Kubaczek, *Poetik der Auflösung* (Anm. 4), 252–53.

Fußnote der nächsten Seite). Welch ein Gewicht das „kalkül" in der Ausarbeitung von Texten – selbst bei den sehr undeterminiert wirkenden – bekommen konnte, zeigt Bayers Text *der vogel singt. eine dichtungsmaschine in 571 bestandteilen*. Der Kompositionsplan, an dem Wiener mitgearbeitet hatte, ist „ein virulentes Sammelsurium an mathematischen Formeln und Reihenbildungen",[110] komplett mit Tabellen und Symbolen für Raum-, Zeit-, oder Registervarianten (z.B. p = „poetisch", b = „banal").
Die Erzählstimme im *gedicht* nimmt den bösartigen Ton eines Caliban an, der im Konsens, auf dem sich die Welt stützt, „eine gemeine verschwörung" sieht (das Thema wird später wiederaufgegriffen, siehe CLXI-CLXII, Fußnote 69 und Kommentar dazu).

wir schlagen uns auf seiner seite: Nicht „auf seine seite" – stattdessen entwirft Wiener mit dem Dativ das Bild einer Menschheit, die gewaltbereit wird, sobald sie die Partei dieses personifizierten kollektiven Auges ergreift.

das wäre eine ode an aristogeiton: Eine Ode an den athenischen Tyrannenmörder als Prototyp des Befreiers ist zugleich auch ein Lob für die Zorngefühle des revoltierenden Menschen.

L *ausdrücklich warne ich vor der erektion des buchschülers*: Vor diesem Satz, am Anfang des Absatzes, liest man Folgendes in *VL*, XXIX: „und max bense lebt! andauernd erichte es entsetzlich und dann hat es max zerfranzt". Dem Setzer der *manuskripte*-Ausgabe ist die Anspielung auf Erich und Franz entgangen und der *VM*-Text wurde daher korrigiert in „errichte" und „zerfranst". Der Verursacher der „Zerfranzung" ist bestimmt Franz Mon, aber ich weiß nicht, wer dieser Erich, der wie ein Gewitter auf Bense herab tobt, sein könnte. Noch Jahre nach der Niederschrift der *verbesserung* wird Wiener sein Desinteresse an Bense bekräftigen,[111] um den sich Ende der 1950er Jahre die sogenannte *Stuttgarter Gruppe* traf (zu der auch Franz Mon gehörte). Benses auf Shannons Informationstheorie basierende Ästhetik, die Statistik als analytisch-erfinderisches Werkzeug verwendet, ist für Wiener theoretisch unzureichend. Shannons Theorie sei nämlich nicht dafür gedacht, um auf inhaltlicher Ebene angewendet zu werden. Eine darauf basierende Ästhetik könne sich deswegen nicht mit Bedeutungsfragen befassen. Ferner sei Benses Ansatz problematisch auch in Bezug auf Kunstproduktion, denn Statistik ist Verzicht auf die Beschreibung, die Rekonstruktion und das Verständnis mentaler Prozesse – was dem Programm Wieners diametral entgegengesetzt ist. In diesem Fragment drückt Wiener sei-

[110] F. Füchsl, „Zerlegung einer Dichtungsmaschine. Anhand der Werkmaterialien zu Konrad Bayers *der vogel singt*", in T. Eder, K. Kastberger (Hg.), *Konrad Bayer: Texte, Bilder, Sounds* (Anm. 17), 106.

[111] Vgl. „Max Bense 65 Jahre alt", in *Gedanken*, 1975, 6; F. Rötzer, „Oswald Wiener. Das Konzept der universellen Maschine", *Kunstforum*, 110, 1990, 224.

ne Ablehnung aus, indem er Bense verächtlich als kitschigen Intellektuellen des Deutschtums bezeichnet.

die persönlichkeit ist so schwer zu bestreiten: Noch ein ‚Kippbild-Satz': die Persönlichkeit kommt unweigerlich zustande / die Persönlichkeit ist sehr pflegeaufwendig.

(Fußnote **) *näheres bei j. mutzenbacher*: Der Vorwand der „erektion" wird von Wiener, für einen ihn persönlich betreffenden bibliografischen Hinweis genutzt. Den pornographischen Memoiren der Prostituierten Josefine Mutzenbacher wird er seine *Beiträge zur Ädöologie des Wienerischen* anfügen. Dabei handelt es sich um ein Glossar aus etwa 1300 erotischen Dialektwörtern und mundartlichen Ausdrücken, das als Anhang der Mutzenbacher-Ausgabe von 1969 fungiert, der regulären Erstveröffentlichung nach diversen, seit 1906 zirkulierenden Privatdrucken.[112] Angesichts der beträchtlichen Auflage dieser Neuausgabe und der anschließenden Nachdrucke (in der Größenordnung von hunderttausenden Exemplaren), ist das Glossar *Beiträge* bei weitem das meist verbreitete Werk Wieners. Die Arbeit am erotischen Lexikon des Wienerischen war bereits im Gange, als die *verbesserung* veröffentlicht wurde. Im *Literaturverzeichnis* (CCII) listet Wiener das *Mutzenbacher*-Buch unter den „privatdrucken" und gibt dessen Verfasser mit den Initialen „f.s." an. Gemeint ist Felix Salten, der Autor von *Bambi*, der seit langem – jedoch ohne stichhaltige Beweise – als mutmaßlicher Urheber der *Josefine Mutzenbacher* verdächtigt wurde.

der herr whorf 1940 usw.: B. L. Whorf, „Linguistics as an Exact Science" (1940), in *Language, Thought and Reality*, 1959, 222.

(Fußnote ***) *bemerkenswert, dass frege usw.*: Die Passage stammt aus dem Vorwort von Freges *Begriffsschrift, eine der arithmetischen nachgebildete Formelsprache des reinen Denkens*, 1879, V.

LI ... *es ist mein anliegen usw.*: B. L. Whorf, „Language, Mind, and Reality" (1941), in *Language, Thought and Reality*, 1959, 247.

... *die westliche kultur usw.*: B. L. Whorf, „Languages and Logic" (1941), *ibid.*, 245.

kroklo[k]wafzi: Der Anfang des „großen Lalula" aus Christian Morgensterns *Galgenlieder*. Mit Morgensterns Gebrabbel weist Wiener darauf hin, dass keine Fremdsprache, nicht einmal der Extremfall einer imaginären Sprache, zu jener Reform der Kategorien führen würde, die Whorf anvisiert. Jegliches „korrektiv" würde weiterhin von den Projektionen einer für alle Klassifizierungsnormen maßgeblich bleibenden Muttersprache aufgenommen und bearbeitet.

---

[112] O. Wiener, „Beiträge zur Ädöologie des Wienerischen", in *Josefine Mutzenbacher. Die Lebensgeschichte einer wienerischen Dirne, von ihr selbst erzählt*, Rogner & Bernhard, München 1969, 285–389.

purusha: Abstrakte Entität im Hinduismus – kosmischer Mensch, Selbst, Bewusstsein, universelles Prinzip – die hier eine allgemeine metaphysische Instanz bezeichnet. Sinngemäß meint Wiener, dass der Einzelne keine Rechtfertigung von oben oder aus der Tiefe braucht, um seinen Aufstand zu rechtfertigen, der sowieso legitim (in oxymoronischer Gegenüberstellung sogar „fromm") ist.

LIII *nicht so sehr novalis oder richter*: Novalis und Jean Paul werden ausgenommen, weil sie im Gegensatz zu Fichte und anderen keine reaktionären „politischen" Schriftsteller waren, die sich durch Metternich kompromittierten. Auch in diesem Punkt scheinen Wieners Überlegungen zu den deutschen Intellektuellen die argumentative Linie von Ball vorauszusetzen.

politik, universalistische aristokratie, usw.: Hinter dem romantischen Vorbild des Individualismus erkennt Wiener den Spuk der gemeinsamen Ideale und des Universalismus, d.h. von Strömungen, die im besten Fall auf eine harmlos-biedere Rechtschaffenheit hinauslaufen und im schlimmsten politisch fatal werden. Im heroischen Elan kommt das Subjekt abhanden, denn wer ‚den Ruf des Auftrags' hört, fügt sich einer entbindenden Norm, die Meinungen und Entschlüsse in unverhandelbare Reflexe verwandelt. Wiener prangert als Grundproblem des Einzelnen die moralische Tendenz an, im Namen höherer Werte zu handeln. Er betont emphatisch, dass keine noch so edle Sache sie rechtfertigen kann (siehe die provokante und hyperbolische Reihe von Gleichsetzungen, z.B. „zwischen occam und hitler" usw.). Das erklärt auch die weitgespannte Auswahl an Beispielen, quer durch das politische Spektrum, vom Mystiker des Generalstreiks Georges Sorel über den Feind der Moderne Julius Langbehn (Autor des mystisch-nationalistischen Pamphlets *Rembrandt als Erzieher*) bis zum Anarchisten-Sympathisanten Franz Pfemfert (Gründer der Zeitschrift *Die Aktion*).

synagogen: Wahrscheinlich eine Anspielung auf Kapitel VI von Ernest Renans *Leben Jesu*, das sich unter anderem mit der politisch-normativen Rolle von Synagogen befasst: „Die Synagogen waren [...] kleine unabhängige Republiken [... die] eine ausgedehnte Gerichtsbarkeit" hatten und über Dekrete, Beschlüsse, Strafen usw., die „für ihre Gemeinde Gesetzkraft hatten", abstimmten.

sonntag ach sonntag usw.: Mit der Invektive gegen den heroischen Elan kommt der Zweifel, ob etwa der Schwung des Bewusstseins, der dem Roman den Anstoß gab, ebenfalls nichts als eine ungebührliche und eitle Anstrengung sei, zumal der Aufstand gegen Sprache und Stil eine paralysierende Kritik des eigenen Denkens verursacht hat. Wenn einerseits diese Art ‚zusammenfassendes Sonntagsgebet' eine mangelnde Ausbeute beklagt, markiert es andererseits auch einen Punkt ohne Wiederkehr. Der Spielraum ist eng, aber die alternativen Wege – „alles wegschmeißen", einen Glauben oder irgendein Vorbild (z.B. „franz") annehmen – führen direkt in den Wahnsinn.

ich selber bin es wirklich, die welt nämlich: Im *sechsten sinn* schreibt Konrad Bayer „die welt bin ich und das ist meine sache".[113] Solche Äußerungen stehen scheinbar im Einklang mit einigen Überlegungen des *Tractatus* (5.62 – 5.63): „Dass die Welt meine Welt ist, das zeigt sich darin, dass die Grenzen *der* Sprache [...] die Grenzen *meiner* Welt bedeuten", „Die Welt und das Leben sind Eins", „Ich bin meine Welt (Der Mikrokosmos)", „Das Subjekt gehört nicht zur Welt, sondern es ist eine Grenze der Welt". Der Solipsismus des *Tractatus* neigt jedoch zum Realismus, während für Wiener und Bayer die Welt, selbst als individuelle, keine Gewissheit gibt (und tatsächlich endet das Fragment mit einem Bekenntnis zum Unglauben). Vgl. Wiener im Aufsatz über Wittgensteins Einfluss: „von anfang an war der solipsismus eine für uns wichtige vorstellung gewesen. von interesse [...] war ein gemässigter solipsismus als ein erkenntnistheoretischer individualismus, denn er gab dem gedanken ‚geistiger freiheit' eine theoretische, und, was für einen dichter noch wichtiger ist, eine heroische grundlage – der möglichkeit, sich in dem als ‚einziger' zu bewahren, das als das eigentlich wertvolle erscheint, in der sinnproduktion des eigenen bewusstseins. ist aber die gestalthaftigkeit meiner vorstellungswelt kommunizierbar und sogar durch *Sprache* wesentlich bestimmt, so fällt auch der individualismus dahin oder muss wenigstens durch einen individualismus der zufälligen umstände ersetzt werden. wer ist dieser *solus ipse*, wenn die welt ein produkt der *Sprache* ist?".[114]

LIV *sonne! ich widerrufe*: Für einen Moment weist der Autor seinen Wunsch zurück, die Welt in die Luft zu jagen, bürdet der nächsten Generation die Verantwortung dafür auf und bittet darum, „in diese schöne Wirklichkeit" hineingelassen zu werden. Wiener wird jedoch im Laufe des Buches seine solipsistischen Herausforderungsgesten gegen himmlische Gewissheiten erneut äußern. Siehe z.B. das Akrobatenstück mit Sonne und Himmel in der *Abbildung 4* (CII-CIV) und weiters: XC „im lachhaften begriff des regens steckt der lachhafte begriff der wirklichkeit", XCII „der regen beruht auf der schlechten qualität der bildkopie", CXXI „wenn einer zu ihnen redete so fanden sie ganz mühelos den haken dran raus wenn er was sagte was ihnen nicht in den kram passte [...], aber wenn einer beiläufig sagte vorgestern hats geregnet so glaubten sie es aufs wort, fandens richtig und sinnvoll und schrieben sich das hinter die ohren", CXXXIII „der regen verliert sein publikum".

schritte die wir kennen: Diese Schritte sind vielleicht deshalb schon vertraut, weil sie in Bayers *sechstem sinn* vorkommen, wo „sehr einfache schritte" mehrfach

113 *Sämtliche Werke* (Anm. 69), 628. Diesen Satz u.a. aus dem *sechsten sinn* äußert Konrad Bayer in Ferry Radax' Experimentalfilm *Sonne, halt!*

114 „Wittgensteins Einfluß auf die Wiener Gruppe" (Anm. 28), 58.

getanzt werden[115]. Der Fantasie einer allgemeinen rhythmischen Koordination entsprechen einige grundlegende Merkmale des Dandys, namentlich die Fähigkeit, regelnde Kräfte zu erkennen, sie zu orchestrieren, sie quasi an den Fingerspitzen körperlich wahrzunehmen. Der Dandy versucht durch Projektion auf die Umwelt solche Regelmäßigkeiten zu verkomplizieren, und in der Komplexität der Umwelt aufzugehen. Das ‚Ballett' bereitet somit den numinosen Anlauf der *hymne an den erzengel* im folgenden Abschnitt vor.[116]

in der tür steht der könig, jeder zoll stubenrein: Der Ausdruck „könig jeder zoll", eine Übersetzung von „every inch a king" aus Shakespeares *King Lear*, ist bei Heine zu finden (oft und gerne auch variiert als „jedes Pfund ein König", „jeder Zoll ein Lump", „jeder Vers ein Esel" usw.) und wird auch von Freud in der Studie über den Witz erwähnt, auf die Wiener einige Seiten später verweisen wird.

mudras der demokratie!: In der indischen und buddhistischen Tradition sind Mudras symbolische oder rituelle Gesten, die mit Hand und Fingern während des Tanzes, des Yoga, religiöser Zeremonien oder als Zeichen der Begrüßung ausgeführt werden.

(Fußnote **): Karl Friedrich Flögel, *Geschichte des Grotesk-Komischen*, 1914, Band 2, 374.

LV *diese alte welt bedarf des publikums!*: Dritter der kurz aufeinanderfolgenden Hinweise auf die Welt als Schauspiel („damit die handlung zur tat werde, bedarf es der bühne" hieß es fünf Zeilen darüber; und siehe LIV „in dieser bewegung ist wahrhaftigkeit unmoglich, so ohne publikum"). Die Analogie zielt nicht so sehr auf eine ethische Wertung (Eitelkeit des *Theatrum mundi*), vielmehr will sie darauf hinweisen, dass die Realität durch ein Zusammenwirken von Einschränkungen konstruiert wird. Das „facettenauge" (IL) der Menschheit erzeugt „diese alte Welt".

der horla ist ein arschloch: Die Schmähung gegen den Horla, die gespenstische Präsenz der gleichnamigen Erzählung Maupassants, fasst sinnbildlich einen der Leitgedanken im ersten Teil der *verbesserung* zusammen – den Widerstand gegen die Trugbilder der Sprache, des Staates und des Ichs.

In *VL* liest man an dieser Stelle den durchgestrichenen Absatz: „– das verletzende an der geste, wollte man sie ernst nehmen, ist die absicht. der manipulation

---

115 *Sämtliche Werke* (Anm. 69), 578, 582, 584, 645, 665. Auch diesen Ausdruck hört man wiederholt von Bayer in *Sonne, Halt!*

116 Vgl. die verschiedenen rhythmischen Anweisungen in Bayers *der vogel singt*, z.B.: „durch die reibung glühen die wände in rhythmischen abständen auf" (*Sämtliche Werke*, 502); „er dreht seine hände in den gelenken. er beugt die arme und beginnt seine gymnastischen übungen" (*ibid.*, 503); „viele reihen von fischen verbinden die einzelnen punkte des meeres in einem rhythmischen verhältnis" (*ibid.*, 516).

weiche ich aus – in die trägheit meines vorstellungsvermögens, in die abgebrauchte choreographie meiner assoziationen die meine empfindlichkeit auf unpersönlich abschwächt, oder bedenklich, in dieses bemerkenswerte flimmern meiner non-stop entwürfe der wirklichkeit. diese absicht, ich bringe es zuwege, fasse ich als ungeschicklichkeit auf, z.b. ist gerade das kein selbstbetrug".[117]

In der solipsistischen Perspektive nehmen also die Eingriffs- und Manipulationsversuche des anderen einen weniger bedrohlichen Aspekt an. Wer erkennt, dass der Mensch eine Insel ist, kann die von außen kommenden Angriffsmanöver unmöglich als ernstzunehmenden Affront betrachten. Der Trotz, der einem erlaubt, die Realität herauszufiltern und abzulehnen, lässt jegliche Attacke verpuffen. Es reicht daher aus, die Absicht (des anderen) einfach als eigene Untauglichkeit, als fehlende Anpassung an die Realität, aufzufassen.

LV-LXI *hymne an den erzengel*: Ein weiterer Hinweis auf dieses überirdische Wesen in *VM* und *VL*, wo der vollständige Titel des Abschnitts „hymne an den erzengel ingrid" lautet. Der Eröffnungssatz („diese frau ist von meiner rasse, ja erbarmungslos") wird ebenfalls auf Oswalds Ehefrau Ingrid anspielen. Am unteren Rand eines Briefes Oswalds an Ingrid, im Österreichischen Literaturarchiv aufbewahrt, sieht man eine kleine Handskizze, die die beiden als ein lächelndes geflügeltes Paar über einem Gerichtsgebäude abbildet – zwei Komplizen-Engel, vereint im Kampf gegen die strafrechtlichen Schwierigkeiten des Staatsfeindes Oswald Wiener. Wie wir sehen werden, wurde auch Konrad Bayer als Engel und Beschwörer anderer Engel beschrieben.

Es ist verständlich, warum Wiener es im endgültigen Entwurf vorgezogen hat, diese identitättranszendierende Kreatur nicht an einen bestimmten Namen zu binden. Der Erzengel ist eine Art ‚ichlose Präsenz' polymorpher Natur, Frau oder Mann, je nachdem, mit im gegebenen Moment eingeschaltetem ‚Blick', ein Bote des Provisorischen, der deshalb – *pace* Stirner – besitzanzeigende Fürworte meidet, und lieber von einem „vorhandenen schwanz", von einem „stück haut", spricht, als „mein" und „dein" zu verwenden. Sein Auftritt stellt das Aufleuchten einer alternativen Vision dar, die Möglichkeit einer Reise durch die, gemäß einer anderen elementaren Ordnung zerlegten Welt.

Die Stimme in der Revolte im ersten Teil der *verbesserung* hatte Zweifel an den Formen des eigenen Denkens erweckt. Was konnte denn versichern, dass jene Formen von den tiefgreifenden Determinierungen der Staats-Sprache-Realitäts-Trimurti erlöst seien? Deshalb fehlten jener Stimme die Mittel, auf neue nennbare Formen zuzugreifen. In diesem Sinne ist die Wut der ersten Fragmente auch das allzu menschliche Symptom einer Orientierungslosigkeit. Umgekehrt ist der Engel eine Art souveränes Bewusstsein („*ich* bin der herr", LVI), vollkommen orientierungsfähig auch in jenem fremden Lebensraum, der unter seinen Augen auseinander fällt und sich wieder zusammen setzt. Eigent-

[117] *VL*, XXXIII.

lich scheint es so, als sei es der Engel selbst, der mit seinem schrecklichen Blick Auflösungen und Neubildungen antreibt. Statt fester Hintergrund zu bleiben, beeinträchtigt die Meeresumgebung die Akteure dieser Nebenhandlung. Die Mitglieder der vom Engel beobachteten, melancholischen Familie werden in einer Art parallelen Wirklichkeit zu Wasserwesen. Die Vorstellung einer Rückkehr auf die untersten elementaren Stufen der *Scala Naturae* wird von anderen Vertauschungen und Kategoriesprüngen begleitet, als würde die Realität im Denken des Engels durch eine stete Durchdringung von Ebenen ihre besondere Gestalt annehmen. Während seiner Visite auf Erden zeigt sich der Engel relativ gleichgültig den Menschen und ihrer einfältigen Welt gegenüber, was zum Gefühl der Unbestimmtheit beiträgt. So überträgt sich zum Beispiel ein Attribut des Weins auf denjenigen, der ihn einschenkt. Gleichzeitig ist der Herr Gemmel zuweilen mit einem Herrn Weinstein austauschbar. Wesentliche körperliche Eigenschaften werden mit zerstreuter Langeweile notiert („deine sind es augen", LV), gelegentlich durch eine sadistische Färbung wiederbelebt, da der Engel sich dort aufzuregen scheint, wo die Situation besonders erbärmlich wird („duft von unheil weckt mich, lecker unheil", LVI).

Interessant für die Entstehung dieses Abschnitts ist ein im Biennale-Band *Die Wiener Gruppe* abgedrucktes Dokument: eine auf ein Blatt Papier geschriebene Wortliste, die mehr oder weniger in zwei Spalten angeordnet ist.[118] Die teilweise durchgestrichenen Einträge (beginnend mit „maritime bestie") scheinen sich mit dem Lexikon der *hymne an den erzengel* zu decken. Nur wenige davon, mit Bleistift hinzugefügt, stammen von Wieners Hand, ansonsten ist die Handschrift Konrad Bayers zu erkennen. Dem Anschein nach hat Wiener also eine von Bayer zusammengestellte Wortliste (zu welcher Gelegenheit und zu welchen ursprünglichen Zwecken, wissen wir nicht) als erfinderisches Mittel adoptiert und deren Elemente eins nach dem anderen im Erzengel-Text eingefügt.

LV *ich pudere orkane [...] von diesem vorhandenen schwanz streife ich das erdbeben usw.*: Eine Ästhetik der Naturkatastrophe, die an Marinettis *Mafarka* erinnert – aber die numinose Kraft des Engels ist eher mit der „Nervensprache" Schrebers verwandt, die mit Sonne und Bäumen kommuniziert, ebenso wie mit bestimmten, für die paranoide Täuschung typischen Konstrukten. Vgl. Wieners Anmerkungen zum Fall von L. Percy King (gesammelt von Robert White in *The Abnormal Personality*): „dies nennt man wahn – die ganze welt hat einen sinnbezug auf mich, meinen körper, sie *ist* mein körper .... ich spüre blicke in meinem rücken, fühle im solarplexus ein ereignis in china, wenn ich blinzle, stirbt ein mensch. was wäre dies anderes als das abreissen der kommunikation!".[119] Der Einschaltung dieses Verbindungsnetzes innerhalb der numinosen

118 P. Weibel (Hg.), *die wiener gruppe* (Anm. 79), 655.
119 O. Wiener, „sprache und geisteskrankheit" (1968–69) (Anm. 108), 16.

Erfahrung entspricht eine Spaltung zwischen Bewusstsein und Sprache (d.h. zwischen Bewusstsein und den von der Sprache vermittelten Identifikationen, darunter die mit dem eigenen Körper).

in meinem glas roter vernünftiger wein: Die Besonnenheit dieses Glases Wein wurde schon am Anfang angekündigt („statt zwölfer sätze und rotweins ein faust gedichtet", XI); aber „vernünftig" bezieht sich auch auf den Preis. Es wird billiger Wein getrunken.

LVI *die zweckmässige bedienung der pupillen bringt ganz scharf den vordergrund usw.*: Diese ‚visuelle Nahaufnahme', die auch die Wimpern, die Nase, die Lippe und eine Zigarette in der Szene einschließt, erinnert an Ernst Machs Innenperspektive-Zeichnung ‚vom linken Auge aus', die 1886 in den *Beiträgen zur Analyse der Empfindungen* veröffentlicht wurde. Eine weitere Variation des Themas ist eine Zeichnung Wieners mit dem Titel *schöne aussicht zwischen meinen nasen* (in der zusammen mit Günther Brus verfassten Zeitschrift *Gedanken*). Es handelt sich um die Aussicht aus dem inneren einer Wohnung nach draußen, überlagert von den beiden Konturen der Nase und der Augenbrauenbögen – aus dem Blickwinkel beider Augen. In den Händen des beobachtenden Subjekts sieht man einen Bleistift und ein Blatt mit der *mise en abyme* eines Teils der Zeichnung (des Profils der Nase von der rechten Augenhöhle aus gesehen). Links unten steht „E. MACH gewidmet".[120]

gischt der für mich bestimmten menstruation: Noch eine Erwähnung der Regelblutung, die schon auf Seite LIII angesprochenen wurde. In Kürze wird der Engel eine dritte hinzufügen, immer mit positiver Konnotation (wie schon bei Henry Millers *Tropic of Cancer*: „I love everything that flows, even the menstrual flow that carries away the seed unfecund"). Der Bezug betont die Kreatürlichkeit des Erzengels, spiegelt aber auch seine Neigung wider, die menschlichen Phänomene und die ihm während seiner Reise auf Erden widerfahrenen Erlebnisse auf die physikalisch-biologische Dimension zu reduzieren und ihren Sinn dadurch teilweise zu zerstören.

der blick der balken im eigenen aug: Man beachte die Aufstellung der Sätze innerhalb von „dieser – [...] – blick", wie um den Moment zu begrenzen, der durch den Blick selbst eingefangen wird. Was den Eindruck von Diskontinuität hervorruft und die einheitliche Wahrnehmung des Moments bricht, ist ein kleiner Blickwechsel. Anstatt nur eines der Augen der gegenüberliegenden Person anzuvisieren, versucht der Betrachter beide anzustarren und endet dadurch

---

120 *Gedanken*, 14. Die Zeichnung wird auch in Valie Exports filmischem Portrait Wieners *Tischbemerkungen November 1985* gezeigt, zusammen mit einem ‚Tableau Vivant' des Mach'schen Bildes (die Kamera schaut durch Wieners Brille auf seinen Körper und zeigt ihn wie ‚vom Auge aus' gesehen. Auch die liegende Körperhaltung Wieners stellt jene Machs wieder her: ausgestreckte Beine, Füße Richtung Fenster, Stift in der rechten Hand).

in einem unscharfen Bild. Die Fortsetzung des ‚Augenberichts' deutet immer noch auf Mach hin.[121]

LVII *sicherlich ein mensch, eventuell auch barletta*: Wir könnten „barletta" sowohl im Sinne von „barlettano" verstehen, also auf einen Wirt aus der Stadt Barletta bezogen, als auch im Sinne von „Barlettone", des Verschnittweins aus derselben Gegend. Das Spiel, das auf der nächsten Seite mit einer „unwirtlichen dämmerung" fortgesetzt wird, besteht eben aus dem Ineinandergreifen von Attributen des Wirts und seines Umfelds.

die menschen zu tisch: Der Sinn ist absichtlich zweideutig und die anthropophagische Anspielung wird am Ende der Passage wieder aufgegriffen („mutter ist zubereitet", LIX).

(Fußnote **) – *du jedoch engel verbirg deinen blick er wird – die starre lust, brauen über oliven usw.*: Der Erzengel verrät für einen Moment seine außerirdische Natur und schüchtert die Anwesenden ein mit olivenartigen Augen. Wie Mario Praz in seinem Klassiker *Das Fleisch, der Tod und der Teufel in der romantischen Literatur* wiederholt erklärt, sind kalte, grüne Medusenaugen das unverkennbare Attribut der gesamten Sippschaft gefallener miltonscher Engel, schöner und gnadenloser Frauen, sadistischer und byronischer Helden, die von Autoren wie Barbey, Samain, Mirbeau, Lorrain, Vivien stammen. Viele dieser literarischen Figuren haben übrigens – wie eben der Erzengel – androgyne oder hermaphroditische Züge.

LVIII *schön als material im sinne bense's*: In Benses Ästhetik-Theorie dient der Materialbegriff dazu, die Eigenschaften des ästhetischen Objekts in Bezug auf die Realisierungsmittel hervorzuheben.

leicht zwischen mir und der sensation zu unterscheiden: Dem Engelszustand ist jegliche Naivität fremd. Niemals scheint der Erzengel von der Erfahrung gänzlich durchdrungen zu sein. Nie sieht er den Komplex der auf physischer Ebene registrierten Empfindungen als etwas untrennbar mit dem Selbst Vermischtes, sondern er kann es immer als etwas Äußeres behaupten. Für die übrigen Teilnehmer der Szene wäre ein solches Unterscheidungsvermögen „nur eine redeweise", eine grammatikalisch richtige Wortfolge, deren Sinn ihnen entgehen würde.

wie ich einem vorsatz folgend gesehen habe: Des Engels Überblick und sein Bewusstsein der Ereignisse ist dermaßen fortgeschritten, dass er jeden psychischen Prozess wie einen Vorsatz erleben kann. Für dieses totale Bewusstsein der Muster, die in den Situationen, in die er verwickelt ist, aktiviert werden, stellt der Engel ein Ideal des Dandys sowie die Sehnsucht nach einer nicht formalistischen Alternative zum Bio-Adapter dar.

---

[121] Siehe z.B. Machs Aufsatz *Wozu hat der Mensch zwei Augen?*

LIX *ich habe die merkzeit des kampffisches*: Zum „Merkzeit"- Begriff vgl. Wiener in einem Interview von 1994: „das wort ist ziemlich gut gewählt, obwohl es diesen romantischen anklang der deutschen biologie an sich hat; merkzeit heißt nämlich nicht nur registrationszeit, zeit die nötig ist, um ein signal aufzunehmen, sondern auch den ganzen apparat des verstehens, der hinter dem sinnesorgan sitzt, oder teilweise im sinnesorgan eben schon sitzt, auch zu mobilisieren".[122]

exkurs über die linke romantik: Dieser Einschub über die schwarze Romantik dient zugleich als Stammbaum des Erzengels, der in der literarischen Tradition von Sade und Byron wurzelt. Obwohl Wiener diese Tradition mit großem Interesse erforscht hat,[123] distanziert er sich hier stark davon, im Einklang mit dem überkritischen Maßstab der *verbesserung*. Dem allgemeinen Ton des Romans entsprechen auch die schroffen Urteile: Wiener ist es weniger wichtig, ein kritisches Argument eingehend zu artikulieren, als vielmehr die Unzulänglichkeit eines Repertoires im Hinblick auf die Entwicklung seiner Positionen und Bedürfnisse festzustellen. Unzulänglich ist in diesem Fall die analytische Ausrüstung der gewandten ‚Vivisekteure' aus der romantischen Tradition. Ihre Anmaßung, sich als erbarmungslose Beobachter über die untersuchten menschlichen Schicksale zu erheben, wird in ihren Geschichten von Folterern und Hörigen ersichtlich – als ob sie so jene Bestimmungen vermeiden könnten, denen die unter die Lupe genommenen Menschen unterliegen. Wiener hält die dämonisch-blasphemische Gesinnung der vom Materialismus durchdrungenen Romantiker für eine getarnte Form der Hingabe. Deren transgressives Potenzial hat sich schnell erschöpft, als die Zeiten für Teufel und Heilige allmählich schlechter wurden („auch satan ist im eimer"). Das Recht als Allheilmittel, das naive Vertrauen in Gesetzesreform oder -abschaffung, offenbaren, wie Wiener meint, eine enttäuschend vereinfachte Vorstellung des menschlichen Glücks, das auf eine Variable des *Nomos* schrumpft. Vor allem im Paradigma des unerbittlichen Beobachters / Puppenspielers / Verführers / Folterers usw., der begierig darauf ist, mittels seiner Versuchspersonen zur Sache zu kommen, sieht Wiener eine Form der Nachlässigkeit, eine ‚Zerstreuung', die von den wichtigen Erkenntnisfragen (zur Sprache, zur Wahrnehmung, zum Bewusstsein) ablenkt. „Unübersehbar allerdings erscheint in der ‚schwarzen' Dichtung das zentrale Problem, die Wirklichkeit, immer nur als soziale Struktur, immer als Moral, Handlungsmaxime, als Theoriefundament des Verkehrs und Bewertens, als Theologie. [...] Es ist ein schwerer Nachteil dieser Dichtung, dass sie immer noch als Protest gegen unangemessene Folgerungen der Sittlichkeit aus

---

122 Das Interview fand am 3. November 1994 im Deutschlandradio statt und wurde im folgenden Jahr veröffentlicht (M. Bonik, „Gedanken / Maschinen. Oswald Wieners Freihandzeichnungen zu einer Computerkultur", *Schrift* 3, 1995, 624).

123 Siehe z.B. der Aufsatz „Eine Art Einzige" (Anm. 31), 43–86.

Wahrheiten verstanden werden kann, die an sich akzeptiert werden".[124] Zu den Schiffbruch erleidenden menschlichen Beziehungen kommt somit das Floß einer falschen Wirklichkeit mit all ihren ursprünglichen Täuschungen hinzu.

blasphemien ach! statt umgekehrt haben sie ihre andacht als notdurft verrichtet, und umgekehrt: Die Romantiker haben mit ihrer eifrigen Andacht übertrieben. Sie hätten lieber „umgekehrt" ihre Notdurft andächtig ausüben müssen. Frommer Exzess also als Alternative zur exzessiven Frömmigkeit. Das zweite „und umgekehrt" ist etwas rätselhaft. Vielleicht sind andere Umkehrungen des Satzes möglich, oder vielleicht will Wiener den Leser durch eine weitere Verwicklung ein wenig ärgern.

daher ist die wiedergefundene zeit nur ein parergon schopenhauers: Siehe *Parerga* II, § 141.

ein schauerlicher missbrauch von menschen ist der subtile, über sie nachzudenken: Wiener bezieht sich auf die „Sünde wider den Heiligen Geist", von der Lawrence am Beispielfall der *Ligeia* von E. A. Poe sprach[125]. Und diesen Satz stellt Wiener in dem *haufen teilverdautes*, seinem Versuch über Dieter Roth, neben einer Notiz von Roth selber: „ue[ü]ber die leute nachdenken, das ist grausam, man macht sie so klein wie die worte mit denen man dann das nachdenken hinschreibt (48[41] twfRR[rr])". Die Abkürzung steht für *tieflegende wolken für Rudolf Rieser*. Dort kommt Roths Überlegung zu Cesare Pavese vor.[126]

LX *winzige verletzungen [...] am auge wahrscheinlich, die sich am rande meiner aufmerksamkeit usw.*: Stets darauf bedacht, seine Wahrnehmungen nicht ins Unbewusste abgleiten zu lassen, ohne sie zuvor ordentlich aufgezeichnet zu haben, bemerkt der Engel das auftretende entoptische Phänomen der *mouches volantes*: Schatten oder Punkte, die durch Trübung des Glaskörpers, im Gesichtsfeld erscheinen.

da – – – schwimmen .... engel, usw.: Metaplasmen und Lakunen gehören zu den Mitteln, mit denen Wiener die Leseroutine und den erzählerischen Fluss stört, wobei die Aufmerksamkeit auf die materielle Zusammensetzung des Textes gelenkt wird. In solchen Fällen spielt, wie Grote bemerkt,[127] die Seite fast die

---

124 O. Wiener, „Einiges über Konrad Bayer" (Anm. 35), 18.

125 „Ein lebendiges Wesen kennen, heißt es töten". Siehe O. Wiener, „Eine Art Einzige" (Anm. 31), 79–80.

126 Dieter Roth, *Frühe Schriften und typische Scheiße ausgewählt und mit einem Haufen Teilverdautes von Oswald Wiener*, Hansjörg Mayer, Stuttgart-London-New York 1973, o.S. (Wieners Text läuft an den unteren Seitenrändern durch das gesamte unpaginierte Buch – d.h. dort, wo gewöhlich Fußnoten stehen).

127 M. Grote, *„ὅ γέγραφα, γέγραφα.* Sprachkritik und autobiographische Praxis in Oswald Wieners *die verbesserung von mitteleuropa, roman*", in M. Grote, B. Sandberg (Hg.), *Autobiographisches Schreiben in der deutschsprachigen Gegenwartsliteratur. Band 3: Entwicklungen, Kontexte, Grenzgänge*, Iudicium, München 2009, 145.

Rolle eines Autographs, da die konkrete Schreibtätigkeit mit all ihren Anomalien dokumentiert wird.

LXI *ein sanftes rot, kleines blut auf dem handrücken, dein fingernagel*: Nach diesem Satz in *VL* und *VM* liest man: „in jähen momenten, also, von bedeutender dauer, realisiert sich die sprache".[128]

damit hängt, grob gesprochen, robbe-grillet's tran zusammen: Indem Wiener die „reiche" Sensibilität von Robbe-Grillet mit lexikalischer Enthaltsamkeit verbindet, zieht er den Hauptexponenten des *nouveau roman* in die Sphäre seines Antikanons, jenes Kreises von sich den „eigenschwingungen der sprache" (XI) widersetzenden Schriftstellern, unter denen auch Artaud, wie wir gesehen haben, zu finden ist (siehe Kommentar zur S. XII).

begriffsbildungen der hypothesen, obwohl sie selbstverständlich einer bereits vorhandenen vorstellungsweise entnommen (z. b. ‚äther') sind: Vgl. K. Bayer, *der sechste sinn*, „im äther, wie man früher und zu unrecht sagte".[129]

bewusstsein; metaphorie: Die Herstellung von Literatur aus einem bekannten, träge rotierenden Sortiment von Charakteren und Ereignissen, ergibt nichts weiter als eine Kette fruchtloser Analogien. Diese Metaphorismen lassen das Bewusstsein leerlaufen.

kalauer. epilog: liste der verletzten: in *VL* fügt Wiener mit Bleistift folgende Notiz hinzu: „richard bachinger weist mich darauf hin, dass döblin ähnliche aufzählungen hat; gewiss (ja nun?) ich kanns nicht ändern – hier aber wird gehobelt: es fliegen späne".[130] Bachinger war Pressesprecher von Olivetti in Wien.
Ein Text von Rühm aus dem Jahr 1966, *sylvias ballkleid*, enthält Montagen von Verlobungsansagen und Todesanzeigen.[131]

LXII *‹starkbewusst extemporiert›*: Wiener zitiert aus der 1953 von H. C. Artmann verfassten *acht-punkte-proklamation des poetischen actes*.[132]

mich werden die vorbildlichen lösungen umbringen, ich sehe das kommen: In einer der im Typoskript *VL* dokumentierten Versionen endet der Abschnitt mit dem folgenden Absatz, der dann von Wiener durchgestrichen wird: „aber du musstest immer irgendein scheissdreck reden und ihn glauben und kein gottverdammter blödsinn war dir idiotisch genug um ihn unbemerkt und ohne kommentar abtreten zu lassen, ganz von selber, und drehst dich lieber selber

---

128 *VL*, XXXVIII [XL]; *VM*, 16, 24.
129 K. Bayer, *Sämtliche Werke* (Anm. 69), 649.
130 *VL*, XL.
131 G. Rühm, *Gesammelte Werke*, 1.1, *Gedichte*, M. Fisch (Hg.), Parthas, Berlin 2005, 409–413.
132 P. Weibel (Hg.), *die wiener gruppe / the vienna group* (Anm. 79), 33.

ab, nach selbsterfundenen regeln, du arsch du mieser arsch ich liebte dich, soviel ist richtig, freund".[133]

LXII-LXIII *gleichnis mit mike hammer. mit otto mühl*: Die Absicht, auf die Realität mit Kunst einzuwirken – ein Programm, das die Wiener Gruppe mit den Surrealisten verbindet – wird von Mühl, Nitsch und anderen Teilnehmern des Wiener Aktionismus (der um 1962 entstand, als die Wiener Gruppe bereits im Begriff war sich aufzulösen) aufgegriffen und bis ins Extreme weitergeführt. Statt „meisseln und pinseln", statt mit indirekten Reizen anzuregen, sollte man – laut Mühls Schockbehandlung – den Zuseher lieber direkt angehen, „ihm die glieder verrenken, ihn mit anderen materialien vermischen", „den leuten den dreck ins gesicht werfen, den leuten die kunst austreiben". Wie bei Wiener, Rühm und Bayer hatte die Suche nach einer Auswirkung auf die Realität auch bei den Aktionisten eine – zumindest potentielle – politisch provokante Tragweite, und bei so mancher Gelegenheit kam es bei der Zusammenarbeit mit der einen oder der anderen Gruppe zu offen aggressiven Aktionen.
Als diese Passage in der Zeitschrift *manuskripte* erscheint, ist der Kontakt zwischen Wiener und Mühl noch aufrecht. Im folgenden Jahr 1967 arbeiteten beide an einer Reihe von Aktionen unter dem Namen „ZOCK"[134]. Höhepunkt dieser Initiativen ist ein im April 1967 organisiertes ZOCKfest.[135] Ein Foto der Veranstaltung in einem damaligen Wochenmagazin zeigt Wiener mit Mikrofon in der Hand hinter einem Tablett voller großer Knödel, die als Geschosse gegen Zuhörer verwendet werden sollten.

Wieners Mitwirkung beim Aktionismus, oft in Form merklich eigenständiger Beiträge, scheint insgesamt auf Differenz und Autonomie der eigenen Positionen zu zielen.[136] Mühl selbst wird im Rückblick über eine spürbare Kluft, eine Atmosphäre des Antagonismus zwischen Aktionisten und den Mitgliedern der an ZOCK teilnehmenden Wiener Gruppe sprechen. Wiener seinerseits schätzte das energiereiche Provokationspotenzial der Aktionskünstler und deren Fähigkeit, Reaktionen an der Schwelle der Analysierbarkeit auszulösen, fand sie jedoch nicht genug theoretisch unterfüttert, zu sehr an einem naiven Realismus gebunden. Der Weiteren vermutete er, dass ihr Anhängerkreis vor allem aus einem für Gegenkulturen typischen Bedürfnis nach „Nestwärme"

---

133 *VL*, XXXIV.

134 Für das Akronym wurden unwahrscheinliche Erklärungen angeboten, wie z.B. „Zentral-Organisation christlicher Kupferstecher"; eigentlich ging es eher um Lautmalerei: „ZOCK" als schnittige Variante von „Zack".

135 T. Eder, „Kunst – Revolution – Erkenntnis. Oswald Wiener und ZOCK", in T. Eder, K. Kastberger (Hg.), *Schluß mit dem Abendland!* (Anm. 18), 60–80.

136 Siehe Eder, *ibid.*, bzw. K. Kupczynska, „Sprache als Zankapfel oder Warum das Duo Oswald Wiener / Otto Mühl verstummte", in H. Kunzelmann, M. Liebscher, T. Eicher (Hg.), *Kontinuitäten und Brüche. Österreichs literarischer Wiederaufbau* nach 1945, Athena, Oberhausen 2006, 177–87.

zusammengehalten wurde. Alles in allem blieb die Erfahrung mit der Aktionistengruppe eine vorübergehende und opportunistische Allianz.

Die Haltung des ‚Sympathisanten mit Vorbehalt' wird auch in diesem *gleichnis mit mike hammer* sichtbar. Auch wenn eine gewisse Anerkennung der aktionistischen Skandalerfolge bemerkbar ist (vgl. XXX: „ich schreibe für die kommenden klugscheisser; um das milieu dieser ära komplett zu machen"), ist es dennoch unmöglich, das groteske, von diesem imaginären Aktionistenkommando fabrizierte Dreieck aus menschlichem Fleisch als Zustimmung zu interpretieren. Indem Wiener die aktionistische Praxis körperlicher Transgression umschreibt, liefert er eine Parodie bar jeder orgiastisch-mystischen Tiefe, die doch eigentlich das kathartische Ziel von Nitsch und Mühl war. Zu dieser entzauberten und weltlichen Persiflage aktionistischer Mysterien gehört auch die Anwendung trivialliterarischer Ausdrücke des Kriminalromans („ich sah mir die burschen nicht ohne bewunderung an. sie hatten nerven. verdammt, hatten die nerven"), lautet doch schon der Titel *„gleichnis mit mike hammer*". „Hammer" erscheint hier aber doppeldeutig: Der entsprechende Eintrag im *personen und sachregister* zu Beginn des Buchs unterscheidet ihn nicht vom Werkzeug Hammer, mit dem Wiener Musik macht und Nietzsche philosophiert. Um den Kreis von Nietzsche zu Nitsch zu schließen, kann man die Veröffentlichung *Orgien Mysterien Theater* (1969) aufschlagen, in dem ein Aufsatz Wieners erschien, der mit dem Satz endet: „Er [Nitsch] ist mein freund, weil er den hammer schwingt".[137] Und selbst bei seinem Vortrag für das ZOCKfest hatte Wiener das Werkzeug erwähnt: „zock hebt den hammer und zerdrischt die futterkrippe der wissenschaft"[138]. Kurz gesagt scheint „Hammer" sowohl den Zynismus des Detektivs zu vermitteln, mit der Wiener die Kniffe der Aktionskünstler betrachtet, als auch seine Zustimmung zu den demiurgischen Hammerschlägen von Mühl und Nitsch. Zu diesem Stück wird Wiener in einem Interview erklären: „Was wird verhöhnt? Die Anstrengung, durch Arbeit an der sogenannten Wirklichkeit zu sinnlichen Ergebnissen zu kommen, zu den Dingen, wie sie an sich selbst sind. Also zu einem Erleben, zu einem Erfahren, das nicht kulturell beeinflusst ist, das nicht in theoretische Komponenten zerlegt werden könnte."[139]

LXIV-LXIX *parodie*: Dieser Versuch wurde wahrscheinlich von Raymond Roussel angeregt – nicht nach dem Modell der *Impressions d'Afrique* (aufgelistet in *literaturhinweise*), sondern des Versromans *Nouvelles Impressionen d'Afrique*, der aus vier gigantischen Satzgefügen, vollgestopft mit Einschubsätzen, besteht. Da die Passage auf eine einfache und klare Tatsache hinaus will (Weinstein ist sich seiner Farbwahrnehmung nicht bewusst, denn das Bewusstsein arbeitet

---

137 O. Wiener, Vorwort zu *Hermann Nitsch. Orgien Mysterien Theater*, März, Darmstadt 1969, 23.

138 T. Eder, „Kunst – Revolution – Erkenntnis" (Anm. 134), 64.

139 F. Geyrhofer, „Gespräch mit Oswald Wiener" (Anm. 54), 57.

lückenhaft und versäumt einen Großteil der laufenden Prozesse), liegt der Gedanke nah, dass die ungeheure Verschachtelung des Textes als Hindernis und Herausforderung des Lesers (d.h. der „korrelationsmaschine“, XII) dient. Wenn Enge und Versäumnisse des Bewusstseins das Hauptthema sind, enthält die *parodie* jedoch als ‚Kontrapunkt‘, ebenfalls die Aufforderung, sich vorzustellen, was passieren würde, sollten jene sonst unbemerkten Prozesse bewusst werden. Der nicht enden wollende, sich immer weiter verzweigende Satz sei also etwa die Abbildung eines Bewusstseins, das die Aufgabe, Dinge aufzuzeichnen und zu beschreiben, vollständig zu erfüllen versucht. Er ist dann aber nicht mehr imstande, etwas zu beschreiben, ohne alles andere unter Einbeziehung aller möglichen Erfahrungsniveaus mitzuformulieren. Wiener hatte auf Seite XVI eine ähnliche Schwierigkeit in Bezug auf das eigene Schreiben erwähnt: „das ist der grund warum ich imstande bin zu schreiben: es macht mich nämlich krank, dass ich bei allem was ich machen will die grenzen nicht sehe (denn sähe ich sie so würde ich nichts beginnen) und alle welt muss mit hinein“. Wenn die Vorstellung eines durchwegs ‚bewussten Bewusstseins‘ die Vorstellung einer Uferlosigkeit mit sich bringt, dann stellt sich die Kapazitätsfrage. In diesem Sinne versucht die Abfolge eingeschachtelter Sätze diese Auflösung von Grenzen auf der Ebene der Sprache abzubilden und wirft damit das Problem der begrenzten geistigen Ressourcen auf, die für ihr bewusstes Erleben zur Verfügung stehen. Die dafür erforderliche – dem Leser unzumutbare – Anstrengung, alle Aussagen im Kopf zu behalten, bietet einen kleinen Vorgeschmack auf die Belastungen, die auf ein sich wirklich expandierendes Bewusstsein zukämen.

LXIV *wort für bild*: Eine weitere Verballhornung eines Idioms, die sich außerdem ausgerechnet auf die Redewendung nachteilig auswirkt, die für Worttreue steht („etwas Wort für Wort wiedergeben“ u.Ä.).

LXV *applicatio ad posteriora vestimentis remotis*: So werden die Schläge auf das Gesäß nach vorheriger Entblößung desselben in einer Untersuchung Walter Hävernicks über die Anwendung der körperlichen Strafe als Bildungsmittel in Deutschland beschrieben. Der Experte stellt fest, dass die Entfernung von Kleidungsstücken unumgänglich geworden sei, seitdem die (vor Schlägen schützenden) Lederhosen in Mode gekommen waren. Sein Buch *Schläge als Strafe* erschien 1964. Kurz gesagt, Weinstein verdiene eine Tracht Prügel auf den Hintern.

LXVI-LXIX *ajo ajo/ ajo mi re/ kini l’awa o / ajo ajo*: „reise, reise/ das ist meine reise“ (wie es auf Seite I im Inhaltsverzeichnis übersetzt wird). Es ist der Text eines Shango-Liedes von der Insel Trinidad, das von Harold Courlander auf der Schallplatte *Negro Folk Music of Africa and America* (1959) veröffentlicht wurde. Mit dieser kultischen Formel beginnt Wiener eine seltsame Flugreise zwischen Traum, Phantasie und Halluzination. Die Erzählung wird durch ständige Eingriffe unterbrochen – Ellipsen, abrupte und zusammenhanglose Sprünge, Ausrufe des Staunens („o wildnis"), das Murmeln des Schreibenden oder eher seines etwas derben Doubles, das ‚live' seine eigene Arbeit kommentiert („vielleicht werd ich da die beistriche ein bissl und kürzen? – einerlei!" [...] „wenn das nicht 'n surrealismus is, weiss ich auch nicht." [...] „irgendwie gefallen mir diese anspielungen nicht sie werden problemen der jungen leute so wenig gerecht"). Ein weiteres Element der Diskontinuität ist die Überlagerung verschiedener Leitfiguren – eines Astronauten, eines Trapezkünstlers und eines Professors. Der Körper des selbstmörderischen Knud lässt uns am Schluss auf jeden Fall verstehen, dass es sich um eine schiefgelaufene Reise handelt. Als der Roman veröffentlicht wurde, hätten die informierten Leser in Knud unschwer Konrad Bayer erkennen können, der 1964 mit Gas Selbstmord begangen hatte. Das Stück ist daher auch ein Versuch, die Umstände des schmerzlichen Verlusts des Freundes aufzuarbeiten, indem man sie in eine Art schamanische Reise ohne Rückkehr, in eine persönliche Geistreise wie die des Quirinus Kuhlmann verwandelt – in ein Motiv also, das Bayer selbst am Herzen lag. Man beachte insbesondere die zahlreichen Verweise auf Zustände epileptisch-schamanistischer Ekstase in seinem *kopf des vitus behring*, der verschiedene Zitate direkt aus der Arbeit von Mircea Eliade enthält (welchen wir in Wieners *literaturhinweisen* wiederfinden werden). Gewisse Details der Höhenlage und des Fliegens – der Trapezkünstler, die Kuppel, das Seil, die Raumfahrt, der Sprung ins Leere – beziehen sich indes auf einen Teil von Bayers letztem Roman *der sechste sinn*.

LXVI *man reicht gifte [...] schneefällig [...] das künstliche paradies*: Die Anspielung auf eine Erfahrung mit Drogen ist von Anfang an offensichtlich und wird mit der Erwähnung von *glue-sniffing* und Peyote weiter unten fortgesetzt.

ich deute, setze auseinander, lege dar (lenin): Wiener verspottet Lenins Neigung zum Asyndeton, die tatsächlich solch eigenartige Formeln wie „Ich schreibe, lese vor, erkläre" hervorbringt.

LXVII *achtung! achtung! sprachpolizei!!*: So lautete eben der Jingle, der die gleichnamige Rundfunksendung einleitete.

atemlos oder hingegen keuchend: „hingegen" weil zwei als Synonyme geltende Wörter eigentlich auf entgegengesetzte Vorstellungen hinweisen.

lay bread on me: „rüber mit dem geld", Ausdruck im afroamerikanischen Slang, heute eher ungebräuchlich.

LXIX *staunend geschwind*: mit adverbialer Verwendung des Gerundiums, nach jiddischem Sprachgebrauch.

und für die menschheit ist es dann ein grosser schritt nach vorn: Das Typoskript *VL*, das aus Blättern zweier verschiedener Entwürfe zusammengestellt wurde (wie Unregelmäßigkeiten in der Blattzählung sowie textuelle Wiederholungen und Überschneidungen belegen), teilt sich an dieser Stelle in zwei verschiedene

Fortsetzungen. Anstelle der Passage „JEDES MAL lese ich […] und unter allen andern auch" (LXIX-LXXI) enthält die verworfene Variante den folgenden Text (mit Stift durchgestrichen):

namen.
schmatz fuhr nach mexiko und schlief viel und frass und lernte dort herrn zischka kennen, und die agave. er trat sich einen kiesel in die ferse, in der wüste, schmatz. hätte er zischka in wien erwischt, so hätte dieser traxler geheissen hellmuth traxler und wäre nicht klein und dick gewesen, zischka, wie schiller, sondern klein und dick wie elfi's papsch.
in der erzählung bedeuten namen namen, weiter nichts.
wenn du mir von franz erzählst tust du es mit dem gefühl franz wäre was, wohlunterschieden seine taten von dem text eine person, figur, ein typ sogar, ja ein charakter.
du denkst, wenn man mich fragen würde wer ist franz, dann könnte ich ein bild von franz machen wer und wie er ist, man würde ihn dran erkennen, oder nicht dann ist es meine schuld und liegt an mangelhaften ausdruck.
franz ist ein name und du irrst.
franz ist dein freund? er ist's, du redest von ihm freundlich.
franz ist ein charakter? dann hast du mir zuwenig von ihm erzählt.
mit franz rechnet man. franz ist ein wesen weil er einen namen hat wie der stein ein wort, eine existenz – franz ist die abkürzung von vielen märchen in welchen franz sich irgendwie verhält.
aber, sagst du, franz ist klug. er ist treu, schön, blond, verlässlich, mutig und sensibel. was du da sagst mein lieb ist blöde;
wenn du ihn dringend brauchst, weil er jetzt wirklich die letzte tür aus dieser misslichen lage ist, wenn du ihm etwas zumuten willst, dann erst machst du einen plan, eine erzählung die in der zukunft spielt, du schaffst einen charakter.
charakter wird aus gegebenen anlass erfunden, beim tratschen, beim erzählen, vor gericht – wenn man drüber redet weil man sonst nichts weiss und weil mans soll; vom personalchef.
franzens charakter ist die weise, wie franz hitler in berichten vorkommt.
ein anderes ich ist er nicht, der franz. die posen des ich behalten wir denn doch unseren träumen vor. die spezielle aura eines namens? nun ich spreche damit du mich normal verstehst. der stein schwingt sich in die wolken: da ist ein anliegen; der vogel schwingt sich in die wolken, das versteht jedes kind. franz war der erste mensch; franz gab feuer – danke, sagte der hauptmann. die schlecht getroffnen stöhnten.
– aber franz ist wirklich mutig! damals als ich mit ihm in jener … halt! du willst mir zeigen dass er mutig ist, deine erzählung unterbrichst du mit einer andern, dein franz ist der gegenstand eines schachtelssatzes;
denk dir einen menschen der anders handelt als er es meint; wie willst du einen überragend klugen menschen beschreiben.
du redest über franz und glaubst zu fühlen, wie du etwas meinst. ich kenne leute, die glauben dass man sich beim reden vorstellt wovon man spricht; dass, wenn man franz sagt, das gesicht des franz oder sein glied, mein gott, vor dem bewusstsein auftaucht, dass franz gewissermassen anwesend sei.
es geschieht, dass man über dinge zu sprechen meint. vernünftige sätze denn man spricht zu vernünftigen menschen, schade nur, dass soviele menschen franz heissen. franz selber – was für ein salto! – hat kein profil; das theater als grundlage für die enorme verblödung durch psychologie.

> man beherrscht das wort, alles geht fein, doch eines tages denkt man drüber nach, ohne dass man sich sagen dürfte, neue aspekte seien aufgetreten: hier beginnt die misere; man glaubt ein wort zu verstehen d.h. man versteht es und hat doch längst vergessen (wie den beweis einer einfachen formel, die man auf grund einer mühsamen ableitung gefunden hat, nur ein pickelhering erklärt riten), welche bedeutung man ihm verliehen hat, man vergisst seine geschichte, denn die zählt beim reden nicht. man spricht damit, wenn man ein trottel ist, im vertrauen darauf es jederzeit ableiten zu können, indem man ihm zusammenhänge zur verfügung stellen würde, die es tragen.
> wer von personen spricht ist durch lektüre verdorben. typen gibt es in der kunst.
> ein schafskopf subsumiert, dass die sprache selbst die wirklichkeit voraussetzt, bloss weil sie ein wort dafür bereitstellt. schmatz,
> aa, dachte er, das also ist franz, der berühmte franz und ich habe gedacht es ist herbert. franz kam zum tisch, besonders franz, gerade franz. [mit Bleistift hinzugefügt:] das regt mich an zu sagen was ich davon halte: ich halte einen dreck davon.
>
> (*VL*, XLV-XLVI)

Die gestrichene Passage nahm also die mit dem Fragment *metasprache* (XIII) eröffnete Polemik gegen die Fortsetzung traditioneller Erzählformen wieder auf. Nochmals verkörpert „franz“ die Unannehmbarkeit der zu Verfügung stehenden Bezüge (vgl. LIII „komm sei mein vorbild schöner franz“).

LXX *mein buch ist was anders als ich wollte, ich will es ganz anders*: Erneut taucht die zweifelnde Unzufriedenheit mit dem eigenen Werk auf, die sich zuvor bereits manifestiert hatte (vgl. L, *kritik der ersten neunundvierzig seiten* und LIII „sonntag ach sonntag“). Die kontinuierliche Selbstprüfung gehört zum programmatischen Kampf gegen die Regelmäßigkeiten (das Buch ist nicht jenes völlig andere Produkt, auf das der Autor gehofft hatte). Regelmäßigkeiten zu neutralisieren heißt, sich vor den Spiegel zu stellen und sich schonungslos zu beobachten, entsprechend jener Haltung, die schon Baudelaire als typisch für den Dandy erkannt hatte. In diesem Sinne ist die metaliterarische Dimension eher eine Notwendigkeit als eine freie ästhetische Entscheidung. Schreiben außerhalb der Regel heißt, sich beim Schreiben zu beobachten.

unter fachleuten, für welche das stottern meisterschaft voraussetzt (wer das für ironie hält usw.: Hier öffnet sich eine Klammer, die erst anderthalb Seiten später, am Ende des Stücks geschlossen wird. Der Trägersatz lautet daher: „unter fachleuten, für welche das stottern meisterschaft voraussetzt [...] bin ich der kaiser, und unter allen andern auch“.

verbessern ist nie das richtige sondern abschaffen: Indem Wiener das Gebot von Seite XVII bekräftigt („einen ausdruck zurückweisen, nicht verbessern“), bringt er seine Aufgabe in ein Spannungsverhältnis zum Titel des Romans selbst. Die „Verbesserung“ wird zum Versuch, veraltete Konzepte und Methoden hinter sich zu lassen (siehe die Abschnitte *allah kherim* und *notizen zum konzept des bio-adapters* samt Kommentar).

heute scheitert im gegenteil die semantik am pragmatismus: Umkehrung der Aussage auf Seite XXXIV.

LXXI – *die hatten mir, ganz doof, eine zeitung in den mantelsack gesteckt*: Hier wackelt nicht nur die Welt um den Erzähler, der den Ablauf der Zeit und der Ereignisse wie das Drehen eines Karussells oder die Abfolge von Szenarien beschreibt, sondern auch sein eigener Bericht. Die Zeitung hatte er ja selber gekauft, wie er drei Absätze davor berichtet hatte.

LXXII *auch joyce war ein trottel*: Zu einem späteren Zeitpunkt wird Wiener seine ungünstige Meinung über Joyce mit der Überzeugung begründen, dass das Erzählmodell von *Ulysses* an sich traditionell sei (wie bekannt, hatte Breton ähnliche Vorbehalte geäußert und setzte das automatische Schreiben dem mimetischen Naturalismus des Joyceschen Monologs entgegen). Siehe dazu Wieners Aufsatz über Wittgensteins Einfluss: „die älteren ‚formalen' experimente waren möglich gewesen, weil sich die parteien über den jeweiligen ‚inhalt' des kunstwerks stillschweigend einig waren (beispiel: Carrolls *Jabberwocky*; offenbar entfalten sich auch noch die formalen tricks des *Ulysses* auf der soliden grundlage eines – noch dazu durch den mythos untermauerten – herkömmlichen erzählverständnisses). ist aber ‚inhalt' letztlich *sprechgewohnheit*, so muss sich der künstler an solchen sprechgewohnheiten orientieren und wirkung durch ein aufbrechen solcher mechanismen zu erzielen suchen. der zug ins ‚formale' war vorbereitet durch ein bewusstwerden der elenden oberflächlichkeit der bürgerlichen conditio humana und der enge und zwanghaftigkeit der sie umschwärmenden phantasie. eine tiefere analyse wurde immer dringlicher, deren ziel etwa die erklärung der verständnisbewegungen unter Joyces stilrepertoire war – was herrn und frau Bloom geschah und warum, der mythos des humanen, die ganze ‚innere logik' des dargestellten geschehens erleuchtete nicht mehr".[140]

meine augen sind ein ärgernis. reiss es aus, kenn ich. mit der bibel habe ich mir schon den arsch gewischt usw.: Vgl. Mt. 18:9 („Und wenn dein Auge dir Anlass zur Sünde gibt, so reiss es aus und wirf es von dir").

o beatrice, duenna, [...] führe doch mich, o auch mich zum balken!: Eine Beatrice des Galgens, die vielleicht etwas mit der Beatrice von Mallarmé („La destruction fut ma Béatrice")[141] gemeinsam hat – Muse einer destruktiven Stimmung, die den Weg für kreative Innovation frei macht.

LXXIII-LXXXVIII *kernstücke zu einer experimentellen vergangenheit*: Beatrice am Galgen markiert das Ende eines Abschnitts, in dem sich der Roman von der stark subjektiv fokussierten Erzählperspektive des Anfangs allmählich löst. Mit dieser neuen Episode (der dritten in der *manuskripte*-Fortsetzungsausgabe) wird

---

140 O. Wiener, „Wittgensteins Einfluß auf die Wiener Gruppe" (Anm. 28), 47–48.

141 S. Mallarmé, *Correspondance: Lettres sur la poésie*, Gallimard, Paris 1995, 349.

die *verbesserung* wieder zur subjektiven Stimme, jedoch in der verstellten Art der Tagebuch-Fiktion und der Travestie: In erster Person spricht nun eine weibliche Figur. Die teilweise naiven Züge der Protagonistin dienen der sozialen Satire – deshalb erklärt Wiener am Ende des Abschnitts, „dem leser eine betrachtung der banalität" zu schulden. Eder hat in der Episode Anzeichen einer Polemik gegen die Trivialisierung avantgardistischer Praktiken erkannt, die auf harmlose Ausdrucksformen für ein konservatives Publikum (einschließlich angehender Achtundsechziger) reduziert werden.[142] Trotz der kaustischen Einfälle (LXXXV „alle menschen sollten gute freundinnen sein") gehen die *Kernstücke* über die Satire und über den Kommentar jener Mängel hinaus, die kurz zuvor verworfen wurden (LXIX „jedes arschloch kann sich eine schreibmaschine kaufen, kauft dreissig bücher und denkt nach"). Der im Titel angekündigte Zweck ist nicht spielerisch gemeint: Dieser Entwurf ist eben deshalb „experimentell", weil er eine Simulation, ein Sich-einfühlen in eine virtuelle Identität versucht. Wegen der Darstellung eines weiblichen Alter Ego, das von seinem intimen Leben spricht, könnte die Passage mit libertinen oder pornografischen Erzählweisen verglichen werden. Man denke an Beispiele wie Diderots *La religieuse* oder die *Mutzenbacher* selbst, die ursprünglich als Zeugnisse authentischer Frauenstimmen ausgegeben wurden. Wir wissen aber, dass Wiener nicht daran interessiert ist, dem Leser eine illusionistische Probe zu geben, eine ‚lebendige' literarische Figur, einen „Franz" also. Deshalb vermischt sich das fundstückartige Material, das direkt aus ‚echten' Aufzeichnungen stammen könnte, mit den Abschweifungen einer dritten Persönlichkeit, halb Autor, halb fiktive Kreatur, um den Realitätseffekt abzuschwächen. Im Vergleich zu den oben erwähnten literarischen Präzedenzfällen – oder, um ein weiteres Beispiel zu nennen, zu Bretons und Éluards *Simulations* (aus *L'immaculée conception*) – scheint Wiener seine im Zuge der Texterstellung aufkommenden Gedankengänge in den Text einfließen zu lassen und somit auch den Zustand, in den er durch seinen eigenen Versuch versetzt wird. Die Hauptsache, das Experiment, liegt also in der Untersuchung des Verhältnisses zwischen Denken und Kunstmittel (dazu gehört auch eine Überlegung zu Vicos *verum factum*, wie aus dem Eröffnungszitat hervorgeht). Diese *experimentelle vergangenheit* nimmt ansatzweise vorweg, was Wiener Jahre später in einem Essay über künstliche Intelligenz mit der Formel „denken ist simulieren" beschreiben wird[143]. Die enge Korrelation von „cogito" und „simulo" ist ja auch die Grundlage des Turing-Tests, da die ursprüngliche *imitation game*-Version von der Simulation einer weiblichen Identität ausgeht.[144] Und genau wie beim Turing-Test kollidiert die weibliche

---

142 T. Eder, „Nachwort", in *die verbesserung von mitteleuropa, roman*, Jung und Jung, Salzburg 2013, 215.

143 O. Wiener, „Turings Test", in *Schriften zur Erkenntnistheorie* (Anm. 50), 80.

144 In seinem berühmten Artikel („Computing Machinery and Intelligence", in *Mind* 49, 1950, 433) leitet Turing den Test nach folgenden Spielregeln ein: Ein Mann (A) und

Identität dieser Seiten mit einer unüberwindlichen Beschränktheit: ‚Ihre' Erfahrung und ‚ihre' Zustandsänderungen lassen sich nur innerhalb der Sprache verifizieren.

LXXIII *einleitung*: Wiener gestaltet den Kern der *experimentellen vergangenheit* als ‚Werk im Werk', mit eigener Einführung und eigenem Nachwort und verschärft somit die strukturelle Komplexität des Romans. Gleichzeitig stellt die Einführung einer greifbaren Roman-Miniatur den Versuch dar, nach so viel Zerstörungsarbeit einen Anhaltspunkt zu schaffen. Doch die Übung des Bewusstseins, das einen erhöhten Beobachtungspunkt sucht, indem es seine künstliche Romanfigur observiert, bereitet es letztlich selbst für die finale Wendung zum Bio-Adapter vor.

« nur die geschichtliche welt kann erkannt werden» (g. vico): Dieser Satz in Anführungszeichen ist kein wörtliches Zitat von Vico, sondern eine zusammenfassende Umschreibung einer Passage der *neuen Wissenschaft* (I, 3).[145]

LXXVI *es schien doch offensichtlich, dass die lüge deswegen unmöglich im widerspruch zur wahrheit stehen konnte, weil sie einem vollig andern zusammenhang angehört*: vgl. Nietzsches Fragment: „Hier fehlt der Gegensatz einer wahren und einer scheinbaren Welt: es gibt nur eine Welt, und diese ist falsch, grausam, widersprüchlich, verführerisch, ohne Sinn [...] Eine so beschaffene Welt ist die wahre Welt" (KSA, NF, 13, 193).

LXXVII *die erotik als ein zweites leben aus der gesellschaft*: „überall steht das erotische ausserhalb der begrifflichen wirklichkeit, ausserhalb von sinn und bedeutung. es ist anti-sozial, ausserhalb der kommunikation des verstandes, die eigentliche anarchie. [...] diese wienerische erotik ist geradezu *die* form einer wienerischen anarchie, einer anarchie allerdings, die nicht selten von staats wegen sortiert und gefördert worden ist, weil sie so die konstitution intakt liess."[146]

LXXX *thesen*: Die in der Liste aufgeführten Episoden werden zu Thesen, weil sie die Rolle von Erfahrungsaxiomen übernehmen.

---

eine Frau (B) versuchen jeweils durch schriftliche per Terminal gesendete Antworten einen in einem anderen Raum platzierten Probanden (C) zu überzeugen, Frau B zu sein. Dabei weiß C, dass die Tester ein Mann und eine Frau sind. Wenn wir das Experiment modifizieren, indem wir anstelle von A eine Maschine setzen, die programmiert ist, sich als B auszugeben, und wenn die Maschine den Probanden C ebenso oft (oder öfter) täuschen kann als A es vorher konnte, besteht sie den Test und beweist *eo ipso*, dass Maschinen denken können.

145 „[... i filosofi] traccurarono di meditare su questo mondo delle nazioni, o sia mondo civile, del quale, perché l'avevano fatto gli uomini, ne potevano conseguire la scienza gli uomini".

146 O. Wiener, „Beiträge zur Ädöologie des Wienerischen" (Anm. 112), 287–288.

LXXXII *wie der penis jenes winnebago-heros*: Es handelt sich um den Trickster, von dem Kerényi und Radin im *göttlichen Schelm* sprechen (siehe *literaturhinweise*).

LXXIX-XCVIII *allah kherim! [...] reportage vom fest der begriffe*: In den *Philosophischen Untersuchungen* (§ 38) denkt Wittgenstein über die „seltsame Verbindung" nach, die entsteht, wenn man den Namen eines Gegenstandes, auf den man starrt, ständig wiederholt. Wer auf diese Weise versucht, die Beziehung zwischen Wort und Objekt zu verstehen, dem erscheint das Benennen als „okkulter Vorgang", als eine Art „Taufe" – all dies, während das losgelöste Wort leer läuft und die übliche Aufgabe der Benennung nicht länger erfüllt. „Denn die philosophischen Probleme entstehen", sagt Wittgenstein, „wenn die Sprache *feiert*". In diesem Abschnitt, der ausdrücklich auf die Wittgenstein-Passage Bezug nimmt, treffen zur Feier jene philosophischen Begriffe als Gäste ein, welche die *verbesserung* zu liquidieren beabsichtigt. Indem Wiener sie zu Protagonisten einer Orgie personifiziert (siehe Benjamin Pérets *Histoire Naturelle*), führt er den verbreiteten Denkfehler, Begriffe zu hypostasieren und Worte als Realität zu nehmen, ins Groteske. Und wie in Wittgensteins bedeutungstilgender Beschwörungsmethode, heißt feiern, den Dienst einstellen. Das Fest der Begriffe ist also eine Manifestation, die dieselben außer Betrieb setzt. Unter den teilnehmenden und angeprangerten Begriffen befindet sich auch „der begriff" selbst. Der grundsätzliche Zweifel besteht nämlich darin, ob es überhaupt möglich sei, Begriffe für Elemente des Wissens zu halten. Die Irritation richtet sich letztendlich gegen die Unbekümmertheit, mit der Philosophen, Sprachwissenschaftler und Psychologen sich auf solche Begriffe wie auf selbstverständliche Tatsachen zu beziehen pflegen.

Für die Ausarbeitung dieser Problematik, siehe Wieners Text *die folgen geistiger ausschweifung*, eine in zwei Kompositionsphasen (1960, 1963) entstandene Zusammenarbeit mit Bayer. Dort lehnt der Autor die Verwendung des Wortes „Begriff" ab, das er im ersten Entwurf noch verwendet hatte: „da vor einigen sätzen, damals beeinflusst durch bücher, bin ich der meinung gewesen, es sei der gedanke – ein ganzes, wie in der veralteten gestalttheorie – eine regelmässige anhäufung von begriffen, und, dazu, ja, eben regel selber, der ‚sinn'; nun – eben jetzt ist es richtiger zu reden: die gedankenteile ‚begriffe' sind fehlerhafte wucherungen des bildes von der sprache (wie es allerdings in der linguistik plausibel war), erdacht, um den gedanken sprachähnlicher zu denken, um eben so etwas wie elemente des gedankens als entsprechung zu den worten als elementen des satzes kalkulierbar zu machen".[147]

Dass die Veröffentlichung ausgerechnet dieses Teils der *verbesserung* bei gewissen Lesern Anstoß erregte, mutet heute ziemlich komisch an: Die rechte Presse und der Elternverein der Österreichischen Volkspartei verklagten die

---

[147] G. Rühm (Hg.), *Die Wiener Gruppe* (Anm. 19), 324.

Herausgeber der *manuskripte* wegen Pornographie, was zu einem Gerichtsverfahren führte (als Beleg dienten eben Zitate aus diesem *fest*). Zwei Jahre später wurde das Verfahren allerdings eingestellt, womit die Sache schließlich im Sand verlief.[148]

Der Vorfall[149] scheint das zu bestätigen, was Wiener hervorheben wollte, nämlich dass Stubengelehrte und Spießer die Begriffe der Philosophie Kants und Fichtes für heilig, wahr, und tatsächlich hielten – und zwar dermaßen, dass sie sich an der absurden Vorstellung einer Orgie zwischen abstrakten Termini stoßen konnten wie an einer öffentlich aufgeführten Cochonnerie.

LXXXIX (Fußnote ***): Mit dem Verweis auf die Rede des Engels Raphael, der Adams Wissbegierde in Miltons *Paradise lost* zügelt (VIII, 82), sagt Wiener im Wesentlichen, dass die Begriffe des deutschen Idealismus sich ebenso schwer beseitigen lassen wie der Kosmos von Ptolemäus. Nicht die Qualität der Theorie, sondern die Quantität theoriekonformer Überlegungen, sozusagen die Rüstung der Orthodoxie, ist der Grund für ihre Beständigkeit. Die Erwähnung des Moskauer Kreises um Stankiewitsch (zu dem auch Bakunin, Herzen und Belinski gehörten) dient ebenfalls als Beispiel für Intelligenzen im Dienst verspäteter Ausklügelungen überholter Denkmodelle der Kant'schen und Hegel'schen Philosophie. Auf die Gefahren eines ‚ptolemäischen' Immobilismus wird Wiener später im essayistischen Abschnitt der *verbesserung* zurückkommen (die Fußnote verweist darauf: „s. meinen aufsatz ‚kybernetik für alle'"). Wie es auf Seite CXLIX heißt, vermag die Kybernetik – als neues Mittel um die ‚Erscheinungen zu retten' und kraft ihrer quantitativ höheren Verarbeitungskapazität – die alten Vorstellungen gegen neue konkurrierende Theorien nach Belieben weiterhin zu verteidigen.

die existenz des tisches, seine hierheit: Es kommt häufig vor, dass der über Objekte nachdenkende Philosoph sich eines Tisches als Beispiel bedient. Wiener wird diesem weit verbreiteten Vorzug eine Sammlung betreffender Zitate von Philosophen und Psychologen widmen, und diesen Satz aus der *verbesserung* als Motto voranstellen[150].

XC *=) der begriff tut sich hervor*: Hier scheint es, als ob die geordnete Aufzählung der Absätze abbreche. In Wirklichkeit erstellt Wiener gar keine numerische Reihung, hatte er doch ohnehin mit Punkt 2) begonnen. Er folgt lediglich der

---

148 H. Englerth, „In den Manuskripten kann man nicht blättern, man ist verurteilt zu lesen: *manuskripte* (seit 1960)", in *Literaturzeitschriften in Österreich 1945–1990*, 20, https://www.onb.ac.at/oe-literaturzeitschriften/Manuskripte/Manuskripte_essay.pdf [abgerufen am 10/1/2019].

149 Der auf Seite XCIV gleichsam heraufbeschworen wird: „aufmerksame leser stossen sich keineswegs an was sie lesen. sie stossen sich an der harmlosen pornographie".

150 O. Wiener, „Materialien zum nur scheinbar unscheinbaren Dasein des Tischs in der Philosohphie", in *manuskripte* 189/190, 2010, 637–646.

Anordnung der Zeichen nach der QWERTZ-Tastatur seiner Schreibmaschine. Wenn er das *o* (*o* wie „Oswald"?) erreicht, wird er *oq*, *ow* einführen, um quasi eine untergeordnete Nummerierung anzudeuten.

XCI (Fußnote *) *umstände = die umstehenden [...] (s.l. günther, sprache und recht, berlin 1898)*: Günther erklärt eben (S. 122), dass der Ausdruck „sich nach den Umständen richten" ursprünglich aus dem Brauch des Gerichtsvorsitzenden stammt, sich bei der Verkündung nach den ‚Umstehenden' zu richten (d.h. nach der ihn umgebenden Versammlung, die aufgerufen wurde, das Urteil auszusprechen).

man vergleicht irrig die beschreibung mit einem schuss usw.: Nach dieser irreführenden Metapher der Intentionalität gäbe es also einerseits den Schuss mit Schrot, der nicht einen genauen Punkt, sondern wegen der Streuwirkung einen ganzen Bereich trifft und daher eo ipso ungenau sei, und andererseits das anvisierte Objekt, das ebenfalls „irrig" als Ziel bezeichnet wird, weil das eigentlich erreichte Ziel ja nicht der Gegenstand selbst ist, sondern die Vorstellung davon.

XCII *man sieht förmlich die welt, wie sie alles ist was der fall ist (kasus)*: Wiederholt kommen auf diesen Seiten Entstellungen des ersten Axioms des *Tractatus* vor. Der Fall, woraus die Welt besteht, ist zugleich Sturz, Rechtsfall, Ursache, usw.

fragen tauchen plötzlich auf. inwiefern? sauerbier schreibt aus köln: Während der Komposition der *verbesserung* nahm Wiener an dem von Samson Dietrich Sauerbier koordinierten Projekt *Revue Rendez-vous* teil. Jeder der achtzehn Mitwirkenden (fast alle aus dem *Fluxus*-Umfeld) wurde eingeladen, relevante Fragen an sich selbst zu richten, auf die dann aber die anderen antworten sollten. Statt einer engagierten Diskussion über die Kunst, kam eine lustige Parade kollektiven Unsinns zustande, mit paradoxen Überlegungen zur Herstellung von Fragen und Antworten, alles per Post und Telegramm. Unter den Fragen, die Wiener als Depesche „per Eilboten, manchmal mitten in der nacht"[151] verschickte, lesen wir Folgendes: FRAGE 4. AUS EINER HINTERLASSENSCHAFT HABE ICH 2 STUECK GEFUNDEN DIE MEINER MEINUNG NACH ZIEMLICH WERTVOLL SEIN KOENNTEN. UND ZWAR HANDELT ES SICH UM EINE ATHLETENPLASTIK AUS BRONZE SIGNIERT S. BAUER 1909 UND EINE GEIGE DIE IM INNEREN EINE VERGILBTE VIGNETTE AUFWEIST AUF DER STEHT: ANTONIUS STRADIVARIUS CERMONENSIS [sic] FACIEBAT ANNO 1721. ICH WUERDE GERNE WISSEN WIE HOCH DER WERT DIESER BEIDEN ERBSTUECKE IST = OSWALD WIENER +[152]

151 S.D. Sauerbier, *Revue Rendez-vous: Korrespondenzstück, correspondence piece, 1966/67*, Hochschule für Grafik und Buchkunst, Leipzig 2013, 7.

152 *Ibid.*, 199.

versagt die sprache? oder? verspricht sie? sich? / mir?: Das virtuose Sprachspiel kann wahrscheinlich wegen seiner zitierfähigen Brillanz etwas von der Schlussfolgerung des Fragments ablenken. „die institutionalisierung der institution", heißt es im letzten Satz. Damit greift Wiener die zu Beginn des Romans aufgeworfene Kritik an der Metasprache wieder auf (XIII). Die Unterscheidung von Metasprache und Sprache ist der Kniff, der eine Untersuchung der Verhältnisse zwischen Wort und Realität möglich erscheinen lässt. Was diese Untersuchung eigentlich rechtfertigt, ist, dass Sprache sowohl als objektives Werkzeug zur Beschreibung der Realität als auch als Element der Realität selbst legitimiert wird. Stilistische Kunstfertigkeit und kluge Wortspiele gehören ebenfalls zu den Mechanismen, mit denen die Sprache sich durch Selbstbezüglichkeit eine höhere Ebene – und damit eine weitere Verwirklichung und „Institutionalisierung" – schafft.
In Mauthners *Beiträge* ist der Ausdruck „Das Wort versagt" zu lesen (I, 284).

XCIII *omne superfluum deo et naturae displiceat*: Siehe Kommentar zu CLXIV (Anmerkung 86).

XCIV *es lebe die demokratie!!* ihr *habt zu stimmen, nicht die bilder*: Das Wahlrecht wird zum sarkastischen Ersatz für die Abbildtheorie des *Tractatus* – die Stimmen der Bürger anstelle des Übereinstimmens von zusammenhängenden Bildern und Sachverhalten.

XCV *die verhaltnismässigkeit mann gottes wo ist dein stachel*: 1. Kor. 15:55 „Wo ist, o Tod, dein Stachel?"

XCVI *gästeliste*: Die Aufnahme von Listen in das literarische Material war Teil des Montagerepertoires der Wiener Gruppe. Siehe z.B. Bayers *der sechste sinn* („hannes sander geht vorbei./ paul löwel geht vorbei [...]")[153] und Rühms „mitzi kathi kurt tobias [...]".[154]

einlage für dschuang-dse: Die Namen der Protagonisten dieser taoistischen Geschichte beziehen sich jeweils auf Hans Vaihinger („als-ob") und auf Alfred Adler, dessen Doktrin auf finalistischen Annahmen („um-zu") beruht.

XCVII *mit einer sechzenjährigen katz drin*: Das Stück schließt mit Fragmenten ineinander verflochtener Gespräche, als würde die Hörperspektive desjenigen dargestellt, der sie alle gleichzeitig von der Straße aus wahrnimmt – eine Gesamtwiedergabe des Klanges von Sonntagsgeschwätz also, auch durch eine spezielle Seitengestaltung betont. Die Modifikationen von Sperrung, Zeilenlänge, Schriftgrad und Durchschuss gehören also zu der Mühsal, welche die gesamte materielle Produktion der *verbesserung* erforderte.

---

153 K. Bayer, *Sämtliche Werke* (Anm. 69), 671.
154 G. Rühm, *Gesammelte Werke* (Anm. 81), 1.1, 265.

Als er noch sehr jung war, hatte Wiener sich für konkrete Poesie interessiert und trug gemeinsam mit den anderen Mitgliedern der Wiener Gruppe zur Erstellung von Textkonstellationen bei. Später zerstörte er die meisten seiner zwischen 1954 und 1960 entstandenen konkreten Texte, die er im Rückblick nur insofern bedeutend fand, weil sie „ein Experiment, sich über die Mechanismen des Verstehens und des ‚Wirkens' von Sprache erste Hypothesen zu verschaffen", gewesen seien[155].

IC-CII *hinweise*: „ich bin kein nihilist wer das behauptet ist ein trottel", hatte Wiener geschrieben (XXVIII) und damit eine Warnung ausgesprochen, die wir zu den Widersprüchen des Romans zählen müssen, zumindest nach dem, was sich in diesen Hinweisen hier findet. Der Titel (in *VM*: „hinweise. für die jugend")[156] hebt den praktischen Aspekt jener Haltung hervor, die Wiener „edle oberflächlichkeit" nennt. Selbstverständlich ist die Anspielung auf Ratschläge für Anfänger nur Mache. Wie Serners *Handbrevier* gehen diese Angaben über das einfache Rezept hinaus und wenden sich an eingeweihte Gleichgesinnte. Sie sprechen nicht so sehr *über* die edle Oberflächlichkeit, sondern sind ein Versuch, ihr Ausdruck zu verleihen.

Hier eine mögliche Beschreibung: Edle Oberflächlichkeit ist Verzicht auf Gewissheiten im Provisorischen. Das Bewusstsein registriert viel, zeigt es aber nicht. Der grundlegende Mangel an Wissen wird stoisch und ohne tröstende Mystifizierungen akzeptiert. Täuschung und Opportunismus sind erlaubt, aber im Vergleich zum aufwendigen Seiltanz des Dandys geht es hier um eine abstraktere Art von Künstlichkeit. Kunst und Verführung sind überholte Spiele – es lohnt sich nicht, mit Individuen zu wetteifern. Ein Beispiel in dieser Richtung wäre Valerys *Monsieur Teste* (Wiener betrachtet Teste eben als Phänomen, das auf den Dandyismus folgt).[157] Seine Gewohnheiten und Absichten ergeben kein unterscheidbares Profil. Valéry schreibt, wenn Herr Teste sprach, fühlte man sich „vermengt mit den Dingen". So wirkt die edle Oberflächlichkeit: Sie macht den Einzelnen komplizierter, indem sie ihn mit der Umwelt vermengt. Hohe Kapazität und Leistung gleichen sich durch einen ebenso robusten Skeptizismus aus, der die reichlich vorhandenen Mittel hinter unauffälligen, von anderen meist ignorierten Gesten verbirgt.

IC *sie entsteht aus hofrat professor dr. vinzenz ludwig ostry*: Die Analogie ist drollig unpassend, aber das Herbeizitieren einer langweiligen, dem System organisch angehörenden Figur könnte auch als Hinweis auf die charakteristische Verschleierung der edlen Oberflächlichkeit gelten.

---

155 O. Wiener, „Einiges über Konrad Bayer" (Anm. 35), 9. Zu den erhaltenen Beispielen siehe z.B. die *erste studie*, abgedruckt in P. Weibel (Hg.), *die wiener gruppe* (Anm. 79), 292–293.

156 *VM* 18, 27.

157 O. Wiener, „Eine Art Einzige" (Anm. 31), 60.

die oberflächlichkeit ist nicht produkt noch resultat der erziehung. [...] sie fühlt sich in etwa an wie bildung, ist aber wahrscheinlich mutation derer substanz: Wiener erkennt eine gewisse ‚bildungsähnliche' strukturierende Funktion in der edlen Oberflächlichkeit, die das individuelle Verhalten prägt. Sie kann jedoch keine Bildung im engeren Sinne sein, weil sie gesellschaftlich nicht klar situiert ist.

C *sie staunt kaum*: Die Gründe dieser Gleichgültigkeit werden je nach Art der Oberflächlichkeit unterschiedlich sein. Die eben eingeführte „gemeine oberflächlickeit" staunt nicht, weil sie naiverweise alles Bestehende automatisch für ‚Natur' hält. Die edle Oberflächlichkeit dagegen folgt dem Prinzip des *nil admirari*, dämpft damit die Ergriffenheit und versucht sie der Analyse zugänglich zu machen. Vgl. die Überlegungen Nietzsches (*Aurora* III, 207), der in der Maxime des *nil admirari* ein wesentliches kulturelles Merkmal der Antike sieht. Zu skeptisch, um sich ganz in die Hände einer höheren menschlichen oder göttlichen Ordnung zu begeben, seien deshalb Griechen und Römer viel freier geblieben als das Deutschland Luthers und Kants.

CI *die edle neugier [...] in verbindung mit dem kind führt sie zur masturbation*: vgl. der Einsatz von „konrad" in der kollaborativen Arbeit Wieners und Bayers *die folgen geistiger ausschweifung*: „ich würde gern jede autorität abschaffen, wenn ich es könnte. aber dazu muss man erst die familie auflösen, die drohenden erwachsenen abschaffen. die herrscher! die stärkeren kinder durch masturbation furchtbar schwächen. / die armen kommunisten, die haben noch so viel zu tun."[158]

CII-CIV *abbildung 4: der bruch zwischen lene und konrad*: Wir könnten diese Episode, in der Wiener wieder die Figur Konrad Bayers aufgreift, als weitere Illustration der edlen Oberflächlichkeit interpretieren. Das Verblassen des Ausdrucks zeigt sich in der vagen Banalität der Konversation zwischen „konrad" und „lene", die meistens aneinander vorbei reden: der im Titel verkündete „bruch". Die ganze Szene (die wegen ihrer morbiden Atmosphäre wie bereits die Seiten von *ajo ajo* vermutlich auf Drogeneinnahme beruht) ist durchgängig unstet und veranschaulicht buchstäblich jene Vermischung mit den Dingen, die uns auf die Spur von Herrn Teste bringt. Konrad wird zum Stuhl, der Himmel zum Polizisten, Objekte zu Menschen. Als bizarre Rechtfertigung für diese Vertauschungen spielt der Nebenkommentar „(lauter juden)" (CIII) auf die Namensgebung von Familien jüdischer Herkunft an, bei welchen Namen von Pflanzen, Gegenständen und dergleichen typisch sind. Der Titel „abbildung" bezieht sich sarkastisch auf den Begriff, der in Wittgensteins *Tractatus* den disziplinierten Isomorphismus zwischen Wirklichkeit und Vorstellung darstellt.
Die Entwicklung geeigneter Techniken zur Zerlegung von Formen und Begriffen hat Wiener über die Arbeit an seinem Roman hinaus beschäftigt. Die

---

[158] G. Rühm (Hg.), *Die Wiener Gruppe* (Anm. 19), 325.

folgenden zwei Passagen zeigen deutlich, wie die *abbildung 4* mit Verfahren verbunden ist, die Wiener als ausschlaggebend ansah – nicht nur für sein eigenes Schaffen, auch noch zu einer Zeit, in der das literarische Schreiben nicht länger im Mittelpunkt seiner Interessen stand. In beiden Passagen erkennt man einen Bezug auf die für Gestaltpsychologen besonders wichtige Gestalt-Hintergrund-Dynamik:

> er [d.r.] lässt schlampereien zu, aus einsicht, dass man nicht alle dimensionen beherrscht, auch dann nicht, wenn man die ‚unterste ebene' des elementaren aufsucht: fast alle parameter ausschalten um mit den wenigen übrigen alle gesetze des systems zu erforschen, man stösst schnell an die grenze der reduktion: wenn wenig zu sehen ist, beginnt der hintergrund zu flimmern, statt auf die zeichen achtet der betrachter auf die struktur des papiers, und wenn der hintergrund ganz plan geschliffen ist, dann flimmert es im auge (dieses flimmern ist wie eine störung durch die verdrängten parameter, die als möglicher sinn im betrachter rauschen)
>
> (O. Wiener in Dieter Roth, *Frühe Schriften und typische Scheiße*, o.S.)

> eine technik, die ich ausbauen möchte: die gestalten wieder in ihren hintergrund passen, die selektionsroutine zerstören, die es macht, dass ein stück einer bewegung als geste sichtbar wird; ein ausschnitt aus der landschaft als bewegung, an der bewegung des bleistifts auch das mit einbeziehen, was nicht als buchstabe sichtbar geworden ist (d.i. die fläche manipulieren, die das, was ‚gilt', von dem ‚bloss technisch erforderlichen' scheidet), besonders auch die ‚ruhe' („ein Moment ... mit dem sich welter nichts anfangen lässt ... "[159], wie das romantische denken ganz träge annimmt). den bühnencharakter des verstehens begreifen, die falsch eingesetzte zeitlosigkeit, das ausblenden bedeutender teile der wahrnehmung und grosser zeitstrecken beim montieren einer gestalt.
>
> (O. Wiener, „Aus meinem Tagebuch", in *Die Drossel* 13, 1975, o.S.)

Ich weiß nicht, ob Wiener die kurzen „Dramen der Gegenstände" von Marinetti kannte, wie z.B. die „sintesi astratta" *Meeresbodenkampf*, wo unbelebte Dinge zu Wort kommen. Einiges darüber ist in Baumgarths Studie über den Futurismus (von Wiener in den *literaturhinweise* eingefügt) zu lesen. Ein seltsames Theater ver-rückter Dinge bot auch das Repertoire der Wiener Volkskomödie, das von den Mitgliedern der Wiener Gruppe auf der Suche nach einer Anti-Tradition wiederentdeckt und zitiert wurde. In einem Aufsatz über die Beziehung zwischen Wiener Gruppe und Volkskomödie erwähnt Schmidt-Dengler das 1792 aufgeführte Stück *Tabarebibobuaieouripatipatipatipibus oder Pirot der neuen Hetzmeister*, dessen Werbeannonce effektvolle Verwandlungen versprach: „Springt Arlequin durch einen Spiegel, welcher sich in Dottore Bildniss verwandelt, der auf einem Esel reitet. 2tens Ein Felsen verwandelt sich in ein Schiff, worauf Rosaura, Arlequinette, Leander und Arlequin sitzen, und fortfahren. 3tens Ein grosser Felsen verwandelt sich in eine Mühle, wo Pirot durch Zauberey des Arlequins auf einen Mühlrad herumgetrieben wird. 4tens

---

[159] Zitat aus Heinrich von Kleists Essay *Über das Marionettentheater*.

Verwandelt sich ein grosser Zaun, in Grenadiers, welche auf Pantalon und Pirot feuern".[160]

Unbeständig ist auch die Welt in *der sechste sinn*, Bayers letztem Roman. Der gleiche Satz hallt aus verschiedenen Mündern wider, plötzlich ähneln verschiedene Charaktere einander, die Schule „lächelte", die Landschaft „spreizt die schenkel" usw.[161] Konrads Anwesenheit scheint daher doppelt gerechtfertigt – sowohl als eine Hommage an Bayer als Charaktermodell edler Oberflächlichkeit als auch an den Schriftsteller Bayer, der sich wie Wiener mit Dekompositionsexperimenten beschäftigte.

CII *auf das hinauf*: In Übereinstimmung mit der Vorankündigung eines „kapitel über das fliegen" (XL) beginnt und schließt die *abbildung 4* mit dem Adverb „hinauf".

katapult nein maurulam katapult i lemm i lamm: Lene zitiert aus Hans Arps Poem *Der gestiefelte Stern*.

CV-CXIII *Purim*: Zum Gedenken an die Errettung der persischen Juden gefeiert, ist das Purim-Fest (d.h. Fest der sich wendenden „Schicksale") mit einer Tradition von Karnevalsmaskeraden und Theater verbunden. Aus einer dramatisierten Lektüre des Buches Ester entstanden burleske Darstellungen, die als *Purim-shpiln* bekannt wurden und seit Jahrhunderten die geläufigste Volkstheaterform der jüdischen Kultur darstellen. In Wieners Purim erfolgt die burleske Umkehrung auf Kosten des Publikums: er beschreibt ein imaginäres Stück, in dem eine Mimen-Bande die Anwesenden brutal verprügelt. Einige Monate vor der Veröffentlichung *Purims* in *manuskripte* erschien, einige Seiten nach dem dritten Fortsetzungsteil der *verbesserung*, in nämlicher Zeitschrift Peter Handkes metatheatralisches Experiment *Publikumsbeschimpfung*. Mit der genauen Angabe des Entstehungsdatums, gleich am Anfang des Stückes („begonnen am 25. April 1964 nach einer älteren idee") wollte Wiener wahrscheinlich klarstellen, dass *Purims* Genese nichts mit Handke zu tun hatte. Dessen Spiel wurde tatsächlich für die Bühne geschrieben und bietet einen Kommentar zum Theater und zur Dynamik des Theaterpublikums. In Wieners Erfindung geht es nicht nur um die destruktive Geste gegen das Theater als kulturelle

---

160 W. Schmidt-Dengler, „Parodie und Reduktion. Die Wiener Volkskomödie und das Theater der Wiener Gruppe", in T. Eder, K. Kastberger (Hg.), *Schluß mit dem Abendland!* (Anm. 18), 29–30.

161 Vgl. O. Wiener, „Einiges über Konrad Bayer" (Anm. 35), 14: „Nina [Hauptcharakter des *sechster sinn*] ist ein Engel wie Konrad selbst. *Fliegen* konnte man mit Menschen, deren Gegenkalkül das Bild der gegebenen Situation so komplizierte, dass die ‚wirklichen' Gegebenheiten hinter den interpretierenden Konstruktionen verschwanden, nur Absprungs- und verstreute Beweispunkte waren: um die Reibungslosigkeit des Schwebens zu sichern, ist erforderlich, dass manchmal Menschen mit ihren höheren Fähigkeiten sich als Dinge an die Stelle von Dingen setzen, die in ihrer unbeweglichkeit einem sie betrachtenden Kalkül nicht nachgeben können".

Institution und gegen dessen harmlosen Genuss. Wie aus dem Ablauf klar hervorgeht, steht das *Purim*-Publikum für die ganze gesellschaftliche Maschinerie. So werden die Opfer eines nach dem anderen von den Mimen aus dem Publikum herausgefischt und verprügelt. Ausgewählt werden sie gemäß ihrer angeblichen Ähnlichkeit entweder mit öffentlichen Persönlichkeiten (den Protagonisten der damaligen Wiener „Gesellschaft des Spektakels", den Hütern des Establishments) oder durch ihre vermeintliche Angehörigkeit zu einer schutzwürdigen sozialen Kategorie: der Arbeiter, der Priester, der Fremdstämmige, die alte Frau usw.. Indem er gegen dieses ‚Publikum' loszieht, drückt Wiener seine Abneigung gegen ein Rollenspiel aus, das den Einzelnen dazu zwingt, das eigene Verwirklichungsmodell innerhalb der engen Grenzen eines vorgeschriebenen Verhaltens oder einer geschützten Kategorie zu finden. Wiener erklärt beiläufig, dass die Typenwahl nicht ad hominem zu interpretieren ist („die im stück namentlich passierenden gestalten sind nicht speziell gemeint"), sondern lediglich als Kunstgriff mit einem allgemeinbekannten, wirkungsvollen Sortiment fleischgewordener Klischees. *Purim* ist jedoch offen provokativ und die einleitende Klarstellung kann die Wirkung dieser Prügelorgie auf den Leser daher kaum abschwächen. Die Kritik sah im Stück sowohl eine Verwandtschaft zu anderen literarischen Transgressionen, z.B. Artauds *Théâtre de la Cruauté*, als auch eine frühe „Abrechnung mit jeder Form von damals noch gar nicht erfundener politischer Korrektheit".[162] Mehrere Beurteilungen haben dennoch die in *Purim* dargestellte Gewalt und die als ideologisch suspekt empfundene Einstellung des Autors missbilligt.[163] Symptomatisch für die starke und problematische Wirkung, die eine Lektüre von *Purim* noch heute auslöst, ist die Interpretation von Müller und Innerhofer, die in einer neuen Studie eine Parallele zu Stanley Milgrams berühmtem Gehorsamsexperiment vorschlagen. Demzufolge seien Wieners Provokationen auch ein Mittel, den Leser zu testen und ihn in die unangenehme Lage zu bringen, sich an einem Missbrauch zu beteiligen – wie die Probanden von Milgram, die aufgefordert wurden, vermeintliche Stromstöße zu erteilen.[164]

Purims Gewaltausbruch stellt in der Tat keine isolierte Episode dar. Im Laufe der *verbesserung* gibt Wiener der Wut, dem „regress in die aufwallung" (IL) als Ressource für das sich revoltierende Bewusstsein reichlich Anlass.[165] Zu den Entladungen auf dem Papier kamen konspiratorische Neigungen, die in Wien nicht unbemerkt geblieben waren. Zusammen mit Bayer hatte Wiener wiederholt vorübergehende opportunistische Allianzen mit kriminellen Kreisen geplant. Laut Wieners Selbstbericht lag sogar die Option des Terrorismus

162 T. Eder, „Nachwort" (Anm. 141), 214.

163 Siehe dazu M. Kubaczek, *Poetik der Auflösung* (Anm. 4), 206–213.

164 S. Müller, R. Innerhofer, „Humanversuche" (Anm. 9), 201–232.

165 Eine noch extremere Invektive findet man in O. Wiener „Ein Verbrechen, das auf dem Papier begangen wird", *Die Schastrommel* 2, 1970.

konkret auf dem Tisch[166] – und entscheidend für ihre Zurückweisung sei nicht eine prinzipielle Abneigung gegen Gewalt, sondern die Unzufriedenheit mit dessen Programmen gewesen. Ferner gibt es die öffentlichen Aktionen, besonders die berühmte Uni-Ferkelei von 1968 mit anschließender Verhaftung und psychiatrischen Gutachten, die Wiener als gefährlich, aggressions- und konfliktbereit kennzeichnen.[167]

Purim drückt somit echten Zorn und eine sorgsam gepflegte Asozialität aus, immer jedoch im Rahmen einer beinahe vollständigen Ablehnung der damals vorhandenen Protestmuster. Wieners Vorliebe für Stirner ist übrigens auch Teil dieses widerständig individualistischen Programms. Wenn er Stirner verteidigt und gegen Marx (gegen jemanden also, der sich die turbulente Asozialität Stirners nicht erklären kann) Stellung bezieht, äußert er dadurch auch seine persönliche Distanz zu den Protestbewegungen. Um es zusammenzufassen: wenn *Purim* schon Rollen verteilt – die des Feindes der Gesellschaft ist diejenige, die Wiener am ehesten gewählt hätte. Seine radikal individualistische Interpretation derselben macht sie ideologisch schwer verdaulich – was jedoch kalkuliert und nicht unerwünscht zu sein scheint.

Um die thematische Bedeutung der Gewalt in der *verbesserung* und in *Purim* bestimmen zu können, sollte man zudem einen weiteren Aspekt berücksichtigen. In diesem, während der Eskalation sozialer und politischer Konflikte entstandenen Buch reift die völlige Ablehnung jeglichen Engagements heran. Wiener besteht auf seinem Recht als Deserteur ‚dieser' Realität und meint, dass Denkmodelle, die an ihr mitschuldig sind, die verfügbaren Utopien und Menschheitsideale verdorben haben. Die *verbesserung* fordert nicht zur politischen Aktion auf – überhaupt ist sie für Aneignungen oder als Vehikel nachahmbarer Handlungsrezepte nicht besonders tauglich, da sie ihre eigenen (ohnehin singulären und komplexen) Positionen in Frage stellt und in eine neue, teilweise noch nicht bestimmte Richtung zielt. Jedoch gerade diese Abtrünnigkeit ist sehr unterschiedlich bewertet worden. Auf der einen Seite heißt es, „diese Kunst, als individualistisches Ausdruckskonzept, organisierte sich nicht, um real und systematisch zu vernichten".[168] Gleichzeitig hat Wieners Desertion, sein Unwille auf Kunst und Menschheit als Errettung zu setzen, weitere Verrisse nach sich gezogen. *Purim* mag somit das meist gescholtene Stück des

166 G. Pichler, „Das Kreative selbst ist ein Mechanismus. Ein Gespräch mit Oswald Wiener", in *manuskripte* 113, 1991, 69.

167 Eine Kopie der Gutachten von H. Gross und R. Quatember ist im Vorlass Oswald Wiener, *ÖLA*, 232/04 W27, aufbewahrt. Beide betonten das ausgeprägte Aggressionspotential des Subjekts sowie seine Neigung zur Konfrontation mit Umfeld und Gesellschaft, stellen aber keine psychotischen Symptome fest.

168 M. Kubaczek, *Poetik der Auflösung* (Anm. 4), 213.

Romans bleiben, aber oft wird die eigentliche Empörung, so scheint mir, vor allem vom *bio-adapter*-Finale ausgelöst.[169]

CV *für heimito dr. von doderer*: Eine nicht besonders aufrichtige Widmung, da der Doktortitel neben dem Adelsprädikat recht spöttisch klingt. Doderer seinerseits hatte die Experimente der Wiener Gruppe zu schätzen gewusst. So hatte er einmal dem *Kurier* vorgeschlagen, der Gruppe die Literaturseite zur freien Verfügung zu stellen, und als die Zeitung dies ablehnte, verließ er aus Protest die Redaktion. In dieser Zueignung spielt vielleicht Doderers Roman *Die Merowinger* eine Rolle, der 1962 (unter dem Motto „Die Wut des Zeitalters ist tief") veröffentlicht und von Kritikern aufgrund seiner gewalttätigen Darstellungen mit schockierter Ablehnung empfangen wurde.

CVIII *es ist eines der häufigen, unfrohen, feste der avantgarde*: Die Polemik gegen die Avantgarde in einem Roman, der selbst zur Avantgarde gehört, ist noch ein Beispiel des konfliktreichen Verhältnisses Wieners zur literarischen Tradition. Die Paradoxie ist in diesem Fall ziemlich deutlich, da die Satire über den Konsum alternativer Kunstprodukte wiederum einen experimentellen Text zum Konsum bereitstellt. Gerade die Schläge, mit denen das Avantgarde-Publikum bestraft wird, verbinden *Purim* mit einem Repertoire gewaltträchtiger Situationen, die zweifellos in der avantgardistischen Tradition stehen (Futuristisches Theater, Bretons Revolverschüsse, Artauds Grausamkeit, die „Fälle" von Daniil Charms usw.).

CIX *sie haben [...] keinerlei verbindung zu unserer linkischen unterwelt*: Die Anmerkung nimmt die in den *notizen zum konzept des bio-adapters* enthaltene kritische Reflexion über das Gangstertum vorweg (siehe CXLV).

eine klingel ertönt wimmernd: Zur Eröffnung ihrer Veranstaltungen verwendeten die Mitglieder der Wiener Gruppe gerne akustische Signale, um das Publikum zu erwärmen (oder zu kühlen). Wiener erinnert sich so an die Eröffnung des zweiten von der Gruppe organisierten literarischen Kabaretts: „der abend begann (15. 4. 1959) ebenso vielversprechend wie der erste. sobald der erste gast den saal betrat, begannen wir die magnetophon-aufnahme einer ölbohranlage über die lautsprecher abzuspielen und hielten damit etwa eine dreiviertelstunde bis zum eigentlichen beginn durch; das gab eine technische atmosphäre und machte den schnell überfüllten saal (ca. 700) nervös".[170] Der bereits erwähnte Dialog von Wiener und Bayer *die folgen geistiger ausschweifungen* wurde per Megaphon mit Erteilung von Befehlen an das Publikum eingeleitet.

---

169 Siehe z.B. K. Teller, „*alles ausgeburt der sprache*. Ästhetisierte Gewalt bei Oswald Wiener?", in *Jahrbuch der ungarischen Germanistik*, 2005, 66–76; H. Gollner, *Die Rache der Sprache. Hässlichkeit als Form des Kulturwiderstands in der österreichischen Gegenwartsliteratur*, Studien Verlag, Innsbruck-Wien-Bozen 2009, 86–90.

170 O. Wiener, „das *literarische cabaret* der wiener gruppe", in G. Rühm (Hg.), *Die Wiener Gruppe* (Anm. 19), 413.

CX *am besten ein hannerl-matz-typ*: *Purim* ist zunächst eine Abrechnung mit dem verhassten Wiener Milieu. Um das Lokalkolorit zu betonen, nimmt Wiener eine Galerie von Stadt- und Staatsprominenten in die Partitur auf, darunter Johanna „Hannerl" Matz, in Heimatfilmen das Gesicht des Wiener Mädels schlechthin.

Anbei in alphabetischer Reihenfolge ein kurzes *Who is Who* der erkennbaren Persönlichkeiten (Österreicher, sofern nicht anders angegeben; der Kürze halber habe ich die vermutlich bereits bekannten Namen ausgeschlossen):

Rudolf Augstein, deutscher Journalist, Gründer des *Spiegels*; Otto Basil, Schriftsteller und Journalist; Fritz Bock, Handelsminister; Tassilo Broesigke, Politiker und Präsident des Rechnungshofs; Gerhard Bronner, Kritiker und Komponist; Norbert Burger, Politiker; Georg Chaimowicz, Maler; Heinz Conrads, Schauspieler und Moderator; Hans Dichand, Herausgeber der *Kronen Zeitung*; Gottfried von Einem, Komponist; Herbert Eisenreich, Schriftsteller; Bruno Flejnik, Journalist; Rudolf Flöel, Fußballspieler; Edmund Frühwirth, Fußballspieler; Diego Hans Götz, dominikanischer Prediger und geistiger Führer von Intellektuellen und Künstlern; Albert Paris Gütersloh, Maler und Schriftsteller; Nubar Gulbenkian, armenischer Magnat; Friedrich Gulda, Pianist und Komponist; Wilhelm Holzbauer, Architekt; Wolfgang Hutter, Maler; Robert Jungk, Journalist; Bung Karno, auch bekannt als Sukarno, Präsident von Indonesien; Emi Kniepert, Kostümbildnerin; Paul Kruntorad, Schriftsteller und Journalist; Hans Joachim Kulenkampff, deutscher Schauspieler und Fernsehmoderator; Robert Löffler, Journalist (als „Telemax"); Johann Muschik, Kunstkritiker; Günther Nenning, Journalist; Richard Nimmerrichter, Journalist; Franz Olah, Politiker; Hubert von Pantz, Prominenter; Dimitri Pappas, österreichisch-griechischer Geschäftsmann und Diplomat; Bernhard Paumgartner, Komponist; Hugo Portisch, Journalist; Helmut Qualtinger, Schauspieler und Autor; Ferry Radax, Regisseur; Hilde Rössel-Majdan (geborene Figl), Opernsängerin; Karl Schranz, Skifahrer; Roman Schliesser, Journalist; Hermann Schürer, Dichter; Otto Schulmeister, Herausgeber und Chefredakteur der Zeitung *Die Presse*; Hilde Spiel, Schriftstellerin; Tarbuk-Sensenhorst, österreichisch-ungarische Militärfamilie, Autohändler; Edward Teller, ungarischer Physiker; Hans Thirrig, Physiker und Politiker; Peter von Tramin, Pseudonym von Peter Tschugguel, Schriftsteller; Ernest Troger, Professor für Geographie; Leopold Ungar, Direktor der Caritas; Urbanek „der Preisschreck", Stammvater Wiener Discountgeschäfte; Hermann Withalm, Politiker; Fritz Wotruba, Bildhauer; Helmut Zilk, Journalist.

Journalisten sind bei weitem die am häufigsten vertretene Berufskategorie innerhalb dieser zumeist männlich deklinierten *High Society*. Wieners Feindseligkeit gegenüber der bürgerlichen Presse wurde aufrichtig erwidert. Die österreichischen Boulevardzeitungen sparten nicht mit giftigen Kommentaren über Wiener und seine Freunde, und das bereits seit der Protestaktion von 1955 gegen die Aufrüstung. Irgendwann fing Wiener an, unter dem selbsterfundenen Berufstitel „Zivilkonsulent für Fragen der Lebensart" zu firmieren, dessen Kompetenzen – wie das geschmackvoll gestaltete Briefpapier suggeriert – „Ideen für Kunst, Literatur, zwischengeschlechtliche Beziehungen, Prognosen in Philosophie, Politik, Zeitgeist, Wahrnehmungen und Anwesenheiten" miteinschlossen. Das Österreichische Literaturarchiv verwahrt einige, mit diesem Briefkopf versehene Mitteilungen, die an missbilligte Redakteure adressiert sind. Hier eine Kostprobe:

> 22.16.1966
> [...] selten, herr jaindl, ist es bisher einem der unzähligen angeber in ihrer branche so gut gelungen, mit einem einzigen satz die eigene unverfrorenheit sowohl als auch die mit dem metier untrennbar verbundene pathologische heuchelei unmissverständlich zu veröffentlichen. [...]

Auf die Schmähungen, komplett mit Diagnose und Behandlungsmaßnahmen (Entzug der Schreibmaschine, Pflichtlektüren usw.) folgte ein professionell ausgeführtes Rechnungsformular, mit einer Liste der Wiener für seine unaufgeforderte Beratung geschuldeten Gebühren (Berechnung der Arbeitsminuten und gepfefferter Zusatz für das wertvolle, vom Autor signierte Originaltyposkript).

Kritische Betrachtungen zum Beruf des Journalisten finden sich auch in Wieners Aufsatz über den *Geist der Superhelden*: „eine ganze Schar von Superhelden hat Berufe, die mit der Presse zusammenhängen", und der unübersehbare „Kratzfuss ihrer Erfinder" vor der Presse hat nicht nur damit zu tun, dass diese „schliesslich das hauptsächliche Medium der Comics" ist. Als Alter Ego des Superhelden ist der Journalist „bewahrer der demokratie, der ideale des status quo". Diese Ideale werden regelmäßig von einem Antihelden bedroht, der umso unheimlicher, desto intelligenter ist. Die Presseabteilung von *Purim* stellt somit einen Teil des öffentlichen Lebens dar, der für Wiener eine entscheidende Rolle bei der Verteidigung der kompakten Gesellschaft spielt, jener „verschwörung der gleichen" also, die bereit ist, die Intelligenz als „asozial und undemokratisch" zu bezeichnen, da sie „gegen ein gleichheitsprinzip" verstößt.[171]

man sucht und findet jemanden, der aussieht wie der herr schmutz: Die in dieser Passage beschriebene Gesichtsabreißung wie auch die darauffolgende zu Schaden eines dem Kunstkritiker „muschik" ähnelnden Zuschauers, der ein Ersatzgesicht parat hat, erinnern an die Sequenz eines Tex Avery-Cartoons, doch ist die komisch-groteske Behandlung der Grausamkeit auch charakteristisch für die Volkskomödie.

12 gibt einem [...] einen professionellen dodsch: Wie Wieners Fußnote erläutert, ist der „dodsch" ein mit einem Handballen ausgeführter Schlag auf den Kopf. Eine

---

[171] O. Wiener, „Der Geist der Superhelden", *Süddeutsche Zeitung*, 51, 28. Februar 1970.

weitere Bedeutung von „dodsch“ als Synonym für Vulva trägt Wiener in seine *Beiträge zur Ädöologie des Wienerischen* ein.[172]

CXII *gary davis der weltbürger nr. 1*: Gareth „Garry“ Davis ist Gründer des Registers der Weltbürger und einer Organisation zur Errichtung einer Weltregierung (unter den letzten Pässen, die kurz vor seinem Tod ausgestellt wurden, befinden sich jene für Julian Assange und Edward Snowden).

es geht nun nicht mehr um das aussehen der opfer, sondern um namen: Während der öffentlichen Lesung von Esters *Megilla* in der Synagoge wird jede Erwähnung des Feindes Haman symbolisch durch das Getöse der Gemeinde getilgt. Bereits in der anfänglichen „rechtfertigung“ (CVII) schien Wiener mittels Erwähnung der „tintamarres“-Rituale in Verbindung mit „namen“ auf jene urtümliche Tradition Bezug zu nehmen. Auch die körperlich zu züchtigenden Opfer durch Namensähnlichkeit aufzurufen, kann als Anspielung darauf interpretiert werden.

Derart unwahrscheinliche Methoden zum Aufspüren von Ähnlichkeiten – zuerst durch „abbildungen irgendeiner technik“, dann, wenn ein Name auch „nur ähnlich klingt“ oder gemeinsame Initialen mit dem Aufgerufenen hat –, kann wohl auch als Spott gegen die mehrmals im Roman angeprangerte Analogiebesessenheit verstanden werden (vgl. XXVII, *weg mit den symbolen!*), gegen die Gewohnheit also, die Welt mit schwachen Analogien zu interpretieren, die sich miteinander endlos verbinden lassen, ohne dabei entscheidende Einsichten zu liefern.

CXIII *vgl. manuskripte nr.19*: Wie Wiener oben erklärt hat, ist die Personenliste nach Belieben aktualisierbar. Der Verweis auf die erstveröffentlichte Version in *manuskripte* 19 bezieht sich auf einige dort auftretende Persönlichkeiten, die in der Buchfassung ersetzt wurden.

Der Gewaltappell nennt auch Figuren, von denen man kaum vermuten würde, dass sie Wieners Abneigung auf sich ziehen würden. Warum sind Jazzmusiker, Dichter und Surrealisten dabei? Warum Stockhausen und Bessie Smith, zwei Musiker, die Wiener hoch schätzte?[173] Den eigenen Vorlieben ein paar imaginäre Ohrfeigen verpassen zu wollen, gehört offensichtlich zum allgemeinen Versuch, die eigenen Determinierungen zu widerrufen. Das zu überprüfen, was einen gebildet hat, auf das zu reagieren, was einen beeinflusst – der Autor bleibt selbst nicht von der Bestrafung verschont, zu der er aufruft.

---

[172] O. Wiener, „Beiträge zur Ädöologie des Wienerischen“ (Anm. 112), 335.

[173] So gehörten Bessie Smiths Schallplatten zu denen, die der jugendliche Wiener mühsam mit dem Fahrrad aus Basel zurück nach Wien gebracht hatte. Siehe die autobiografische Skizze „Anfänge“, in der Wiener auch von einer Reise per Anhalter nach Köln erzählt, wo er Stockhausen kennenlernen wollte (der jedoch nicht in der Stadt war). O. Wiener, „Anfänge“ (Anm. 17), 278–286.

Die Feindseligkeit gegen die Umwelt treibt die Ablehnung der eigenen Modelle an.

CXIV-CXV *für kornbluth*: Einen Hinweis auf diesen einzigartigen Abschnitt gibt Wiener in seiner Studie *Unter LSD / Über LSD*. Dort, nach einer Beschreibung einiger Besonderheiten der Vorstellungsbilder unter Alkoholeinwirkung, erklärt er Folgendes:

> In meiner *vvm* habe ich versucht, für eine Beschreibung solcher Bewegungen, Fusionen, Verzerrungen, Teilungen etc. einen geeigneten Stil zu finden. Die Vorlage für den Text auf den Seiten CXIV/CXV („für kornbluth") ist das Ergebnis von Versuchen, in der künstlichen Beleuchtung unserer wiener Wohnung von den Gesichtern der anwesenden Freunde nur die Veränderungen der Schatten (vereinigt mit denen auf Wand und Tisch) wahrzunehmen.[174]

Während eines nächtlichen Feierns und Trinkens mit Freunden richtet sich die Aufmerksamkeit auf die unzähligen Schatten im Raum, die zur vorherrschenden Anwesenheit, zu Hauptgestalten, werden. Die Gäste bleiben dabei im Hintergrund, und wie bei einem Vexierbild wird eine andere Realitätsebene erkennbar, die die Oberhand gewinnt und ihre Konturen durchsetzt. Namen („kroneis", „otto", „elfie" usw.) dienen nunmehr dazu, einen Schatten vom anderen zu unterscheiden. Es geht hier nicht darum, die Rauscherfahrung an sich als Bereicherung, als Erweiterung des Bewusstseins zu verherrlichen. Im Grunde regredieren wir hier ins Innere der Höhle Platons. Dieser Rückschritt ist jedoch nützlich, wenn in den Dienst der introspektiven Analyse gestellt. Die Intrusionen und Veränderungen der Vorstellungsbilder werden nicht als etwas von der Wirklichkeit Getrenntes erfahren. Vielmehr stellen sie die Arbeit untergeordneter Modelle dar, die der Rauschzustand zu offenbaren vermag. Damit werden gewisse, sonst durch den regelmäßigen Fluss der Empfindungen verborgene Mechanismen für die Analyse sichtbar. Das Fragment ist auch insofern bedeutsam, als es Wieners Beschäftigung mit der experimentellen Psychologie sowie die Anfangsphase seiner Forschung hinsichtlich mentaler Modelle dokumentiert.

Hier geht es nicht um den Effekt: Eine spektakuläre Darstellung der Rauscherfahrung als bilder- und effektreicher Wiedergabe entspräche jenen psychedelischen Beschreibungsklischees, die den meisten Berichten über Veränderungszustände ihren Wert nehmen.[175] Wiener versucht stattdessen den vorgeformten Bild- und Wortserien (Sequenzen, Syntax) so weit wie möglich entgegenzuwirken. Dabei zeigt die Verwendung von Anführungszeichen sowohl die Unzulänglichkeit des Ausdrucksmediums, als auch die Entfernung zu den beobachteten Phänomenen, die wie auf einer noch fremd empfundenen Ebene erscheinen. Die Aufzeichnung der Episode erfolgt somit durch Wiederherstel-

---

[174] O. Wiener, „Unter LSD/ Über LSD" (Anm. 74), 18.
[175] *Ibid.*, 17

lung der besonderen Stimmung dieser zusammenhangslosen Landschaft fast jenseits von Empfindungen und Sprache. Wird die Situation wie hier fließend, so spitzt sich die Verachtung für den guten Stil zu, da ja Wiener den Kern der ästhetischen Erfahrung nicht in den Ausdruck, sondern vielmehr in den Verlust von Anhaltspunkten verlegt. Es geht nicht darum, sich zu berauschen, um Literatur zu machen. Interessant wird die Situation, wenn sie nicht aus verfügbaren Modellen heraus erzeugt werden kann und so zu neuen Modellen anregt.[176]

CXIV (Fußnote *): Die erste „grossartige kurzgeschichte" in dieser ambivalenten Widmung ist der Bibliografie zu entnehmen, da Wiener von Cyril Kornbluth ausschließlich die klassische Sci-Fi-Erzählung *The Marching Morons* erwähnt – eine sarkastische Darstellung einer zukünftigen Erde, die von Milliarden von Idioten bevölkert ist und von einer kleinen Anzahl intelligenter Menschen über Wasser gehalten wird, die sich gezwungenermaßen abmühen, um Katastrophen zu verhindern. Was Robert Sheckley angeht, ist der wahrscheinlichste Kandidat die Geschichte *Warm* (aus seiner Sammlung *Untouched by Human Hands*) – sowohl wegen des Themas (die Gestalten verschwinden, der Protagonist sieht eine nicht länger in die üblichen Objekte und Gestalten gruppierte Welt) als auch wegen einer Passage, die Wiener im *bio-adapter* zu paraphrasieren scheint (ich werde sie weiter unten angeben).

Wiener schreibt, dass der Name Kornbluth bei der Widmung schließlich bevorzugt wurde, aus Gründen, die „man verstehen wird". Dies wahrscheinlich deshalb, weil er so einen weiteren Namen einfügen kann, der, wie die Nachnamen jüdischer Herkunft der *abbildung* 4, mit einer konkreten Sache verbunden ist.

CXV ... *hermagor ... um ... politisch ... zu werden*: Wiener tauft einen der Schatten mit dem Toponym einer österreichischen Grenzstadt (auch unter dem slowenischen Namen Šmohor bekannt) und schreibt der Wahl der deutschen Variante höhnisch eine stolze politische Absicht zu.

CXV-CXXXIII *zwei studien über das sitzen*: Die Anspielung bezieht sich vorerst auf die Körperhaltung des Schreibenden. Damit verweist Wiener erneut auf das Zustandekommen des Textes und markiert seine eigene Präsenz durch metaliterarische Hilfsmittel, da er sich – als Autor-Figur, die mit dem Schreiben des Romans beschäftigt ist – in den Mittelpunkt seiner Erzählung stellt. Der Saal eines Cafés dient als Laboratorium sowie als performative Kulisse für Gespräche zwischen eingefleischten Kaffeehaussitzern. Das „sitzen" bezieht sich auch auf deren lange Diskussionen (das Café Zwerina ist ein Deckname für das Café

---

[176] Für einen Vergleich dieser Passage mit Havelock Ellis und mit Wieners späterer Schrift über LSD siehe T. Eder, „Oswald Wiener: Den Rausch beschreiben", in K. Manojlovic, K. Putz (Hg.), *Im Rausch des Schreibens. Von Musil bis Bachmann*, Paul Zsolnay, Wien 2017, 182–84.

Hawelka, eines bekannten Treffpunkts der Wiener Gruppe). Das gewohnte und freundschaftliche Ambiente wird jedoch dazu verwendet, einen Bruch mit der Umwelt darzustellen. Zur Distanzierung des Erzählers von Bekannten, die sich ihrerseits in einer Art Revoluzzer- „Nestwärme" zusammenschließen, kommt seine Irritation gegen technokratische Hysterie und neue kulturelle Moden. Diese Abscheu gegen das momentan Angesagte ist nur Symptom einer abhanden gekommenen kommunikativen Verfügbarkeit. Der Erzähler findet in den Worten keinen festen denotativen Halt – nicht einmal in seinen eigenen. Stattdessen zeichnet er unzählige Informationen auf, die jedoch alle aus einer Fülle von Gesten, Tönen, Haltungen, Ticks, Anzeichen von Feindseligkeit oder Verständnis zwischen den Sprechenden, sowie aus momentanen Synthesen von Geräuschen, Objekten und Bewegungen stammen. Die Sinngebung wird zu einer Frage der Sprach*handlung*, während der rein sprachliche Ausdruck zum nebensächlichen Element verkommt. Tatsächlich spielen die Dialoge nur eine Nebenrolle in dieser Erzählung, die eher auf einer atmosphärischen Rekonstruktion des Geschehens beruht. Das Körperliche im Titel bringt daher konkrete, in der Kommunikation vorhandene Aspekte ins Spiel.

Das in die Situation geworfene Wort – als Schallfrequenz und als (Täuschungs-)Mittel vorhanden – wird also wie ein „3D"-Objekt *sichtbar*, wie „zimmerkugelblitze" oder „seifenblasen". Das Wort verdinglicht sich in einen „fladen", wird fest wie ein „klotz" oder wie die Münzkaskade bei einem „jackpot". Wenn seine Wirkung nachlässt und nicht mehr benötigt wird, schmilzt es und man lässt „es runtertropfen, damit es der kellner wegputzen kann", oder es verschwindet, indem es „ganz harmlos puuf" macht.

Ebenso auffällig ist die Darstellung der Zweifel und der regressiven Abläufe, die sich wiederum aus der Reflexion über die Sprache und aus dem Umgang mit ihrem schadhaften Räderwerk ergeben. In den Erzählverlauf fügt sich ein Bericht über die Symptome einer Vergiftung (Haschisch?) ein. Der körperliche Abbau entspricht einem merklichen Verlust textueller Kohäsion: Nach einem eher linearen ersten Teil, der fast obsessiv gesprächig und gleichmäßig im Ton wirkt, finden sich in der zweiten Studie Variationen der Sprachebene, Lücken, Ellipsen, Code-Wechsel, Metaplasmen, unterbrochene Sequenzen usw.– Merkmale also, die bereits in den vorhergehenden Abschnitten verwendet wurden, in diesem Kontext aber weniger technisch, als vielmehr das Ergebnis einer erzwungenen langen und intensiven Schreibsitzung sind. Es ist dem Titel entsprechend ein ‚geübtes sitzen', das ein vollständig verinnerlichtes Korrelativ (oder „eine variante", wie in der Fußnote auf Seite CXXII genannt) zu der ersten Studie darstellt. Von der Unzulänglichkeit der Gesellschaft geht die zweite Studie also zur Unzulänglichkeit des Einzelnen über.

In einer der ersten Rezensionen zur Buchausgabe der *verbesserung* geht Rosendorfer davon aus, dass Wiener bestimmte Teile des Romans „unter Diktat" zusammengestellt habe. Wenn dem so ist (wie auch ich glaube), so scheint die zweite Studie der beste Kandidat dafür zu sein (Rosendorfer erwähnt hingegen *Purim* und das *fest der begriffe*, was mir weniger plausibel scheint)[177].

CXVI *doch nicht ganz alles. ich verstand auch noch usw.*: vgl. auf den Seiten *Aus meinem Tagebuch* (1975) die „einfache und wirkungsvolle meta-methode. gib eine interpretation und mache sie selbst zum element; spiele eine melodie so schnell dass man sie nicht mehr als melodie hören kann, und nenne die neue qualität ‚melodie'. das hat viel mit *evolution* zu tun: jemand erzählt dir was aber du achtest nicht auf ‚was er dir mitteilen will' sondern auf gewisse ‚äußerliche' merkmale seiner rede (die du für das hältst, was er ‚eigentlich' sagen möchte), verdichtest sie zu einem *stil*, den du für *deine* inhalte hältst – aber dir hört man ganz ebenso zu"[178].

CXVII *ich sagte noch etwas, was anderes mit zwei nebensätzen und beistrichen*: Nach dem Einwurf der „Fladen"-Meinung bleibt der Erzähler weiterhin auf Distanz zu seinen Aussagen. Die Gleichgültigkeit gegenüber dem Zeichen, das wie ein vorübergehender Halt in das Gespräch eingefügt wird, gehört zu einer Strategie, die eher auf Situation und Gehalt als auf Darstellungsmittel setzt. Wiener erklärt in Bezug auf Günther Brus:

> [...] an stelle vieler merkmale, die einmal vielen interpreten stoff geben werden, spüre ich, dass er sich nicht auf zeichen einlässt; [...] da bilder und worte nicht beschreiben, was man erst zu verstehen versucht, sondern es überdecken, da sie zur verständigung führen, die nicht eine verständigung über inhalte ist sondern zu lasten dessen geht, was man deutlicher sehen möchte, so kann man was man sagen will mit erstbesten worten meinen und sie stehen lassen, obgleich man weiss dass sie für den andern nicht bedeuten was man sagen will.[179]

ich gab dem ami eine chance: Die Details dieses Austauschs bleiben vage, aber man versteht, dass der opportunistische Oswald als Lohn für seine Worte und Präsenz dem amerikanischen Kunden eine 100er-Banknote abzockt (und meint, der Zahlende sei glimpflich davongekommen). Rivarols Metapher (XXXIV, Fußnote *) über Zeichen als Währung findet somit eine wörtliche Umsetzung.

CXIX (Fußnote *): Zitat aus W. D. Thorpe, „Vocal imitation and antiphonal song and its implications".[180] Wieners Interesse an der akustischen Kommunikation der Tiere wie auch am evolutionären Vergleich derselben mit der menschlichen Stimme sollte 2001 in einem Projekt über das Heulen von Schlittenhunden gipfeln, gesammelt auf der CD *Tiermusik / Animal Music.*[181]

---

[177] H. Rosendorfer, „Ein literarisches Fossil", in *Du: die Zeitschrift der Kultur* 29, 1969, 704.
[178] O. Wiener, „Aus meinem Tagebuch", in *Die Drossel* 13, 1975, o.S.
[179] *Gedanken*, 25.
[180] *Proceedings of the 14th International Ornithological Congress*, 1967, 245–263.
[181] O. Wiener, Team of Jeremy Roht, *Tiermusik / Animal Music*, Supposé Verlag, Köln 2001.

CXX *es war warm wie wenn man sich aneinanderschmiegt*: Wiener sieht das besonders akut nach dem Tod von Konrad Bayer wahrgenommene Bedürfnis nach „Nestwärme“ als regressives Kennzeichen von Gruppeninitiativen wie ZOCK.[182]

das reden war so geworden als ob ich nur in zitaten redete: Es geht um einen „undurchschaubar zitathaften sprachgebrauch“, nach jener für die Trennung von Bewusstsein und Sprache symptomatischen Technik, die Wiener in „sprache und geisteskrankheit“ erwähnen wird. Wo der minder intelligente Autist „schon zu neologismen greift“, „erkennt“ der fähige Wahnsinnige „die relativität des wahns und darüberhinaus, dass der wahn der kommunikation in seinem noch weit komplizierteren autismus seinen platz finden kann“.[183]

CXXII ... *die Ziege sagte*: Aus Grimms Märchen *Tischlein deck dich* (KHM 36).

CXXIII *verwandelt er sich in den verstehenden sog. heiligen oswald*: Die Spaltung Wieners in die Metawesen „heiliger oswald“, „überoswald“, „über oswald“, „metaoswald“ spielt mit freudianischer Terminologie, aber auch mit der Legende des heiligen Oswald, die aus Texten verschiedener Herkunft überliefert wird. Tatsächlich wurde eine auf einem Wiener Manuskript basierende Hauptversion der Legende unter dem Titel "Der Wiener Oswald" veröffentlicht.[184]

mit flammenden lettern stand F MAUTHNER BEITRAEGE: Hier und im folgenden Essay *notizen zum konzept des bio-adapters* bezieht sich Wiener auf die dreibändige Ausgabe *Beiträge zu einer Kritik der Sprache*, während die *literaturhinweise* nur Mauthners zusammenfassendes Werk *Die Sprache* auflisten. Für Wieners wachsende Ablehnung von Mauthners Sprachkritik haben möglicherweise die hier angegebenen Seiten (Abschnitt „Sprechen und Denken“ der Mautner'schen *Beiträge*), eine entscheidende Rolle gespielt, da Mauthner die Existenz eines abstrakten Denkens überhaupt leugnet: „Dies steht der Erkenntnis der Wahrheit am starrsten im Wege, daß die Menschen alle glauben zu denken, während sie doch nur sprechen“. Was wir Denken nennen, sei laut Mauthner nur „das Sprechen auf seinen Ladenwert hin beurteilt“, ein dem Sprechen übergeordnetes Denken gebe es jedoch so wenig wie „eine Hundheit über den Hunden“ (I, 176–77). In Mauthners Skeptizismus gibt es kein Entkommen aus der unzertrennlichen Verbindung zwischen Denken und Wort – jedes verarbeitbare Zeichen ist immer ein sprachlicher Akt.

CXXIV *umsomehr als da jetzt kasperles kirchenglockentöne tönen oder klingen*: Hinter „kasperle“ steht wohl auch der Kasperl der Stegreifkomödie, eine äußerst

182 F. Geyrhofer, „Gespräch mit Oswald Wiener“ (Anm. 54), 58.
183 O. Wiener, „sprache und geisteskrankheit“ (1968–69) (Anm. 108), 10–11.
184 G. Baesecke (Hg.), *Der Wiener Oswald*, Winter, Heidelberg 1912.

anpassungsfähige Figur, auf die sich die Wiener Gruppe gerne bezieht, unter anderem weil sie Chaos und Unbeständigkeit konnotiert.[185]

nur mehr der kühltriumf: Noch ein Hinweis auf Quirinus Kuhlmann und seinen *Kühlpsalm*. Kuhlmann wählt den Titel in der Überzeugung, dass sein Name magisch mit der in den Apostelgeschichten angekündigten „tempora refrigerii" mitschwingt („Zeit der Erquickung" oder, wie er übersetzte, „Zeit der Kühlung").
Der Verweis auf die (eben nicht vorhandene) Fußnote 1 geht ins Leere, wobei die mit „«du klar pjotr" geöffneten Anführungszeichen (Zeile 17 dieser Seite) erst auf Seite CXXX geschlossen werden.

CXXVI *wie das gefangene doppelte lottchen*: Erich Kästners Roman *Das doppelte Lottchen*, der 1949 veröffentlicht wurde (nach einem Filmtreatment bereits 1942). Zu den Verweisen der *verbesserung* auf Kinderliteratur siehe den Kommentar zu *Appendix B*.

oswals stellt sich als mit der schreibmaschine geschrieben heraus: „oswals" ist offensichtlich ein Tippfehler, da auf der Tastatur die Taste *s* neben der Taste *d* steht.

es will einen schlick: Auch Mauthner bezog sich in seinen *Beiträgen* gerne auf kommunikative Situationen dieser Art, um über die Rolle der Deixis nachzudenken: „Und heute noch ist die menschliche Sprache auf ihrer tiefsten Stufe deiktisch. ‚Geben Sie mir Leberwurst!' Der Stumme zeigt mit den Fingern auf die Leberwurst mit dem gleichen Erfolg. Der Hund schnappt nach der Leberwurst mit noch schnellerem Erfolg." (I, 48); „Wir kommen im praktischen Leben, dem Kellner gegenüber, mit den Worten der Sprache so gut aus, dass wir gewöhnlich übersehen, wie unfähig die Sprache ist, ihre letzten Absichten zu erreichen" (I, 115); „Sogenannte gute Redner auf der Kanzel, in der Volksversammlung, im Parlament und in populären Vorlesungen machen mir oft einen Eindruck, als ob sie beim Kellner eine Speise zu bestellen hätten und täten das in Versen" (I, 147); „Nun ist aber das Sprechen offenbar gewöhnlich ein Geschnatter, in besseren Fällen ein Kellnerbefehl oder eine Notiz" (I, 177).

CXXVII *es begann einen satz zu denken, beim vierten wort entfiel ihm der anfang*: Wiener denkt höchstwahrscheinlich an Mauthners oben genannte Passage über die Enge des Bewusstseins (I, 96). Nach Mauthner vermag unser Denkvermögen bei der Ausarbeitung eines Textes – egal ob beim Lesen, beim Zuhören

---

[185] Man denke an Konrad Bayers Theaterstück *kasperl am elektrischen stuhl*. Neben dem schon erwähnten „Parodie und Reduktion" in T. Eder, K. Kastberger (Hg.), *Schluß mit dem Abendland!* (Anm. 160), 27–40, siehe zu diesem Thema einen weiteren Aufsatz Schmidt-Denglers: „Die Einsamkeit Kasperls als Langstreckenläufer. Ein Versuch zu H. C. Artmanns und Konrad Bayers Dramen", in id. (Hg.), *VerLockerungen: österreichische Avantgarde im 20. Jahrhundert; Studien zu Walter Serner, Theodor Kramer, H. C. Artmann, Konrad Bayer, Peter Handke und Elfriede Jelinek*, Edition Praesens, Wien 1994,10–17.

oder bei der Wortproduktion – maximal drei Wörter gleichzeitig festzuhalten, wobei wir uns im Übrigen auf eine „Stimmung des Ganzen“ und auf eine summarische Intuition ausgewählter Zusammenhänge stützen.

wie ein gesellschaftsspiel, bei welchem jeder teilnehmer auf dem reihum wandernden zettel sein wort notiert: Da es nicht möglich ist, sich viele Worte gleichzeitig zu vergegenwärtigen, stellt sich Wiener vor, mit seinem eigenen Bewusstsein das surrealistische *Cadavre Exquis* zu spielen. Die im Bewusstsein nicht mehr vorhandenen Worte sind wie die verdeckten Beiträge anderer Teilnehmer des Spiels.

Gleitende triaden und quadrupeln wie bei shannon's untersuchung: Die vom „Gesellschaftsspiel“ erzeugten Wörter werden als zusammengesetzte Objekte beobachtet, die durch elementare Buchstabenkombinationen gemäß Häufigkeitskriterien und statistischen Parametern zustande kommen, wie in Claude Shannons Studien zur Entropie und Redundanz in der Sprache.

CXXVIII *und wenn da einer sagt! Die Bedeutung eines Worts ...*: Der Grundsatz Wittgensteins „zweiter Philosophie“ lautet: „Die Bedeutung eines Wortes ist sein Gebrauch in der Sprache“ (*Philosophische Untersuchungen* § 43). Wittgenstein verlegt die Frage der Bedeutung auf beobachtbare Merkmale der Sprache, aber was ist mit der Beziehung zwischen Sprache und Wirklichkeit? Woher kommen die „welten. welten. welten“, und wie verhalten sich Worte und Dinge zueinander, wenn die mathematische Logik, die im *Tractatus* für ihre gegenseitige Beziehung bürgte, zu einer „fata morgana“ wird? Für Wiener ist zuerst einmal der Gebrauch kein objektives Kriterium, um Bedeutung zu bestimmen. Gebrauch sei nur ein statistisches Kriterium, das nur jene Bedeutungen stärkt, die vom Staat für legitim gehalten werden (siehe XIII: Im regulierten Gebrauch der Redewendungen, zertrümmert die „volksweisheit“ jede „nuance“). Zweitens lehnt Wiener den Gedanken ab, dass Bedeutung ausschließlich von der inneren Struktur der Sprache getragen sei, da sie auch durch das Zusammentreffen von Absichten, psychischen Zuständen und Situationen entsteht, die prinzipiell imstande sind, jedes Wort in jede mögliche Richtung zu lenken.

dünstelnd: Eine Erfindung August Stramms, aus dem Gedicht *Freudenhaus*; die Fortsetzung des Satzes „welten. welten. welten schweigen aus ihm raus“ erinnert an die einleitenden Worte eines anderen Gedichts von Stramm, *Erinnerung* („Welten schweigen aus mir raus / Welten Welten“).

keinerlei bedeutung, nur kasperles unentwirrbare beziehung zum staat: Aus dem Gebrauch eines Wortes gewinnt man nicht dessen Bedeutung, wie Wittgenstein es wünschte, sondern einfach ein Abbild der Beziehung des närrischen Untertans zur Staatsmacht.

wenn sie umn oberschenkl n grüns band tragn, so heist diess: isch bin freij: Ein ungeschriebener Code, wie jener der *Kameliendame*, der den kommunikativen Kontext beeinflussen und die allgemein gebräuchliche Bedeutung verschieben kann.

CXXIX *hier klebt überoswald mit 1g.*: g (oder Gal., kurz für Galilei) ist die Einheit der Fallbeschleunigung an der Erdoberfläche. Überoswald sitzt also mit einer mittleren Beschleunigung von 9,81 m/s^2.

CXXX *schletz meint dazu usw.*: Wiener legt seinem Gesprächspartner zwei Sätze der *verbesserung* in den Mund: Schletz zitiert zwei Stellen, einmal von Seite XXXVII (er kehrt den Satz „das zahnweh aber ist ein mittel gegen die erkenntnis!“ um) und einmal von Seite XVIII. Hier schließen sich endlich die auf Seite CXXIV geöffneten Anführungszeichen.

CXXXIII *und aus erfahrung sage ich euch*: hier hat Wiener einen Absatz aus der in *VM* veröffentlichten Version gestrichen, der einige Bewertungen über Pop-Musik enthält: „und aus erfahrung sage ich euch: pink floyd versteht überhaupt nichts von der sache. von der sache versteht was: jedenfalls cream, wenn wir nun mal strange brew nehmen oder brave ulysses, sodann jedenfalls byrds, eight miles high, immer noch, und, jetzt werdet ihr lachen und den kopf schütteln, beach boys, aber natürlich nur mit let's go away for awhile. dann jimy [sic] hendrix, foxy lady. und otis!“.[186]

daher der name opodeldok: opodeldok ist ein von Paracelsus erwähntes Einreibemittel. Der Ausdruck „daher der name opodeldok“ wird als ironisches Synonym etwa für „ach so, verstanden“ verwendet, wo man in Wahrheit nichts verstanden hat.

metaoswald [...] dreht sich nach oben links hin aus der bedeutung raus: Als würde er in Spiralbewegung an eine Rutschstange hinaufklettern und Kopf voran im Obergeschoss herauskommen. Wiener selbst bietet diese Analogie in einer seiner Studien über das „Sehen“ im Traum und erwähnt diese Passage in Bezug auf eine hypnagogische Vision.[187]

messinstrumente tauchen auf, um [...] oswald der schwingung teilhaftig werden zulassen, ... rührend: Auch nach dieser Stelle wurde ein Absatz des in *manuskripte* veröffentlichten Textes in der Rowohlt-Ausgabe gestrichen: „oswald, oswalds verstand wird wie seine hand verwendet. wieso sagst du aus der sprache raus? wills meinen. steh davor, glotz an, versteh kein wort. BIG CHIEF, williams,

---

[186] *VM* 21, 28. Ein Musiktipp findet sich auch gegen Ende von *Purim* (*VM* 19, 31). Dort machte Wiener seine „zahlreichen freunde“ auf das Album *The Exciting Wilson Pickett* aufmerksam („wer mich liebt, kauft sich diese platte“) und empfahl einige Lieblingstücke davon.

[187] O. Wiener, „Über das ‚Sehen‘ im Traum.“ Dritter Teil, *manuskripte* 181, 2008, 137.

chikago: ein ordentlicher flipper, eventuell auch CAPERSVILLE von bally. die kugel knotzt an den bumper, knicks=knacks da sind sie ja, das system geht in den anderen zustand über, nach regeln. nach regeln? nach regeln. nach regeln? keine ahnung. bin ich gekommen um die welt zu betrachten?! rotzknochen! ah olga, hör zu:".[188]

CXXXIV-CLXXIV *notizen zum konzept des bio-adapters*: Der Einschub dieses umfangreichen Abschnitts hat den erklärten Zweck, der Schlussepisode (dem *bio-adapter*) Kontext zu verleihen. Gleichzeitig kann Wiener seinen Roman um die Gattung Essay bereichern (d.h., um eine weitere Unregelmäßigkeit). Mit einem selbstexegetischen Exkurs, der einige der Hauptthemen des Werks neu ausarbeitet und inhaltlich zusammenfasst, schreitet die Auflösung des Erzählmodus voran.

Noch einmal liefert Wiener einen übermäßigen Text: uferlose Satzgefüge, dichte Argumentation mit verschachtelten Unterthemen, scharfe Töne, starke Kritik, Anmerkungen im Überfluss (der Fußnotenapparat kommt dem Umfang – und in gewisser Weise auch der Bedeutung – des Essays gleich), ausufernde Darbietung multidisziplinärer Kenntnisse. Hinter diesem Exzess steht zudem die Ungeduld der festgelegten Gattung wie auch dem eigenen Versuch gegenüber, sie neu zu interpretieren. Denn jede Ausdrucksform, die man anstrebt, bringt weitere Einschränkungen mit sich, wie schon im Fragment *„stil"* (XII) dargelegt: Das Gefühl „des eingesperrtseins" und der Druck, „immer irgendetwas tun" zu müssen, ergeben sich aus Sprache und Stil. Für den Kommentar zu einem dermaßen mit Verweisen vollgepackten Aufsatz, der zum Teil bereits als Selbstkommentar fungiert, habe ich versucht, etwas sparsamer mit meinen Anmerkungen zu Einzelstellen umzugehen. Nützlicher dagegen scheint mir, eine um manche Nebenargumente erleichterte Zusammenfassung der Argumentationslinie, die so den „umriss" verdeutlicht, den Wiener uns in seinem „nur fragmentarisch" geratenen Essay zu erkennen auffordert.

In den *notizen* legt Wiener seine Kritik des Behaviorismus dar, wobei er darunter nicht nur die mit dieser Bezeichnung direkt verbundene Lehre von Watson und Skinner versteht, sondern auch jene Gedankenströmungen, die – wie er glaubt – dieselben grundlegenden Merkmale aufweisen. Die Diskussion betrifft zuerst die Formalismen, angefangen von der Kybernetik über die Informationstheorie bis hin zum logischen Positivismus und Neopositivismus. Für Wiener sind der Marxismus und seine Abkömmlinge jedoch ebenfalls vom Behaviorismus betroffen (mit dem erschwerenden Umstand, dass sie es nicht bemerken). Gegenstand seiner Kritik ist daher der Denkstil einer Epoche, die weitgehend von Philosophien dominiert wird, welche sich dem Bewusstseinsproblem entziehen.

188 *VM* 21, 28.

Wiener geht von der Frage der Sprache aus und verweist auf einige Ideen, die im ersten Abschnitt des Romans nur angedeutet werden konnten: Der Behaviorist handelt in der Annahme, eine ontologisch verlässliche Sprache zur Verfügung zu haben, die in der Realität verankert ist und diese daher darzustellen vermag. Doch sowohl die Natur dieser Beziehung zur Wirklichkeit wie auch die Repräsentationsmechanismen bleiben völlig unerforscht und ihre Existenz unbewiesen. Trotz ihrer neugewonnenen Popularität als Forschungsbranche liefert die Linguistik diesbezüglich keine Antworten, sondern wird selbst behavioristisch und produziert Zeichentheorien, die das Bewusstsein vernachlässigen und somit andere Wissenschaften dazu ermächtigen, die Sprache zum Vehikel eines naiven Realismus zu machen. Ebenso nutzlos ist der Kunstgriff der Metasprache, weil er nicht klären kann, ob die Sprache nun selbst ein Element der Wirklichkeit sei oder ein von ihr getrenntes. Wollte man den Bezug einer „Sprache" auf eine „Wirklichkeit" unbedingt sicherstellen, dann müsste man ja die verschiedenen Sprachen als separate natürliche Systeme betrachten. Jede Sprache beinhaltete dann ihre eigene Theorie der Welt und ihre eigenen Abweichungen von der Wirklichkeit der Naturwissenschaften.

In der Eröffnung des zweiten Teils (*Kybernetik für alle*) präzisiert Wiener seine Position und die Ziele seiner Polemik: Seine Kritik distanziert sich von jener der Marxisten, vermeintlich Feinde des Behaviorismus, eigentlich aber ebenso einem naiven Realismus verfallen. Noch weniger interessiert Wiener eine Rettung der „Tiefe" und des „Sinnes" im Namen eines prinzipiellen Widerstands gegen jede Simplifikation – ganz im Gegenteil strebt die *verbesserung* ihrerseits nach Vereinfachung (siehe das *fest der begriffe*). Wieners Kritik kommt eher „von der anderen seite" und fordert die behavioristische Theorie zu einer weiteren radikalen Vereinfachung auf. Im Fall der Linguistik würde dies bedeuten, jedem Anspruch auf ontologische Gültigkeit zu entsagen.

Ein fataler Fehler ist es hingegen, Sprache als zur Natur gehörig aufzufassen. Denn in jener ‚Natur' sind nicht nur die Verhaltensregeln des Untertans bereits festgelegt, sondern auch die ihn bedrückende Ordnung der Dinge und seine Trennung von der Umwelt. Bereits vom Positivismus ausgearbeitet, findet eine solche politische Auffassung von Natur, die den Staat als objektive Realität durchsetzen soll, ihre moderne Erfüllung in der Kybernetik. Die Kybernetik kündigt sich als *ars artium* an, als Allgemeinsystem, das sich jede Wissenschaft zu eigen macht. Aufgrund ihrer Fähigkeit, die Maschen in der Gesellschaft noch weiter zu straffen, ist die Kybernetik für den Staat perfekt; Sie ist durchdrungen von einem Holismus, der die Vorherrschaft des Ganzen über die Summe seiner Teile zelebriert.

Man sollte, so Wiener, den offen deklarierten Allgemeinanspruch der Kybernetik sehr ernst nehmen und nicht als kühne Mode abtun. Die Umwandlung der Welt in schriftliche Information, in buchstäblich zu befolgende Buchstaben, stellt den Höhepunkt des Ideals des Staates dar. Hatte Wiener zuvor noch das Klima kakophonischer Freiheit gelobt, in dem er aufgewachsen war, und seine Präferenz für die schwache Demokratie der vierten Republik zum Ausdruck gebracht, so kritisiert er nun die ‚fortgeschrittene' Demokratie qua Verwirklichung des kybernetischen Plans und des demoskopisch regulierten „uniformen pluralismus". Der bürgerliche Konsument romantischer Literatur glaubt noch, sich durch das Schöne und das Tiefe retten zu können, doch Dichtung und Philosophie reichen dazu nicht mehr aus. Die Kybernetik platzt als epochale Überwindung der Dialektik herein und hebt deren Gegensätze ein für alle Mal auf.

Da Sprache zu Umwelt geworden ist, verlässt, wer auch immer die Sprachnorm ablehnt, *ipso facto* den menschlichen Lebensraum und gerät in den Urwald des Asozialen, des Wahnsinns und des Verbrechens. Der dritte Teil des Aufsatzes (*was tun?*) untersucht folglich einige Formen extremen Dissenses, interessant als Versuche, Breschen in die kompakte Welt zu schlagen. Die im Titel gestellte Frage bleibt jedoch unbeantwortet, vor allem, weil Sabotageakte umso weniger wirksam werden, je mehr man sie bewusst zum Mittel für etwas anderes einsetzt. Wenn Wiener außerdem eine Art Allianz von Staatsfeinden ersehnt, macht er auch ziemlich klar, dass er vor allem über vergangene Hoffnungen spricht, wobei Anarchie, opportunistische Bündnisse und Dandytum nach der vorliegenden Einschätzung „nur eine schnaufpause" gewähren können.

Die Abwendung von umstürzlerischen Tätigkeiten, der Zweifel an ihrer Wirksamkeit in einem so engen Rahmen, dient als Voraussetzung für das kurze Zwischenstück (*d*), in dem Wiener die Option des Desengagements verteidigt. Der Vorwurf des Eskapismus sei nicht bloß ungerecht – er enthält einen weiteren Aufruf zur Ordnung, die Aufforderung, sich einer Realität anzuschließen, die sogar noch von selbsternannten Revolutionären als die einzig mögliche angesehen wird. Stattdessen gilt es, die Ablehnung der Realität zu legitimieren, die nicht Flucht ist, sondern „abolitionismus"– der Wunsch, die von Staat und Sprache errichtete Realität zu widerrufen, um damit die theoretischen Grundlagen der Ordnung anzugreifen.

Mit dem letzten Abschnitt (*e*) kommen wir zur angekündigten Kritik „von der anderen seite" als Alternative zu den üblichen Kritiken, die jede Schuld einer ‚bösen' Technologie zuschreiben, weil sie sich der Kontrolle durch eine ‚gute' Wissenschaft oder gar eine ‚reine' Philosophie entziehe. Das Problem liegt, so Wiener, vielmehr in der wissenschaftlichen Methode selbst, insbesondere in der systematischen Verwendung des Ockham'schen Rasiermessers und der Induktion, die Ursachen der „sturen einheit unseres weltbildes". Einerseits beraubt Ockhams Nominalismus – für Wiener ein gemilderter Realismus, der die platonischen Archetypen bewahrt – die Welt ihrer Vielfalt. Andererseits ruft die Induktion nach Bedarf jene korrelierenden Erscheinungen hervor, die wir nötig haben, um die bereits zur Verfügung stehenden Modelle zu bewahren. Dieses Gespann, bestehend aus einem vorgefassten Sparsamkeitsprinzip einerseits und dem Missbrauch von Inferenzen andererseits (nach dem Hume'schen Prinzip der „Einheitlichkeit der Natur"), bildet den theoretischen Eckpfeiler der kompakten Welt[189].

Mit der Erfindung des Computers verfügen die vorherrschenden Modelle über eine neue leistungsstarke Ressource zur eigenen Verewigung. Der Computer hätte schon Ptolemäus die notwendigen Mittel liefern können, um die unverrückbare Gültigkeit des geozentrischen Kosmos zu beweisen. Die Rechengeschwindigkeit und Speicherkapazität, die solche Rettungsaktionen ermöglichen, stellen allerdings Ockhams Prinzip der Parsimonie und damit das wirtschaftliche Weltbild ernsthaft in Frage. Computer können nämlich verschiedene Wirklichkeiten nach Belieben hervorrufen und die Vormacht der als objektiv geltenden Wirklichkeit stören, wodurch sich die Intensionalität Ockhams und der induktiven Methode in eine extensionale Landschaft aus lauter Einzelfällen auflösen würde. Nicht nur trägt die Technik keine direkte Verantwortung für unsere falschen Konstrukte – der Computer könnte sogar dazu beitragen, solche Konstrukte zu sprengen.

Können wir wirklich eine von der Technik geforderte „Verbesserung" vorwegnehmen, indem wir die alte wissenschaftliche Methode samt ihrer metaphysischen Überreste los werden? Für Wiener würde dies bedeuten, den Behaviorismus auf seinem eigenen Terrain herauszufordern, unsere Haltung der Maschine gegenüber zu ändern und nicht vor der Perspektive des *homme machine* zurückzuschrecken. Wiener schlägt sogar eine Verkehrung ins Gegenteil der kartesischen Analogie zwischen Tier und Maschine vor: „maschinen und kalküle als tiere". Diese Vorstellung ist nicht bloß als Kalauer gemeint. Sie soll darauf hinweisen, dass die gegenwärtige Fixierung auf Rechenleistung, Kapazität und Verhaltensergebnis unzureichend für eine ausführliche Erforschung der Kognition ist und der mit dem Bewusstsein verbundene qualitative Aspekt in das Projekt einbezogen werden muss. Wir müssen also dem Behavioristen sagen, dass eine Antwort auf die Bewusstseinsfrage unabdingbar ist, um eine Maschine intelligent und allgemein nützlich zu machen. Andererseits muss man den Behaviorismusfeinden sagen, dass dieser qualitative Aspekt, die *dignitas hominis* in allen Ehren, *prinzipiell* künstlich ersetzbar wäre.

Wiener schließt mit der Besprechung einiger Programmiermodelle aus dem Gebiet der künstlichen Intelligenz, die etliche Mängel dieser Forschung veranschaulichen – entweder hinsichtlich der im experimentellen Modell enthaltenen Bedingungen oder wegen einer nicht ausreichend breiten Definition von Intelligenz. Insbesondere kritisiert Wiener folgende Punkte: die Prämisse, dass die menschliche Intelligenz den Höhepunkt jeder möglichen Intelligenz darstelle; den *a priori* Glauben an feste Entsprechungen zwischen Denken-Spra-

189 Wiener schwankt übrigens ständig zwischen den Schreibweisen „occam" und „ockham", vielleicht auch aus spöttischer ‚Antiökonomie' auf Kosten des Philosophen der Sparsamkeit.

che-objektiver Wirklichkeit; die Entwicklung von Modellen, die ihre eigenen Grundbedingungen nicht modifizieren können; Modelle, die zwar adaptiv sind, aber nach Kriterien, die das modifizierte Modell bereits von Anfang an bestimmen, oder nach induktiven Verfahren, die unsere Methode der wissenschaftlichen Evolution als Prototyp jeder möglichen Evolution postulieren; fehlerhafte Experimente jener Schöpfer/Prüfer, die ganz erwartungsgemäße Ergebnisse innerhalb eines im Wesentlichen verbalen Kontextes analysieren; und schließlich den Anspruch, die Frage des Bewusstseins und der Wirklichkeit auf eine Transcodierung von Impulsen – also auf eine Verarbeitung von Reizverknüpfungen, auf eine Karte des Gehirns – zu reduzieren, ohne zu erklären, wie und wo Gestalten und Begriffe entstehen und wie und wo sie ins Bewusstsein gelangen.

Nun kann man sich fragen, wie die Aufnahme der *bio-adapter*-Episode von den *notizen* beeinflusst wird. Dabei sollte man sich die Wirkung dieses Essays auf die Leserschaft zur Zeit seiner Veröffentlichung vorstellen (als etwa Musils *Mann ohne Eigenschaften* noch der Inbegriff eines essayistischen Gestaltungsprinzips für den Roman war). Hier werden auf einmal philosophische und wissenschaftliche Methodenfragen sowie dringliche Fragen zu Gesellschaft, Politik und Sprache auf eine in Europa noch so gut wie unbekannte Forschung zu künstlicher Intelligenz und auf die amerikanische Literatur über Automaten bezogen. Man stelle dazu den antiklimaktischen Verlauf des Essays in Rechnung: Nach einem heftigen Beginn und stark polemischen Tönen schließt Wiener mit einer sorgfältigen Überprüfung der Vorschläge aus der Forschung, zwar immer kritisch erwägend, aber mit grundsätzlicher Akzeptanz des Diskussionsrahmens (der Theorie der Automaten) als angemessenem Ort einer breiten Auseinandersetzung, die eben nicht mehr „mit dem hammer" fortgesetzt werden soll. In dieser Hinsicht folgen die *Notizen* dem Gesamtverlauf der *verbesserung* – zuerst wütend und rebellisch, um dann gezwungenermaßen die transformative Bedeutung des Bio-Adapters (und des Romans im Allgemeinen) zu bezeugen, also den Stillstand des Bewusstseins angesichts der Maschine.

Der Aufsatz bietet, wenn schon keine Relativierung, so doch eine Aufarbeitung der Konfrontation mit dem allgemeinen Maschinenbegriff und versucht ein „was tun?" wenigstens anzuvisieren. Die unvermeidliche Zustimmung zum Künstlichen erweckt die Gier nach Glück und Belohnung, die selbst von einer erheblich verarmten ‚angepassten' Natur befriedigt werden kann. Sie bietet aber auch die Gelegenheit, sich von den engen Determinierungen einer kompakten Wirklichkeit und einer von Metaphysik durchdrungenen wissenschaftlichen Methode zu befreien. Ferner kann die Analogie von menschlichem Denken und Maschine tatsächlich produktiv werden (sei es für ein Verständnis menschlicher Intelligenz oder für die Erforschung anderer Denkformen), vorausgesetzt, man berücksichtigt nicht nur den rein funktionalen, sondern auch den qualitativen Aspekt unserer Erfahrung und deren Gehalt.

CXXXIV *allerdings meine ich auch, dass eine kommentarlose vorstellung des bio-adapters zu viel spielraum für so eine deutung übrig liesse*: Ich denke, Wiener meint hier: zu viel Spielraum für die Deutung der im vorigen Satz angesprochenen „nicht bloss vernünftigen menschen". Das heißt, einerseits widmet Wiener in diesem Essay (zur Zufriedenstellung jener „nicht bloss vernünftigen") bedeutende Passagen dem radikalen Dissens und der Krankheit, andererseits versucht er aber auch, den Bio-Adapter in „vernünftige" Beziehung zu den Hauptthemen des Romans zu setzen, eben um zu vermeiden, dass die Episode einfach als eine realitätsfern wahnsinnige Übertreibung interpretiert wird.

‹dingsprache› : Der Terminus stammt von Carnap, beschreibt hier jedoch allgemeiner eine „behavioristische" Sprachauffassung im Kontext eines naiven Realismus.

CXXXV *die bedeutung extensionalisiert als ableitbar aus phonologischen erwägungen*: Der Verweis betrifft sowohl Hjelmslevs Forschung als auch die von Halle und Chomsky.[190]

was in der nachfolge humboldts besonders die amerikanische schule vorzuhaben scheint: Mit „amerikanischer schule" meint Wiener hier die Schule von Whorf.

es gäbe dann keine worterbücher der fremden sprachen, sondern nur lexika: Siehe F. Mauthner, *Beiträge* (I, 23): „Was man gewöhnlich Grammatik einer fremden Sprache nennt, ist [...] wie ein Versuch, sich mit Hilfe einer Karte von Tirol im Himalaya zurechtzufinden. Es wird ja manches stimmen. Die Flüsse werden bergab laufen und die Wege werden häufig dem Lauf der Flüsse folgen; wer das aber erraten hat, der bedarf in Asien nicht der Karte von Tirol".

CXL *aber erst mit den ‹higher levels of abstraction› usw.*: Der Anwendungsbereich des englischen Ausdrucks kann die hierarchische Organisation von Begriffen oder auch die Metakognition im Rahmen der Informatik betreffen. Hier ist eine allgemeinere Polemik gegen Philosophien gemeint, die nur deshalb „stimmen", weil sie so abstrakt sind, jedoch keinen Bezug zur Erfahrung haben und keine tatsächlichen Ergebnisse liefern – außer eben der Ausarbeitung einiger, dem autoritären Staat entgegenkommenden Theorien des Absoluten.

kamen noch einmal [...] die lächerlichen und daher relativ ungefährlichen ganzheitsideale: Diese Passage über Holismus und Ständestaat im Hinblick auf die Kybernetik hilft zu verstehen, warum Wiener im ersten Teil der *verbesserung* dem Philosophen der Ganzheit Othmar Spann Aufmerksamkeit geschenkt hat. Spanns anti-reduktionistischer Ansatz – das Postulat eines Ganzen, das über die Summe seiner Teile hinausgeht – ist auch ein Grundmerkmal der Systemtheorie.

190 Vgl. O. Wiener, „sprache und geisteskrankheit" (1968–69) (Anm. 108), 3–4.

die zombies und lattahs der demokratie: Dem evolutionären Schicksal der Menschheit in Form der „vorsehung“ und der „phylogenese“ gleichgestellt, wird das demokratische System durch willenlose Reflexe zementiert.

CXLII *das «alles sehen, alles hören, alles sagen» der entscheidungshelfer*: Also eine Umkehrung des Mottos der konfuzianischen drei weisen Affen.

der entscheidungshelfer bringt auch den letzten gauloise-typ in die wahrheit: „Jamais sans Gauloises... Gehören auch Sie zu jenen Verliebten, die sich kaum von ihr trennen können? Sind Sie Lebenskünstler, Geniesser, Gourmet? Individualist, dezidierte Persönlichkeit? Jemand, der eigene Wege geht, eigene Ideen vertritt – auch wenn diese Ideen jeder Konvention ins Gesicht schlagen? Jemand, der das Echte, das Unverfälschte braucht und sucht? Bien sür? Bien sür – Sie sind eindeutiger Gauloises-Typ“ (so eine Werbung aus den 1960er Jahren für Gauloises-Zigaretten).[191]

CXLIII *wenn die parlamente erst einmal die definition der ausschüsse genehmigt haben*: Durch den finsteren Doppelsinn verweisen diese geplanten „ausschüsse“ auf parlamentarische Kommissionen, deren gesetzgebende Gewalt sich hauptsächlich mit Sachen des „Ausschusses“ im Sinne der Eugenik, befasst.

CXLVI *der grossartige charles whitman, dessen tat mit freud und kopfschmerz wohl kaum erklärt werden kann*: Der als „Texas Tower Sniper“ bekannte Ex-Marine Whitman erschoss im August 1966 siebzehn Menschen von einer Dachterrasse auf dem Uni-Campus in Austin aus, nur wenige Stunden nachdem er seine Mutter und seine Frau ermordet hatte.

nicht unausdenkbar ist, dass sich ein eigenartiger terror auf oberflächlich-clownhafte art politisch manifestieren könnte: Wiener denkt an eine Art systemkritischen Kampf, der mit seiner Distanz zu den damaligen ideologischen Klischees vereinbar ist. Auf eine Frage zu den Protestaktionen, an denen er in den 1960er Jahren teilgenommen hatte, ob er je einer Fortsetzung davon als revolutionäre Karriere in Erwägung gezogen hätte, antwortete Wiener in einem Interview: „Ich wäre höchstens ein dadaistischer Volksredner geworden. So wie der Eulenspiegel, der die Leute dazu bringt, dass sie die Schuhe alle auf einen Haufen werfen und dann auf ein Signal die Schuhe wieder holen. So weit hätte ich es vielleicht bringen können“.[192]

CXLVII *die wirklichkeit [...] geht als hilfsgrösse in einer periode vielleicht unumgänglicher formelhaftigkeit in die gleichnisse ein und wird eliminiert – sie ‹hebt sich weg›*: Die Passage greift das im Abschnitt *hinweise* (IC-CII) schon behandelte Thema auf. Die edle Oberflächlichkeit bietet zwar nur eine vorübergehende

---

[191] https://www.e-periodica.ch/cntmng?pid=neb-001:1964:90::2408 [abgerufen am 10/1/2019].

[192] F. Geyrhofer, „Gespräch mit Oswald Wiener“ (Anm. 54), 60.

Lösung, arbeitet jedoch in die richtige Richtung (die gleiche, von der Wiener hofft, dass sie sich aus der Technik ergeben könnte), weil sie uns dazu anregt, die Wirklichkeit als ein Kunstmittel zu erfassen, d.h. als vereinbarungsgemäß akzeptabel, aber eliminierbar wie beim Kürzen einer Gleichung.

d) ‹escapismus›: Für eine Einschätzung dieser Wirklichkeitskritik im erweiterten Kontext der Protestbewegungen sind die Überlegungen Diederichsens nützlich, der die Anomalie der nachkriegszeitlichen Wiener Avantgarde im Vergleich zu anderen damaligen Phänomenen militanter Opposition aufzeigt. Anderswo resultierte die radikale Ablehnung der Wirklichkeit in einer friedlichen Haltung (Hippies, Drogen, östliche Religionen). Umgekehrt setzte eine militante und kämpferische Haltung die Akzeptanz dieser Wirklichkeit voraus (wenn auch relativ zu einer Wirklichkeit, die erneut eingeschätzt und ‚richtig' interpretiert werden sollte, als Realität sozialer Verhältnisse oder von „falschem Bewusstsein" gereinigt usw.). Eigenart der Wiener Neo-Avantgardisten ist für Diederichsen die Kombination aus radikaler Ablehnung der Wirklichkeit und einer aggressiv-konfrontativen Grundeinstellung: „Das Dritte zwischen Eskapismus – ein Begriff und ein Standard-Vorwurf, gegen den Wiener in der *verbesserung von mitteleuropa* einen antizipierenden Gegenvorwurf an die Adresse der Ideologiekritik formuliert hat – und Ideologiekritik suchte man vermutlich nur in Wien".[193]

ich bin abscondit ... abtrünnig: Dem anmaßenden Lapsus (fast hätte er „absconditus" wie ein „Deus" geschrieben) entnehmen wir, dass dieser Abtrünnige durch den auf der vorherigen Seite prädizierten „sorgfältigen opportunismus" auf jeden Fall imstande ist, seinen eskapistischen Verzicht in eine vorteilhafte Pose umzuwandeln.

CXLVIII *renders that a lawless thing,/ on which the soul expands its wing*: Das Zitat stammt aus Blakes Gedicht *The Everlasting Gospel*. Für Blake (der sich mit Christus identifiziert und glaubt, dass Jesus sexuelle Beziehungen zu Frauen gehabt hat) wird der Körper – hier als Sitz der Seelenflügel angesprochen („that [...] on which the soul expands its wing") – von den Keuschheit erzwingenden Moralgesetzen unsittlich gemacht („lawless").

formalinierung: In offensichtlichem Gleichklang mit „Formalisierung" – daher der Formalismus der Kybernetik als Einlegen in Formaldehyd.

ob nicht die ‹wissenschaftliche methode› überhaupt erst ‹wirklichkeit› als ihr korrelat hervorbringe: Einer der Punkte, an denen Wieners Perspektive einige Positionen vorwegzunehmen scheint, die Paul Feyerabend in seiner 1975 veröffentlichten

[193] D. Diederichsen, „Gegen die Wirklichkeit. Der Sprung aus der Geschichte und seine Geschichte", in E. Grossegger-S. Müller (Hg.), *Teststrecke Kunst* (Anm. 9), 305.

„Skizze einer anarchistischen Erkenntnistheorie“ mit dem Titel *Against Method* zum Ausdruck gebracht hat (siehe XX, „widerspruch ist heuristik“).

CXLIX *hätte aber koppernigk einen computer zur verfügung gehabt [...] wir besässen wahrscheinlich ein modernes ptolemäisches weltbild*: „In der *verbesserung* schrieb ich sinngemäss, dass ein leistungsfähiger Computer vor Copernicus vielleicht das ptolemäische Weltmodell am Leben erhalten hätte, und heute ist das eben wirklich da: Programme, die die Oberfläche eines Problems nachbilden, ersetzen die Einsicht. Denken Sie an den Beweis des Vier-FarbenSatzes“.[194]

ein in die sphäre der bilder verrückter realismus: Verrückt, weil krankhaft, aber auch weil zu weit verschoben in Richtung von Bildern, von Repräsentationen, die in dieser Art Realismus Objekte ersetzen.

CL *um damit an der eigenen bewusstseinerweiterung zu arbeiten*: Nichtsdestotrotz stehen jene Paradoxe, von denen wir im *bio-adapter* lesen werden, einer solchen „Erweiterung“ entgegen (siehe auch Anmerkung 107, CLXVIII).

CLII *die frage der benennung*: In diesem Fall scheint Wiener unter „benennung“ die Umwandlung in Zeichen zu verstehen, die im Formalisierungsprozess als Ersatz für die Wirklichkeit dienen.

CLV (Anmerkung 8) *‹der sinn eines satzes ist die methode seiner verifizierung› schreibt wittgenstein irgendwo*: Korrekterweise vermeidet Wiener den später als „Verifikationsprinzip“ bekannt gewordenen Satz einem bestimmten Text von Wittgenstein zu zuordnen. Tatsächlich kennen wir diese Aussage nur indirekt durch Friedrich Waismann, der sie in *Ludwig Wittgenstein und der Wiener Kreis* mitgeteilt hat.

CLVI (Anmerkung 16, Fußnote a): Mit dieser Fußnote haben wir die Ordnungsstufe der Fußnote einer Endnote zu den *Anmerkungen* eines nur aus Vorwort bestehenden Buchs erreicht. Wir sind daher – in der Fiktion eines Romans, der um einen abwesenden Text herum aufgebaut ist – vier Stufen vom eigentlichen „Text“ entfernt (und jetzt eigentlich fünf).

CLVII (Anmerkung 22): Dass hier Chomsky zu den Behavioristen gezählt wird, mag merkwürdig erscheinen, da der Innatismus seiner Lehre normalerweise als Antipode des Behaviorismus angesehen wird. Chomsky ist jedoch auch der Pionier eines formalistischen Ansatzes und der Anwendung der Automatentheorie im Bereich der Linguistik. Wiener berücksichtigt außerdem den deterministischen Aspekt der Universaltheorie Chomskys: „liesse sich nämlich der kern jeder sprache als universales merkmal nachweisen, das dem sprecher als angeboren für sein leben mitgegeben ist, so könnte man erwarten, dass durch die genetische verankerung der semantik die abbildungsbeziehungen zu

[194] G. Pichler, „Das Kreative selbst ist ein Mechanismus“ (Anm. 166), 68.

einem biologisch interpretierbaren parallelismus werden. [...] für die semantik, würde aber aus der ‚rationalistischen' these folgen, dass die wirklichkeit zwar nicht in der sprache (wie es whorf annimmt), wohl aber, viel schlimmer, in der genetischen struktur des zentralnervensystems determiniert ist".[195]

(Anmerkung 23): die *Grammatizität* kann – mit vorläufigen Kriterien und auf statistischer Basis – nur anzeigen, was anomal ist. *Verstehbarkeit* ist jedoch etwas anderes, weil eine Bedeutungsbestimmung die Interpretationsfähigkeit auf den Plan ruft. Einige der von der Wiener Gruppe durchgeführten Experimente mit automatischem Schreiben zielten auf die Erzeugung anomaler Aussagen mittels kombinatorischer Techniken ab. Indessen war es bemerkenswert, dass ein Verständnis der Ergebnisse nie wirklich beeinträchtigt schien. Die „agrammatischen" Sätze sind nicht nur eine Quelle des poetischen Spiels: Die introspektive Methode zeigt, dass solche grammatikalisch unstrukturierten Formulierungen dem Versuch entgegenkommen können, psychische Inhalte neu zu ordnen.

(Anmerkung 26): *auch carnap's ‹methodischer solipsismus› wird schließlich behoben*: und zwar erledigt er sich selbst, da Carnap ihn als Übergang versteht.

CLVIII (Anmerkung 35) *(die verbesserung von mitteleuropa)*: Ein wenig kokett führt Wiener die *verbesserung* unter den „zahlreichen argumenten" an, die den Psychosomatik-Theorien für die Bewertung sprachlicher und chemischer Ursachen von Schizophrenie zur Verfügung stehen.

(Anmerkung 41) *jene neue liturgie (s. einige passagen weiter oben)*: Siehe die zwei Fragmente „mathematik, angewandt" (XXIII) und „angewandte mathematik" (XXV).

CLX (Anmerkung 55) *(über schmerz und sprache: wittgenstein, phil. untersuchungen)*: Einer der wenigen nicht polemisierenden Hinweise auf Wittgenstein kommt ausgerechnet in einer Passage über die Krankheit vor. Wiener wird dem „dunklen Postsokratiker" Jahre später die poetische Sensibilität eines „kranken Denkers" mit „anwehender" Schizophrenie zuschreiben und sich dabei auf „Smythies" als den ersten berufen, der „den Mut, diesen Eindruck öffentlich zu machen", hatte.[196]

---

[195] O. Wiener, „subjekt, semantik, abbildungsbeziehungen. einige probleme des schriftstellers" in S. J. Schmidt (Hg.), *Text, Bedeutung, Aesthetik. Grundfragen der Literaturwissenschaft*, Bayrischer Schulbuch Verlag, München [1970], 9.

[196] M. Bonik, „Oswald Wiener, Lesestufe 3 aufwärts" (Anm. 29), 28. Der hier gemeinte Smythies ist nicht Wittgensteins Schüler Yorik, sondern dessen Cousin J.R. Smythies, der einen kurzen und ziemlich heftigen Artikel („Wittgensteins Paranoia", *Nature* 350, 1991, 9) veröffentlicht hatte, in dem der Autor des *Tractatus* einzig wegen seiner dichterischen und stilistischen Leistung in der „schizophrenischen Sprache" („schizophrenese") für einigermaßen lesenswert erklärt wurde und nicht wegen seines laut Smythies eigentlich schädlichen Beitrags zur Philosophie.

CLXI (Anmerkung 69): *er kann nicht anders, als sich gegen die verschwörung der gleichen zu stellen*: Gemeint ist die bereits im „gedicht" (IL) erwähnte „verschwörung". Einige Jahre später wird Wiener das Thema in einem Aufsatz über den *Geist der Superhelden* entwickeln. In den modernen Comic-Sagen wird Intelligenz als Sonderrecht von unsozialen und antidemokratischen Verbrechern dargestellt. Der denkende „super-schurke" ist nicht nur böse, ihm werden auch alte „klischees der minderwertigkeit" zugeschrieben. So ist er hässlich, neurotisch, oft auch mit ausgewählten ethnisch erkennbaren Merkmalen abgebildet usw. Indem der „super-schurke" wegen seiner Denkleistung gegen das „gleichheitsprinzip" verstößt, stellt er sich „außerhalb der verschwörung der gleichen".[197]

CLXII *(Anmerkung 72) neuerdings rückt ja stirner usw.*: Der Verweis bezieht sich, wie schon von Kubaczkek bemerkt, auf Hans G. Helms.[198]

(Anmerkung 73) in der politik und im recht spricht man zu gegebener zeit auch das ahurische: Im zoroastrischen religiösen Dualismus wird die himmlische und positive ahurische Sphäre der dämonisch-daevischen entgegengesetzt.

(Anmerkung 75) *die orientierungswut der „kritischen kritik"*: Kein inhaltlicher Zusammenhang mit Marx und seiner Kritik an Bruno Bauer. Wiener verwendet den Ausdruck nur, um den Eifer jener Kritiker zu bezeichnen, die sich für die Neutralisierung des Exzentrischen einsetzen.

CLXIV (Anmerkung 86): *De Monarchia* I, 14, 1–2: „Et quod potest fieri per unum, melius est per unum fieri quam per plura. [...] Et cum [...] omne superfluum Deo et nature displiceat [...] sequitur non solum melius esse fieri per unum [...] quam fieri per plura, sed quod fieri per unum est bonum, per plura simpliciter malum" („Und was durch eines gemacht werden kann, soll besser durch eines als durch mehrere gemacht werden. [...] Und da [...] alles Überflüssige missfällt Gott und der Natur [...], so folgt es, dass nicht nur besser sei, es werde etwas durch einen [...] als durch mehrere gemacht, sondern das es durch eines gut, durch mehrere einfach übel ist"). Dante verwendet Ockhams Prinzip um die Monarchie zu rechtfertigen.

CLXV (Anmerkung 87): *wenn nun wittgenstein meint (tractatus 5.47321), occam's phrase sei keine willkürliche usw.*: Laut Wiener liefert Wittgenstein, indem er Ockhams Rasiermesser im Sinne einer Bedeutungslosigkeit der „unnötigen zeichenverbindungen" interpretiert, kein Kriterium für die Unterscheidung, was in einer Erklärung unnötig sei und was nicht. Ob eine Zeichenverbindung nötig ist, kann je nach Fall unterschiedlich sein. Der gleiche Formalismus, der komplizierter und daher im Sinne Ockhams einem einfacheren gegenüber

---

[197] O. Wiener, „Der Geist der Superhelden" (Anm. 171), 51.
[198] M. Kubaczek, *Poetik der Auflösung* (Anm. 4), 233.

„unterlegen“ erscheint, kann sich in einer erweiterten Umgebung oder auf einer genaueren Detailebene als der bessere erweisen.

CLXVIII (Anmerkung 96): *ein TDYST wie leuner's und des abendlandes*: TDYST ist das Akronym für „transphänomenales dynamisches Steuerungssystem“, Leuners Ausdruck für seine hypothetischen Konstellationen von Gedächtnismaterial und Emotionen in der Psyche, die dem auftauchenden unbewussten Material Struktur geben und damit die regelmäßige Wiederholung persönlicher Erlebnismuster in den durch Halluzinogene hervorgerufenen Szenen erklären würden.

CLXVIII (Anmerkung 108): *das richtet sich gegen denkspiele wie das von borges in seiner erzählung, ‹labyrinthe›*: Borges' architektonische Welt, „mit worten gedeckt“ ist jene der *Bibliothek von Babel*. Sie steht als Parallele zur künstlichen Umgebung des „evolutionären Programms“, da letztere nach Wiener ebenso starr wie eine verbale Umgebung ist. Die Buchstabenwelt Babels ähnelt dem kybernetischen Ideal einer geschriebenen Landschaft, das maßgeblich für die Wirklichkeit wird und sich – quasi als Sprache, die ihren Sprecher transzendiert – in deren Mittelpunkt setzt. Gegen die Vorstellung, dass Inhalt eine intrinsische Eigenschaft von Zeichen sei, schreibt Wiener im Aufsatz über Dieter Roth: „wohl finden sich in der bibliothek von Borges alle bücher, die geschrieben werden können, aber um wie viel reicher als der, für den das nur fünf buchstaben sind, ist einer für den SHRDLU sinn hat“.[199] Eine Zeichenserie stellt an sich keine Struktur dar, sondern ist potenziell für unendlich viele Bestimmungen offen.

CLXIX (Anmerkung 109): *jener graue stein und dieses gelbe heft sind so lange bestandteile meines organismus usw.*: Nach der Problematik der Natur der Empfindungen und der Qualität der Erlebnisse, steht Wiener vor einer neuen Frage, die im behavioristischen Reiz-Reaktions-Schema völlig ignoriert wird: Wo soll man die Grenze zwischen Organismus und Welt ansetzen, d.h.: wo genau entsteht das Bewusstsein einer bestimmten Erfahrung? Angenommen, diese Erfahrung sei einzig durch Reizumwandlungen zu erklären, dann, so Wiener provokant, könnte man sich hypothetisch das „gelbe heft“ sogar als äußersten Bestandteil des Wahrnehmungssystems vorstellen, solange es im Sichtfeld bleibt. Es dann von ‚sich‘ zu unterscheiden, ist eine zusätzliche Lernaufgabe. Kommunikation und Sprache greifen also ein, um festzulegen, welcher Umwandlungspunkt es ‚verdient‘, zur Grenze des Individuums ernannt zu werden. Dabei konzentriert man sich hauptsächlich darauf, wie bestimmte Reize im

[199] Dieter Roth, *Frühe Schriften und typische Scheiße* (Anm. 126), o.S.. SHRDLU ist ein berühmtes, Ende der 1960er Jahre von Terry Winograd entwickeltes Programm, das mit dem Benutzer auf natürliche Sprache interagiert und dessen sprachliche Eingaben interpretiert. Der Name leitet sich von der charakteristischen Reihung der Buchstaben der Linotype-Setzmaschine ab.

Sinne der Neurophysiologie projiziert werden, ohne überhaupt zu erklären, wo sich die „brücke vom reizkomplex zum begriff“ befindet.

CLXXI *sie muss in irgendeiner form vorgegeben sein (triebdruck; engramm; konventioneller standard)*: Die „bewertungsmatrix“ kann mit der Funktion einer angeborenen „mnemonischen“ Spur in einem Organismus verglichen werden, die sein Verhalten prädisponiert und stabilisiert. Mit „abbildung“ (im Sinne der „qualität der abbildung“ des nachfolgenden Satzes) bezeichnet Wiener den Morphismus, der die Rolle des Objekts für die Maschine übernimmt.

CLXXII *kann eine solche umwertung der ‹theorie› vorgenommen werden*: Die Analogie besteht daher zwischen Erkenntnis und einer Maschine, die Kongruenzen zwischen zwei verschiedenen Inputserien identifizieren kann.

d. h. durch kollektive benützung von teilen des sensoriums eine objektwelt schaffen: Wenn man sich eine Kommunikation zwischen mehreren, nach Folgels Modell aufgebauten Einheiten vorstellt, so wird klar, dass, sobald diese stattfindet, auch die Grenze zwischen Organismus und objektiver Welt definiert werden kann, und zwar auf der Grundlage jener Teile des Sensoriums, die allen Einheiten gemeinsam sind.

CLXXIII *ist der aufbau der individuellen begriffswelt [...] nicht erschliessbar*: Die Unmöglichkeit, ausgehend von Einzelfällen auf eine allgemeine Landkarte der Begriffe zu schließen, wird hier als Argument gegen die Möglichkeit verwendet, Sprache und Modularität lokalisierbarer kognitiver Funktionen in Einklang zu bringen.

drittens würde erst in der kommunikation der begriff ‹abbildung› entstehen: In der Kommunikation zwischen Einheiten tauchen ebenfalls „abbildungen“ auf, die mit ‚Objekten‘ verbunden werden können. Daher wäre die Kommunikation – unter dem Aspekt eines deiktischen Mechanismus – der Ursprung *aller* Prozesse, die dazu führen, dass wir ganze Äquivalenz- oder Entsprechungssysteme zwischen ‚diesem‘ und ‚jenem‘ herstellen (nicht nur zwischen ‚Ding‘ und ‚Wort‘, sondern auch zwischen Dingen, Begriffen, Zeichen, Vorstellungsbildern usw.) und an den objektiven Wert von Beziehungen glauben, die eigentlich nur innerhalb der sie hervorrufenden Kommunikation Sinn ergeben.

CLXXV-CLXXXIII *appendix A / der bio-adapter*: Sicherlich der berühmteste Abschnitt des Buches, mehrmals separat als Exzerpt wiederveröffentlicht. Bisher sind sechs englische Übersetzungen davon erschienen, drei allein in den letzten paar Jahren. Der Bio-Adapter ist der Sammelpunkt aller Hauptthemen des Romans, die Verflechtung all jener Stränge, die eine Auseinandersetzung mit der Maschine vorweggenommen hatten und daher in gewisser Weise zu seiner Erfindung beitragen. Darunter: die Kritik an den beschränkenden Automatismen der Sprache, die politische Reflexion über eine als Abbildung des Staatsapparats und zu dessen Nutzen aufgebaute Wirklichkeit, das Problem der Hegemonie der Formalismen sowie das Bestreben des Einzelnen, der Regelmäßigkeit zu entkommen.

Eine Anregung für die endgültige Ausführung des Textes findet Wiener in einigen Zeichnungen Walter Pichlers, der später auch Objektskulpturen daraus entwickelt hatte (*TV-Helm* und *Kleiner Raum* von 1967, beide wie ein Taucherhelm über den Kopf zu stülpen). Pichler wollte den Einfluss von Fernsehen und Telekommunikation auf die „erste Architektur", d.h. auf die elementare Beziehung zwischen Mensch und Umwelt hervorheben (ein alternativer Titel eines der Werke war demgemäß *Tragbares Wohnzimmer*). Ihm ging es im Grunde um einen Kommentar zu einer medienbedingten Herstellung von *environments* in der Art McLuhans.

Wieners Einstellung unterscheidet sich deutlich von McLuhans Perspektive. Für ihn ist die Maschine in erster Linie interessant, als Mittel heuristischer Anregung und um komplexe Probleme konkret zu illustrieren. Eine grundsätzliche Ambiguität kompliziert jedoch diese Auffassung der Maschine als Instrument zur Veranschaulichung. Die Maschine, Quintessenz des Formalismus, arbeitet nämlich mit Zeichen und Operationen, die wir intuitiv nur schwer in direkten Zusammenhang mit unserem Denken bringen können. Erstaunliche Ergebnisse, die mit der Sprache der Maschine erzielt werden, scheinen die menschliche Veranlagung, Einsichten durch etwas Gestalthaftes oder Nennbares zu erlangen, eher zu diskreditieren.

Als Wiener die Herabsetzung der Sinnlichkeit und Vorstellungstätigkeit durch Formalismen beklagte (siehe Fragment „wissenschaft und sprache", XXVI), prangerte er damit genau diese Undurchsichtigkeit der mechanischen Verarbeitung an. Sie sei zwar bereits in der Lage, ein jahrhundertealtes mathematisches Problem zu lösen, aber nur, um uns dann das neue Rätsel einer für unser Verständnis zu langen und komplexen Lösung aufzugeben. Wenn uns jedoch jene Automatensprache viel ferner und schwerer fassbar scheint als die Objekte unseres Denkens, kann der mechanische Prozess paradoxerweise das Bedürfnis befriedigen, nur das zu glauben, was man *sieht*. Um eine intelligente Maschine zu bauen, müssten mentale Prozesse nämlich aus ihrer Unsichtbarkeit ans Licht gebracht werden. Der vagen Sphäre des Spirituellen entrissen, wird eine Bewegung des Geistes zu einem Spiel sicherer Schritte und fassbarer Zeichen, das sich wieder in lebendiges Handeln umsetzen lässt – wie ein „Mechanismus, den man aus Holz bauen kann oder aus Metall, und wo man sagen kann: na siehst du, was da vorgeht, und das, was da jetzt gerade vorgeht, ist ‚Verstehen'".[200] Diese spätere Aussage Wieners zeigt, wie in seinem Interesse an automatischen Systemen auch etwas vom Renaissance-Wunsch einer *mens fenestrata* fortlebt, eines ‚Theaters des Denkens', das Wissen sichtbar machen

[200] F. Geyrhofer, „Gespräch mit Oswald Wiener" (Anm. 97), 62.

und direkte Erfahrungen mit einer erweiterten Form der Realität ermöglichen soll.

Als Wiener an der *verbesserung* arbeitet, steckt die *Augmented-Reality*-Branche noch nicht einmal in den Kinderschuhen, ausgenommen von ein paar Prototypen, die nur wenigen Experten bekannt sind. Im Bereich der *Science-Fiction* tauchte das Thema der Absonderung in einer simulierten und von außen gesteuerten Wirklichkeit in einigen Kurzgeschichten wie *The Chamber of Life (1929)* von G. Peyton Wertenbacher auf und erschien dann, gemäß einer ab den 50er Jahren zunehmenden dystopischen Tendenz, in Geschichten wie Frederick Pohls *The Tunnel under the World* (1955), Arthur C. Clarkes *The City and the Stars* (1956) oder Philip K. Dicks *Time out of Joint* (1959). Kurz darauf folgen die vielleicht für einen Vergleich mit dem *bio-adapter* besser geeigneten Beiträge von Daniel F. Galouye (*Simulacron-3*, 1964, 1973 von Fassbinder in der Miniserie *Welt am Draht* für das Fernsehen adaptiert), von Stanisław Lem (sein „Professor Corcoran" in einem Sammelband aus 1961 sowie der erste Teil des *Kyberiade*-Zyklus 1965) und von Primo Levi („Abfindung für den Ruhestand" aus der Erzählsammlung *Storie naturali*, 1966). Es handelt sich hauptsächlich noch um solitäre Ausarbeitungen eines aufkeimenden Topos.

In der Liste dieser Vorreiter findet man kaum jemanden, der eine interessantere literarische Vorwegnahme der virtuellen Realität im heutigen Sinne bietet und die Erfüllung des kybernetischen Versprechens von Glück und Kontrolle, samt dazugehöriger Sprache und sozialem und individuellem Klima, derart gekonnt darstellt. Wieners Text ist außerdem ein besonders komplexes Gefüge, schon allein wegen der Verzahnung mit dem metaliterarischen Rätsel der *verbesserung*, als Mischung von Simulation und Parodie, gehobener und trivialer Sprachregister, wissenschaftlichem Jargon und comic-ähnlichen *mad-scientist*-Tönen.

Zum literarischen und prognostischen Wert des Stücks kommt der theoretische Gehalt. Das von Wiener beschriebene Szenario ist eine originelle Variante der von Hilary Putnam 15 Jahre später „brains in a vat" genannten Hypothese, die kürzlich auch als „Simulationshypothese" reformuliert wurde. Wenn ein Gedankenexperiment die Stelle des Epilogs im Roman einnimmt, wird eine Erklärung dessen wichtig, was der Autor mit seinem abschließenden Versuch eigentlich auf die Probe stellen möchte.

Betrachten wir zunächst die Wirkung des Geräts namens Bio-Adapter auf seiner „ersten adaptionsstufe", wenn das Nervensystem seines Nutzers noch nicht direkt mit dem Adapter verbunden ist und das Versinken in eine simulierte Realität über die normalen Sinneskanäle (Sehen, Hören usw.) erfolgt. Zur Unterstützung der Illusion dienen vor allem die Kraft der Wörter und das psychotechnische Kunstmittel einflussreicher virtueller Gesprächspartner. Das Programm ist auf maximale Wirkung aus: es variiert und erfindet nach Belieben, um starke Eindrücke zu vermitteln. Diese effektvolle Überzeugungsarbeit, die Sprache instrumentell einsetzt und über die Regelmäßigkeiten der Versuchsperson spekuliert, nimmt sich wie eine dystopische Umsetzung des poetischen Programms der Wiener Gruppe aus. Der Bio-Adapter, der Erwartungen berechnet, Situationen erfindet, alternative Wirklichkeiten hervorruft und Zweifel an der allgemeingültigen Wirklichkeit aufwirft, ähnelt jenem Dandy, den Wiener und Bayer als Sinnbild künstlerischen Schaffens identifizierten.

Laut Wiener wendet der Dandy ein antideterministisches Argument auf sich selbst an: Als Interpret und Manipulant der Determinierungen anderer Menschen glaubt er, sich über seine eigenen Bestimmungen erheben zu können. Die lesbare Regelmäßigkeit, die Maschine, ist immer der andere. Wer sie lesen und ausnutzen kann, bleibt von ihr verschont. Nun kommt aber eine viel härtere und drohendere Probe: dem Dandy steht nicht der naivere Mensch mit seinem durchschaubaren, einfach zu beherrschendem Regelwerk, sondern eine Maschine gegenüber, die in der Lage ist, so ein Regelwerk selbst zu lesen, zu erzeugen und zu modifizieren – und noch dazu die Komplexität einer Umwelt zu simulieren. Seiner Neigung zur heroischen Aufopferung entsprechend müsste der Dandy dann den Einsatz erhöhen und versuchen, die Maschine zu überbieten, koste es, was es wolle (etwa wie André Marcueil, der Held von Alfred Jarrys *Übermann*).

Einer ähnlichen Richtung scheinen mir einige Beobachtungen Wieners in dem schon erwähnten Aufsatz über Dieter Roth zu folgen, die für eine Erläuterung des Zusammenhangs zwischen Bio-Adapter und künstlerischem Schaffen von Nutzen sind. Unmittelbar nach einer Passage über die Rolle der künstlichen Intelligenz in der Überwindung des Sparsamkeitsprinzips beschreibt Wiener die Aufgabe des Künstlers als quasi in Konkurrenz dazu: „es müssen mehr bilder produziert werden, viele modelle für ‚das selbe' (damit ‚das selbe' aufhöre, entität zu sein)“.[201] Das fieberhafte Produzieren Roths, eines Künstlers also, der bekannterweise vom quantitativen Aspekt seiner Arbeit besessen war, wird mit der anti-ockham'schen ‚Vervielfältigung der Entitäten' der Maschine verglichen. Die Maschine wird sozusagen zum neuen Vorbild bei der Suche nach Exzess, jenseits des mageren „Inventars des Verstehens“ und jenseits der Enge des Sparsamkeitsprinzips.

Bei der Hypothese einer intelligenten Maschine bleiben die Schwierigkeiten des Künstlers nicht auf diese paradoxe Herausforderung beschränkt. Jeder Schritt in Richtung einer wirklichen künstlichen Intelligenz zwingt uns, die Frage nach dem Sinn zu überdenken. Eben zu diesem Punkt tauchen die früher erwähnten Unterschiede zu McLuhan auf. Erstens ist ‚Sinn' für Wiener niemals eine innere Eigenschaft von Zeichen oder Zeichenserien (und am allerwenigsten eine Eigenschaft des vermittelnden Mediums), sondern immer von der jeweiligen Interpretationsfähigkeit abhängig. *Allen* Büchern der Bibliothek von

201 Dieter Roth, *Frühe Schriften und typische Scheiße* (Anm. 126), o. S.

Babel sind prinzipiell Leser (oder Programme) zuzuordnen, die ihnen einen Sinn entnehmen können (so wie demselben Buch eine Sinnvielzahl zugeordnet werden kann). Zweitens vernachlässigt McLuhans Konzept eines intrinsischen Sinnesgewinns im mechanischen Medium die Veränderung der Denkmodelle, die beim Übergang zur Formalisierung auftritt, nämlich dann, wenn man endlich über ein algorithmisches Verfahren verfügt. Nehmen wir beispielsweise an, der Bio-Adapter oder ein ähnliches Gerät könne Gedichte schreiben.[202] Dann wäre für die Maschine der Unterschied zwischen dem Verfassen von Versen und dem Spielen einer Runde „Drei gewinnt" eine reine Frage der Kapazität und der Berechnungsgeschwindigkeit. Wenn nun einem menschlichen Gehirn, das sich mit dem Bio-Adapter verbindet und so dessen Fähigkeiten erwirbt, das Schreiben von Sonetten plötzlich so klar wie das Bilden einer Dreierreihe wird, wenn also das gesamte dichterische Verfahren eindeutig und durchschaubar wird, kann man sich kaum vorstellen, dass jene Intelligenz diesen Prozess als Sinngewinn erleben würde. Nicht schwer ist dagegen, sich ein formales Bewusstwerden solcher Prozesse und materieller Umstände (wie z.B. Wahrscheinlichkeit von Buchstabenfolgen) als Inhalts*verlust* vorzustellen. Gewiss könnte aus der neugewonnenen Einsicht ein neues Gebilde von intuitiven Assoziationen zwischen Formalismen entstehen, das vielleicht begrifflich als ‚Sinn' fassbar wäre, aber dann in einem ganz anderen ‚Sinn' und in einer ganz anderen Problemlandschaft als die geläufig gemeinte. Daher räumt Wiener dem berühmten Motto von McLuhan nur einen sehr begrenzten Bedeutungsspielraum ein.[203]

Der Bio-Adapter – eine Maschine, die Modelle geschickter als jeder Dandy verarbeiten kann und die den Sinn hinter ihren undurchschaubar langen Zeichenketten verschwinden lässt – rückt als entscheidende Instanz des Romans und zugleich dessen Fortsetzung in den Vordergrund. Wiener hatte ja mit der Ermahnung begonnen „ich arrangiere die bühne, damit du siehst, was du sollst" (XV), und stellt nun zum Abschluss eine Maschine vor, die genau das tut und noch dazu besser. Klarerweise ist diese „erste adaptionsstufe" voller metaliterarischer Verwicklungen. Der Versuch, das Bewusstsein durch das demiurgische Verfahren des Schreibens zu befreien, findet in der Hypothese der mechanischen Verwirklichung eben dieses Schreibens eine neue Herausforderung.

Die ganze Paradoxie des Bewusstseinsproblems zeigt sich vor allem in der „zweiten adaptions-stufe" (CLXXXI-CLXXXIII), wenn der in das Nervensystem

202 In seiner Erzählung *Der Reimwerker* stellt sich Primo Levi eine ähnliche Maschine vor.

203 In seinem Vortrag „the medium is the message" – von dem ein Typoskript im Literaturarchiv (ÖLA 232 / W32) aufbewahrt wird – merkt Wiener am Beispiel des Films *Tron* (1982) an, dass die im eigentlichen Sinn vom Medium übermittelte Botschaft entweder aus einfachen Klischees primitiver Konzepte (Ehre, Liebe, Loyalität usw.) besteht oder banalerweise die technischen Neuheiten des Mediums selbst preist.

eingefügte Bio-Adapter direkt mit dem Gehirn des Nutzers verbunden wird. Die Möglichkeit der Verschmelzung von Mensch und Maschine, die durch unsere lückenhafte Vorstellung von den Grenzen des Sensoriums gewissermaßen vorbereitet war (siehe oben meinen Kommentar zu Anmerkung 109 der *Notizen*), offenbart die Unzulänglichkeit unserer theoretischen Definitionen bewusster Prozesse. Ist der Weg vom Reiz zum Begriff nur eine Frage von Impulsen und Reizumwandlungen, dann stellt das Eingreifen des Adapters nur eine, wenn auch extreme Variante der uns von der Umgebung zugefügten Determinierungen dar. Als eine dem Benutzer unbekannte Struktur kann man die Erweiterung durch den Bio-Adapter gleichfalls als enormen Appendix des Unbewussten auffassen. Wenn wir noch dazu den homogenen Fluss der Impulse betrachten, die kontinuierlich zwischen Gehirn und elektronischen Schaltkreisen fließen, so könnten wir auch den gegensätzlichen Standpunkt einnehmen (er ist übrigens auch der ‚offizielle', wie es uns der ‚Leiter des Projekts' darlegt), nämlich: dass eine solche Verknüpfung tatsächlich eine Bewusstseinserweiterung mit sich bringt. Die Vorrichtung soll alles bewahren, was die Gewissheit eines Bewusstseins garantiert (es ist die „fundamentale instruktion des bio-adapters", CLXXVII). Zugleich verspricht sie, dieses zusätzlich um all die unzähligen Erfahrungen zu bereichern, die solch ein unübertreffbarer Vermehrer von Entitäten generieren kann.

Unter dieser Perspektive wird das Bewusstsein überhaupt allgegenwärtig, potentiell so allumfassend wie die Wirklichkeit, die es nunmehr anstrengungslos durchwandert. Sobald alle Spannungen mit der Welt auf Null sind, hat der Benutzer – oder eher sein noch verbleibendes ‚Selbst' – die Fähigkeit, sich als Inhaber der gesamten Komplexität der Umwelt zu fühlen, einer Umwelt, die sich jetzt „wie die eigene Hand verwenden lässt" (CLXXXII). Triumph des Bewusstseins, Wunscherfüllung, Wahrnehmung einer geglückten Korrelation mit der Umgebung (im Übrigen sämtliche typischen Merkmale der Selbstbehauptung in der Welt) können, wie Wieners Gedankenexperiment damit aufs Grimmigste zeigt, sehr wohl mit der endgültigen Zerstörung des Individuums zusammenfallen.

Der Welt geht es dabei nicht besser, weil das Nachdenken über simulierte Realitäten ihre Stellung unweigerlich mindert. Statt eine Stärkung des objektiven Wissens anzustreben, verspricht der Bio-Adapter eine Neugestaltung der Realität auf rein individueller Basis. Er ist ein Architekt im Dienste des Solipsismus, eine Matrix für inkommensurable Welten. Wiener kontrastiert dieses Szenario mit einem anderen möglichen Ergebnis, das nicht mehr im Einklang mit der überlegenen Interpretationsfähigkeit der Maschine steht, sondern mit dem unterlegenen ihres menschlichen Kerns – sozusagen ein Sieg der Beschränktheit. Vielleicht ist der Einzelne ja zu determiniert, zu unselbstständig, um eine eigene, andere Welt hervorzubringen. Mit der Zusatzkraft des Adapters würde er dann bloß die „normale" Welt nochmals errichten und konsolidieren.

Hinter dieser Perspektive eines Versagens des künstlichen Traums deutet Wiener eine weitere Schlussfolgerung aus der Annahme an, dass eine gegebene Realität immer das Produkt einer gegebenen Verarbeitungskapazität ist – nämlich, dass die scheinbare Beständigkeit der Welt immer nur das Ergebnis eines kollektiven Mangels ist. Eine derart desolate Rehabilitierung der Welt wäre nur insofern „objektiv", als sie von Individuen mit nicht ausreichend individuellen Fähigkeiten bewohnt ist – genau wie Fogels Programmierungsmodell.

Sind wir also wie Gehirne im Labor eines modernen Dämons in einer Simulation gefangen? Wenn wir es wirklich wären, behauptet Putnam in einem berühmten Aufsatz, dann wären wir nicht imstande zu sagen, dass wir es seien. Laut David Chalmers sollten wir die Simulation nicht als skeptische Hypothese, sondern als Kombination verschiedener metaphysischer Hypothesen auffassen (die wir also akzeptieren oder ablehnen können, ohne unsere gewöhnlichen Überzeugungen über die Außenwelt ändern zu müssen). Dann wieder gibt es diejenigen, die es ernst meinen und experimentell feststellen wollen, ob wir tatsächlich in einer Computersimulation leben. Sie halten das übrigens für hochwahrscheinlich und begrüßen es als Apotheose des Bewusstseins, in besorgniserregender Übereinstimmung mit dem fanatischen Propagandisten des Bio-Adapters.[204]

Wiener allerdings scheint weniger daran interessiert, über dieses ontologische Dilemma nachzugrübeln. Indem das virtuelle Szenario einem tief empfundenen Gefühl der Determiniertheit Gestalt verleiht, dient es ihm vielmehr dazu, theoretische Lücken aufzuzeigen und konkrete technische Hinweise zu geben – angefangen von einer Neubewertung kreativen Schaffens bis zur Erforschung der Analogien zwischen menschlichem Denken und Turing-Maschine, die einen beträchtlichen Teil seiner anschließenden Forschungstätigkeit einnehmen wird. Statt an einer unbeantwortbaren Frage zu knabbern, zieht Wiener pragmatisch einen mittlerweile greifbar gewordenen Paradigmenwechsel in Betracht, nämlich die Entwicklung der Maschine vom geschlossenen Regelmäßigkeitssystem zu einer Intelligenz, einer Struktur also, die ihre Modelle modifizieren und komplexe Simulationen anbieten kann.

Die Folgen dieser ‚Verbesserung' sind nicht nur erkenntnistheoretischer Natur, sondern betreffen eindeutig auch die soziale Organisation und das Verständnis der Ziele und der Freiheit des Menschen. Im Vergleich zu einer im Prinzip harmlosen Spekulation über die skeptische Hypothese verlangt Wieners Auseinandersetzung daher eine grundsätzliche Konfrontation mit der gegenwärtigen Situation. Der Bio-Adapter ist ein Albtraum über die Gesellschaft und entwickelt, ganz abgesehen davon, ob wir kollektiv getäuscht werden oder nicht, eine Kritik ihrer repressiven Einrichtung.

---

[204] Ein Beispiel, das für sich selbst spricht: https://www.kickstarter.com/projects/simulation/do-we-live-in-a-virtual-reality [abgerufen am 8/4/2019].

CLXXV (Fußnote 1) [nur der Neuauflage der *verbesserung* 1985 hinzugefügt]: J. Wilson, *The Frankenstein Problem*, 1964, 229: „we could have a eudaimonia-producing machine: or if not precisely a machine, a combination perhaps of drugs, brain-surgery, genetic adaptation, and so on. The eudaimonia machine would so alter our external environment and improve our inner selves that we could spend our whole time in the desired state". Auf Wilsons Artikel wurde Wiener in den 1970er-Jahren aufmerksam.[205]

sein bewusstsein, [...] drängt ihm unter bildung und zuhilfenahme kränklicher begriffe individualität, polarität gegenüber einer vexierbildhaften umgebung [...] auf: Die selbstkritische Reflexion ist offensichtlich. Wiener verwendet hier Worte, die sich auch auf seinen literarischen Versuch beziehen. Der ganze erste Teil des Buches ist eine vom Bewusstsein erzwungene Polarisierung, und die vexierbildhafte Wahrnehmung der Gestalten ist das Thema des Abschnitts *für kornbluth*. Die Parallelen werden weiter unten fortgesetzt: Um Unstimmigkeiten des Systems auszubügeln, belehrt der Bio-Adapter seinen Nutzer „über die verbal-hypothetische natur der wirklichkeit" (CLXXIX). Das heißt: Um ihre Täuschung zu verwirklichen, stützt sich die Maschine auf ein Prinzip, das Wiener im Roman ständig denunziert hatte, um sich von der Täuschung zu befreien. Siehe auch CLXXXI, wo die Erweiterung des Moduls in der zweiten Adaptions-Stufe als „verbesserung" qualifiziert wird.

CLXXVI *die unterscheidung von hardware und software ist ja bloss eine didaktische*: vgl. CLXVII, Fußnote a): „richtig daran ist: hardware ist ein teil des programms". Wiener kehrt zu diesem, aus zwei Gründen wichtigen Punkt zurück: Um ein strenges Kriterium der Intelligenz zu erfüllen, muss der Automat in der Lage sein, alle Modelle, aus denen er besteht (sowohl die Programme als auch die Modelle, die in Form seiner materiellen Organisation implementiert sind), zu manipulieren. Darüber hinaus lässt sich die Maschine paradoxerweise als etwas ganz Materielles (selbst die Softwarekomponente ist ein schriftliches Zeichen, das Raum einnimmt) wie auch als immateriell (ganz abstrakt beschreibbar) konzeptualisieren.

CLXXVI *der einbau eines gelenks zwischen schulter und ellenbogen wird eine neue ära des rückenwaschens einleiten*: Müller und Innerhofer verweisen auf die Passage eines Aufsatzes des österreichisch-schweizerischen Psychologen Theodor Erismann (*Zwischen Technik und Psychologie*, zitiert von Wiener in den Literaturangaben): „Man darf sich mit Fug fragen, ob etwa die Konstruktion einer am Sehnerv anschließbaren Fernsehkamera nicht ein ebenso wichtiges [...] Menschheitsziel darstellt wie die Landung einer Mannschaft auf dem Mond".[206]

[205] Siehe O. Wiener, *Schriften zur Erkenntnistheorie* (Anm. 50), 111.
[206] Müller, Innerhofer, „Humanversuche" (Anm. 9), 230.

CLXXVII *die beschickung des adapters [...] kann auf freiwilliger basis erfolgen*: Wiener nimmt an, es werde Kandidaten geben, die freiwillig in den Bio-Adapter eintreten und die Realität aufgeben würden. Die Möglichkeit eines bewussten Abstiegs in eine untergeordnete und künstliche Welt im Namen eines Erfüllungsprinzips wird auch in Galouyes *Simulacron-3* in Betracht gezogen (unter anderem interessant auch für das Leitmotiv der Demoskopie als Form totaler Kontrolle).[207] Obwohl derlei Prognosen heute weitgehend bestätigt sind (Videospiel- und Internetsucht – d.h. Sucht nach Mitteln, die doch viel weniger als die im Bio-Adapter vorgestellten Verlockungen anzubieten haben), fällt auf, dass die philosophische Debatte sich mittlerweile in die entgegengesetzte Richtung bewegt. Die heutige Diskussion dreht sich um ein Gedankenexperiment, das Robert Nozick in seinem Buch *Anarchy, State, and Utopia* (1974) vorgeschlagen hat und dessen Ansatz quasi eine Kurzfassung des Bio-adapter-Angebots darstellt. Nozick malt sich nämlich eine *experience machine* aus, die virtuell äußerst befriedigende Erlebnisse vermitteln kann, und kommt zu dem Schluss, dass der ‚genuine' Wert einer echten Verknüpfung mit der Realität uns dazu führen würde, die Dienste der Maschine abzulehnen („we would not use it")[208]. Nozicks Experiment ist heute der (großteils akzeptierte) philosophische Standard-Einwand gegen den Hedonismus. Das Argument wird indes besonders zweifelhaft, wenn man sich anders herum vorstellt, dass ‚diese unsere' Welt bereits das Produkt einer solchen Simulationsvorrichtung sei (siehe wieder Galouyes *Simulacron-3* und – um einiges später – den Film *Matrix* der Wachowskis). Wäre in diesem Fall tatsächlich zu erwarten, dass man sich von der Maschine (und von ‚dieser Welt') lösen würde, um sich in wer-weiß-welche andere Wirklichkeit hinabzustürzen (vielleicht eine ebenso wahre wie unerträgliche)?

gesteuert durch eine anzahl von sensoren, welche den konturen des menschlichen körpers folgend plaziert sind, schmiegt er sich eng von allen seiten an diesen: Neben Pichlers Arbeiten wurden vom Kollektiv der Künstler-Architekten Haus-Rucker-Co in Wien fast gleichzeitig ebenfalls Taucheranzüge und multisensorische ‚Schalen'-Umgebungen geschaffen. Die Fantasie einer verkapselten Zukunft und die starken politischen Implikationen dieses Themas wurden auch von den Situationisten gebührend bemerkt (siehe die Überlegungen zum Atombunker-Geschäft in *Internationale Situationniste* 7, 1962).

CLXXVII-CLXXVIII *von der das gesicht umgebenden partie des bio-adapters (der raum unmittelbar um die augen) werden zu gestalten geformte lichtkombinationen generiert*: Zwei damals existierende Prototypen von Virtual-Reality-Bildschirmen waren Morton Heiligs *Sensorama* (1962) und Ivan E. Sutherlands visuelles Ausgabegerät *Sword of Damocles* (1968). In einem Artikel von 1965 hatte Suther-

---

207 Ziemlich weitsichtig war auch Bioy Casares' Darstellung eines freiwilligen Rückzugs in *Morels Erfindung* (1940).

208 Robert Nozick, *Anarchy, State, and Utopia*, Basic Books, New York 1974, 43.

land die Erfindung eines fortschrittlichen Monitors verkündet, der die Illusion sensorischer Erfahrungen in einem von mathematischen, im physischen Universum unmöglichen Objekten bevölkerten „Wunderland" erzeugen könnte.[209]

CLXXVIII *so simuliert der adapter immer nur die wenigen quadratzentimeter der tatsächlich berührten fläche*: Diese Bedingung gilt auch als Voraussetzung für jene Experimente, die eine physikalische Demonstration der „Simulation hypothesis" anstreben. Dabei wird angenommen, dass das simulierende System, um die Berechnungskomplexität zu verringern, so wie in einem Videospiel nur dann ein ‚Stück Wirklichkeit' erzeugt, wenn es für den Spielraum des Individuums relevant wird. Ein Ad-hoc-Instrument soll dann helfen, die Lücken einer solchen Täuschung im physischen Universum zu entdecken.

(Fußnote 1) *reist vielleicht gar nach einem seine erwartungen ganz und gar nicht enttäuschenden kiew*: Der Bio-Adapter extrapoliert offensichtlich die Realität aus den lückenhaften geografischen Kenntnissen des Nutzers und belohnt dessen „russische" Lernbemühungen mit der Reise nach einer ukrainischen Stadt.

CLXXIX *besonders im fall hartnäckiger oder ausnehmend ängstlicher menschen*: Vgl. Wilson, *The Frankenstein Problem*, 229: „if we really insist on having a battle, we can build this into the eudaimonia machine too. [...] if aspirations, seeking, striving, etc. are valuable we would build them into the machine".

(Fußnote 1): Quelle dieser Anmerkung könnte eine Passage aus der Kurzgeschichte *Warm* sein, von jenem Robert Sheckley geschrieben, dem Wiener das Stück *für kornbluth* mitgewidmet hatte: „For a moment the orderly Universe is disarranged and the fabric of belief is ripped. But the moment passes".[210]

CLXXXI *zweite adaptions-stufe*: Wiener kannte die physiologischen Experimente von Wilder Penfield an epileptischen Patienten (elektrische Stimulation der Großhirnrinde zur Bestimmung pathogener Areale: die Erregung von Teilen der Temporallappen ruft lebhafte, traumähnliche Erinnerungen hervor). Desgleichen kannte er die Experimente von James Olds an Primaten („pleasure centers" – die Tiere befriedigen sich bis zur Erschöpfung durch Betätigung eines im Käfig installierten Hebels, der ihren Hypothalamus elektrisch stimuliert).[211]

(Fußnote 1): Auf Seite 14 der von Wiener zitierten Abhandlung forensischer Medizin liest man von einem Elektrikerlehrling, der sich zwecks autoerotischer Stimulation eine Anlage gebastelt hatte und bei dessen Betätigung durch Kurzschluss umgekommen ist. Die Beschreibung ist von einem Diagramm begleitet.

---

[209] I.E. Sutherland, „The Ultimate Display", *Proceedings of IFIP Congress*, 1965, 506–508.

[210] R. Sheckley, *Untouched by Human Hands*, Ballantine Books, New York 1954, 99.

[211] Siehe T. Tabbert, „Verschmolzen mit der absoluten Realitätsmaschine. Oswald Wieners *Die Verbesserung von Mitteleuropa, Roman*", Artislife Press, Hamburg 2005, 127 und *passim* für die Besprechung anderer Quellen.

CLXXXIII *das bewusstsein, dieses kuckucksei der natur*: Die Analogie erzeugt die entmutigende Hypothese, dass jede Wahrnehmung der eigenen Subjektivität ein Trick der Natur oder des ‚Gott-Experimentators' sei, damit wir uns – von einem Trugbild des in Wahrheit nicht existierenden persönlichen Nutzens motiviert – ‚an die Arbeit machen'.

möglicherweise sind wir alle: ... schon zu determiniert, um andere Wirklichkeiten hervorzubringen? ... in verschiedenen Wirklichkeiten gefangen, aber durch die Kommunikation zu einer einzigen Wirklichkeit gezwungen? ... schon ‚in der Maschine drin' und einer kollektiven Halluzination ausgesetzt? ... das künstliche Produkt einer anderen kompakten Wirklichkeit? Die abbrechende Nachricht bleibt offen für eine Vielzahl von Hypothesen.

CLXXXV-CLXXXIX *appendix B*: Der Abschnitt besteht aus drei kurzen Stücken. Im ersten schreibt Wiener (selektiv und mit geringfügigen Änderungen, z.B. durch Einfügen von „ossi" in das Figurenrepertoire) direkt aus einem Unterrichtstext für Schulen ab.[212] Der Abschluss des Romans greift somit das Kindliche auf, das seit den ersten Fragmenten evoziert wurde. Auf Seite XII ist es ein „hascher", der typografische Unregelmäßigkeiten im Text bemerkt. Kurz darauf lässt Wiener seine Absichten folgendermaßen verlauten: „ich will erreichen dass bubi lacht" (XV). Für die Neuauflage von 1985 ließ Wiener ein Foto auf den Schutzumschlag drucken, auf dem man die Erstausgabe der *verbesserung* sieht, die von zwei Kinderhänden vor das Kameraobjektiv gehalten wird. Es könnten die empfangenden Hände eines Kind-Lesers, aber auch die darbietenden Hände eines Kind-Autors sein. Es wäre dies also ein Text für oder von Kindern, geschrieben mit dem Geist des *Enfant terrible* und der frühreifen Frechheit, die bereits die Futuristen, Surrealisten und Oberiuten zeigten. Gleichzeitig wäre es ein zugegebenermaßen vorläufiger Text, der innerhalb eines Vorworts im Zaun gehalten bleibt und auf ‚reifere' Ideen wartet.

Das Spiel mit poetisch anverwandeltem Lehrmaterial fand schon in der Wiener Gruppe Anwendung. So hatte Rühm eine *kurze beschreibung der umgebung wiens* durch Manipulation von Material aus einem Schulheft seiner Schwester verfasst.[213] Dieses Stück erinnert zudem an einen Text Achleitners, den Wiener als einen der gelungensten besonders schätzte,[214] nämlich *die gute suppe*,[215] dessen Hypotext das Handbuch *German through Pictures* von I.A. Richards (Ogdens Mitarbeiter und Mitbeförderer des „Basic English") war.[216] Allerdings fügt Wiener sein Fundstück derart ein, dass das Spielerische in

212 Siehe das Interview mit S. Lafleur, „Über Kunst, Selbstbeobachtung und Automatentheorie. Ein Gespräch mit Oswald Wiener", in E. Hammel (Hg.), *Synthetische Welten. Kunst, Künstlichkeit und Kommunikationsmedien*. Die blaue Eule, Essen 1996, 209.

213 G. Rühm, *Gesammelte Werke*, 1.1 (Anm. 81), 361–363.

214 G. Rühm (Hg.), *Die Wiener Gruppe* (Anm. 19), 407.

215 *Ibid.*, 62–65.

216 T. Eder, „Friedrich Achleitners *gute suppe*", *Hintergrund* 46/47, 2010, 45–52.

eine völlig andere Stimmung umschlägt. Gleich nach dem Bio-Adapter, nach dem unheilvoll zurückhaltenden abgebrochenen Schlusssatz („möglicherweise sind wir alle") klingen die Litaneien des Schulbuches wie die düstersten Passagen der *verbesserung* und zeigen die, von der Institution samt elementarer Sprachkompetenz vermittelte Einführung in die Wirklichkeit. Die Normierung des Sprechens erfolgt durch Aufforderungen, die von einem soziablen Blödsinn verdeckt sind, der zum eigentlichen Kennzeichen legitimer Kommunikations- und Verhaltenspraxis wird. Die Welt, die sich anhand dieser Normen erahnen lässt, scheint nicht weniger unsinnig als der Russisch-Lehrgang des Bio-Adapters. Diese Passage wirkt daher auch auf die vorherige zurück, wobei der Bio-Adapter weniger wie ein Gleichnis über das Schicksal als vielmehr wie eine Reflexion der aktuellen Ereignisse anmutet – einer Wirklichkeit, die schon lange künstlich, bedeutungslos und arm gemacht wurde.

Ebenfalls aus vorhandenem Material bearbeitet, ist das zweite, Wieners Freund und Mitglied der Wiener Gruppe Gerhard Rühm gewidmete Stück, dessen heterogene Zusammensetzung durch die Schneidetisch-Formel „ein film legte sich dazwischen" wiederholt betont wird. Einer Montage zerlegter und verzerrter Trivialliteratur fügt Wiener hier Nachrichtenfetzen („kid paret", „trujillo") und wissenschaftliche Ausdrücke hinzu. Dazu kommen Hinweise, die der Leser nun in die ‚Diegese' des Romans einordnen kann („kuhlmann", „helga", „weinstein", „die im hippocampus eingepflanzte elektrode").

Man vergleiche folgende Anmerkung Rühms: „anders als jene literatur der zwischenkriegszeit, die dokumentarisches in die literatur eingebracht hat, um authentizität zu signalisieren [...], will die literarische montage, wie sie die ‚wiener gruppe' ab 1956 entwickelt hat, keine geschichten erzählen [...]. es geht hier vielmehr um die poetische emanzipazion des einzelnen satzes aus einem nivellierenden umfeld, ähnlich wie in der ‚konkreten poesie' um die des wortes". So wurde die dichterische Form die präferierte Gattung. Denn wie die dokumentarische Literatur (wie etwa die russische „Faktographie") dem Roman, dem Tatsachenbericht, dem Agitationstheater ihren Vorzug gibt, „so bevorzugt die literarische montage das gedicht (im weitesten sinn des wortes) und den szenischen dialog. auch wenn sie in prosaform erscheint [...], so handelt es sich doch unverkennbar um einen poetischen text, eine art ‚gedicht in prosa'".[217] Für ein dichterisches Beispiel, das ein solches auch in der Form ist, siehe Artmanns Montage *kleine percussionslehre*.[218]

Schließlich, um die Rechtschreibkatastrophe des dritten und letzten Fragments (CXC) nachvollziehbar zu machen, würde ich nicht von der Nachahmung

---

217 G. Rühm, *Gesammelte Werke*, 1.2, *Gedichte* (Anm. 19), 1183.
218 H. C. Artmann, *Das Poetische Werk*, IV, Rainer Verlag, Berlin und Klaus G. Renner, München-Salzburg 1993, 97–148.

fehlgeschlagener Versuche eines Kindes an der Schreibmaschine sprechen,[219] da hinter den Tippfehlern offensichtlich eine dissoziative Zuspitzung erkennbar ist, die näher an der Halluzinose liegt (eine derartige Wahrnehmungsveränderung wird übrigens auch im Stück „für gerhard rühm" erwähnt, siehe unten).

Die Verwandtschaft zwischen den drei Stücken wäre daher ‚technisch': Zuerst ein *Ready-made*, dann eine Collage, schließlich eine Studie über den Automatismus – drei Arten des mechanischen Schreibens also, die in Folge der Konfrontation mit dem Bio-Adapter praktiziert werden, und zwar bezeichnenderweise nach abnehmender Konformität angeordnet, wie in einem letzten Aufbegehren in Richtung Ungehorsam und Chaos.

CLXXXVII *aber so, dass die kleineren hinteren bilder stehen blieben, und erst als es ihn beschnüffelte verschwanden allmählich eins nach dem andern usw.*: In seinem Aufsatz über LSD nennt Wiener die Wahrnehmung von ‚Momentaufnahmen', die wie eine Spur hinter einem sich bewegenden Objekt einige Sekunden verbleiben (lang genug, dass er sie „zählen könnte"), „Marey-Effekt" (nach dem Erfinder der Chronofotografie Étienne-Jules Marey). Nachdem er festgestellt hat, dass das Phänomen auch im nüchternen Zustand, wenn auch seltener und schwächer, vorkommt, zitiert er diese Passage der *verbesserung* „als Schnitt-Technik geschildert", „um das Sensorium als unlauteres Medium zu denunzieren".[220]

CXCI *appendix C*: Akephalisch wegen der Auslassung eines ersten politischen Teils wurde das Werk – wie Wiener hier berichtet – auch am Ende beschnitten. Einige Spuren dieser dem Autor „wichtigste[n]" Passage bleiben jedoch erhalten. Unmittelbar nach der Veröffentlichung des Rowohlt-Bandes fertigt Wiener für eine Reihe von Konferenzen einen Beitrag mit dem Titel „sprache und geisteskrankheit" an. Eine Version von 1968–69 ist archiviert, mitsamt ihrer Bearbeitung für eine Rundfunksendung, die im November 1969 vom SFB ausgestrahlt wurde.

Beide Texte tragen wie die *notizen zum konzept des bio-adapters* die Gattungsbezeichnung „essay". Wir wissen aber nicht, welche spezifische Darstellungsform Wiener für die Einfügung der Passage „über die krankheit" im Roman beabsichtigte. Es ist jedoch sehr wahrscheinlich, dass die ursprünglich für diesen Anhang konzipierten Argumente und Themen in die nur archivalisch einsehbaren Schriftstücke eingeflossen sind.[221]

---

219 B. Hagelstange, *Die Thematisierung der Sprache im zeitgenössischen Roman: Studien zur Interpretation und Methodenkritik bei H. Heissenbüttels „D'Alemberts Ende" und O. Wieners „Die Verbesserung von Mittel-Europa. Roman"*, PhD Diss., Münster 1974, 176.

220 O. Wiener, „Unter LSD/ Über LSD" (Anm. 74), 19.

221 Die Zugehörigkeit von „sprache und geisteskrankheit" zum thematischen Kern der *verbesserung* ist durch eine weitere unveröffentlichte und undatierte Skizze mit dem Titel „WAHN UND SPRACHE: beiträge zu einer anderen theorie der kommunikation" belegt.

In dem Aufsatz „sprache und geisteskrankheit" versucht Wiener die These zu stützen, dass „gewisse ‚geisteskrankheiten' durch eine disjunktion von bewusstsein und sprache zu asozialen haltungen werden, oder umgekehrt, dass jene disjunktion, sobald sie asoziale züge annimmt, geisteskrankheit heißt".[222] Für den Schizophrenen ist Sprache keine Darstellung der Wirklichkeit, sondern das Mittel ihrer Herstellung – wie ein Bildschirm, durch den alle vom Bewusstsein projizierten Inhalte flach werden. Eine objektive Welt kommensurabler Erfahrungen existiert überhaupt nur in der verarmten Dimension der Kommunikation. Der sogenannte Realitätsverlust ist also im Grunde ein Kommunikationsverlust. In Anbetracht dieser logogenetischen Interpretation der Psychose, die im Einklang mit dem theoretischen Rahmen des Romans steht, ist Wiener der Ansicht, dass verschiedene therapeutische Ansätze schuld daran seien, die vom Kranken gezeigten Formen radikaler Kritik an der Realität zu unterbinden. Dies gilt auch für Freuds Hermeneutik, die sich darum bemüht, die Trennung zwischen Wortvorstellung und Sachvorstellung durch verbale Analogien (d.h., durch „sprachbrücken vom alltag in den wahnsinn") aufzuheben und damit zu ‚heilen'.[223] Im Allgemeinen stützt man sich zu stark auf eine „pathologie des ausdrucks" und schaut auf die Äußerung des Geisteskranken als Spiegel der Seele. Damit wird aber „postuliert, dass der projektionsapparat, der den ausdruck zu stande bringt, erstens – bei ‚gestörtem bewusstsein' d.i. bei ‚krankem geist' – gesund ist, und demnach zweitens getrennt vom bewusstsein denkbar".[224] Was jedoch der Kranke als vom Bewusstsein getrennt empfindet, ist die Leinwand, auf der die Projektion stattfindet, und das ist – die Sprache.

Die Psychiatrie kann, auch aufgrund der nosografisch nicht klar abgegrenzten schizophrenen Pathologie, die Internierung jener Subjekte vorschreiben, die die soziale Norm der Kommunikation ablehnen, und sich damit als „hilfswissenschaft der staatsanwaltschaft"[225] behaupten. Bei der Aufnahme in die Kliniken werden die Patienten sofort mit Pinsel und Palette bedrängt und dazu aufgefordert, ‚sich auszudrücken', d.h. sich für die lebhafte Szene der „Bildnerei der Geisteskranken" (mit ihren eigenen Helden und Regeln und gebenedeit durch Vergleiche mit der Kunst primitiver Völker) tüchtig an die Arbeit zu machen. Wiener merkt an, dass es unter solchen Bedingungen wenig ratsam ist, von spontanen Kreationen zu sprechen: „heute lesen die patienten freud und prinzhorn, um ihren ärzten die deutung von produktion und verhalten zu erleichtern".[226] Vor allem versucht Wiener mittels einiger beweiskräftiger Fälle (einschließlich der berühmten von Perceval und Schreber) zu zeigen, dass die Aktivierung ‚anderer' Stimmen beim Psychotiker (Glossolalie, Paraku-

222 „sprache und geisteskrankheit" (1968–69) (Anm. 108), 6.
223 *Ibid.*, 9.
224 *Ibid.*, 19.
225 *Ibid*, 5.
226 *Ibid.*, 12.

sie) nicht von Ausdrucksbedürfnissen oder von einer Kunst des Ausdrucks getrieben wird. Das Schwinden der Kommunikationsmechanismen findet statt, um einen Erfahrungsgehalt aufnehmen zu können, der keinen Platz in der legitimen Kommunikation gehabt hätte. Halluzinationen sind weniger Ursache als vielmehr Wirkung eines bereits stattgefunden habenden Abschieds – von der Wirklichkeit und davor noch von der Sprache.

Wiener weist darauf hin, dass die Vergleiche zwischen dem Schreiben der Schizophrenen und literarischem Experimentieren oft unproduktiv und irreführend sind, bezweifelt jedoch nicht, dass sich einige Schriftsteller mit ähnlichen Formen der Dissoziation auseinandergesetzt oder Ansätze davon in sich gespürt haben: „immerhin aber waren einige dadaisten nach den masstäben der psychiatrie geisteskrank [...], und viele waren was man ‚schwere psychopathen' nennt".[227] Dem ursprünglichen Plan gemäß, hätte der *apppendix C* also dazu beitragen sollen, die Verbindungslinien zwischen dem Roman und einigen exemplarischen Fällen (z.B. Kuhlmann, Ball und Artaud) zu belegen und gleichzeitig den Bericht der *verbesserung* explizit im Zeichen der Krankheit erscheinen zu lassen – gemäß der Überzeugung, dass „der gedanke einer dissoziation zwischen bewusstheit und kommunikation, eigentlich schon symptome der schizoidie" ist.[228]

der leser [...] wird mir verzeihen, wenn ich [...] in vielem über das ziel hinausgeschossen habe: Zielverfehlungen sind also auf den übertriebenen Schwung zurückzuführen, mit dem der Autor seinen Aussagen Kraft verliehen hat. Als Wiener rückblickend seine Ausschweifungen und seinen aggressiven Versuch, die Sprachmittel zu dekomponieren betrachtet, unterstreicht er die provisorische, bildende und experimentelle Bedeutung des Exzesses – wie auch des Romans selbst, als dessen Produkt und zugleich als Mittel, um „gegen eine im grossen ganzen abgerundete, stimmige, einhellige welt aufzustehen".

CXCIII-CCV (**-CCVII** im 1985 Rowohlt-Neudruck) *literaturhinweise*: Wie das Inhaltsverzeichnis hat Wiener auch dieses Verzeichnis erst anlässlich der Bandausgabe verfasst, nach der Erstveröffentlichung in *manuskripte*. Beim Durchlesen der Liste stößt man auf eine Vielzahl von Disziplinen: Literatur, Philosophie, Logik, Linguistik, Lexikographie, Medizin, Anatomie, Sexualforschung, Physik, Chemie, Mathematik, Statistik, Wahrscheinlichkeitstheorie, Psychologie, Psychiatrie, Recht, Biologie, Informatik, Soziologie, Pädagogik, Anthropologie, Geschichte, Alchemie, Religion, Sittengeschichte. Die Begleitnotiz, in der Wiener erklärt, er habe etliche weitere Quellen weggelassen, verstärkt noch die Zurschaustellung dieses Eklektizismus. Abgesehen von den ausgelassenen Fachbereichen, fehle es zusätzlich an einem Anhang ‚extratextueller' Belege, die Wiener als eine Art Korpus des Vergänglichen und Banalen, des Gesehenen und

---

[227] *Ibid.*, 20.
[228] *Ibid.*, 5.

des Erlebten zu sammeln begonnen hatte. Wenn die Haltung des Klassifizierers und des vielseitig Gebildeten als weitere Übertreibung präsentiert wird, ist es auch wichtig, den Bruch mit der Tradition in diesem Verzeichnis zu erfassen, welches das Wissen auf radikal neuen Fundamenten aufzubauen versucht. Die am häufigsten vertretenen Schwerpunkte sind ausgesprochen exzentrisch, und die Streichung der ‚Klassiker' (abgesehen von wenigen Ausnahmen wie Dante, für „selbstverständlich" gehalten) verweist einmal mehr auf Wieners herablassende Haltung dem Kanon gegenüber. Stattdessen gibt es Platz für Gegner des Regelsystems wie Bruno, Aretino, Kuhlmann oder Fischart, für Neuerfindungen wie *Lenardo und Blandine* von Götz (die erste Graphic Novel), für den alternativen Wortschatz der Mundarten und des Rotwelsch, für die Experimente der Avantgarden, für makabre und verbotene Literatur, für eine beträchtliche Anzahl von ‚Kultbüchern', die mit Gespür und Hellsichtigkeit aufgestöbert wurden.

Unter den historischen Themen stechen Schismen und Revolutionen, Hexerei und Banditentum hervor, unter den soziologischen die Untersuchung von Verbrechen, unter den psychiatrischen die Titel über Drogen, die politische Abteilung ist voll von Anarchisten und so weiter. Werke von alternativen Vertriebswegen (Privatdrucke, Amateur- oder halboffizielle Veröffentlichungen), die beträchtliche Anzahl anonymer Schriften, die Aufnahme von gerichtlichen Verordnungen, Geheimpapieren, kommerzieller Kataloge (Kleidung, pharmazeutische Produkte) und Comics (einschließlich Merkwürdigkeiten wie *Alika* oder *Jodelle*) tragen weiters zur Exzentrik der Sammlung bei.

Um den Appetit nach so viel Lektüre zu stillen, fehlt bisweilen die Zeit zur Auffindung der ‚richtigen' Ausgabe. So bietet sich Restif de la Bretonne in englischer Übersetzung an, ebenfalls Reichenbach, der doch auf Deutsch schreibt, Apollinaire wird teils auf Französisch und teils auf Englisch gelesen. Die Dringlichkeit der Neugierde hat hier den Vorrang vor der philologischen Sorge um den Originaltext.

Neben diesem Wirbelwind heterodoxer und marginaler Stimmen muss noch ein weiteres Merkmal des Anti-Kanons betont werden, nämlich die auffällige Häufigkeit theoretischer Beiträge aus den Vereinigten Staaten, insbesondere aus dem Bereich der Kybernetik und der künstlichen Intelligenz. Dies ist nicht unbedingt ein Bereich, in dem Wiener Charismatiker wie etwa Stirner, Mach, Schreber, Artaud oder Perét erwarten konnte. Doch trotz seiner persönlichen Distanz ist Wiener, der mit dem „amerikanische[n] denken" (XXXII) sogar hart ins Gericht geht, in seiner Botschaft klar: Aus dem neuen Kontinent kommen offensichtlich wegweisende Vorschläge, die selbst für die ‚höhere' philosophische Debatte, die eine Mehrheit europäischer Intellektueller immer noch als interne Angelegenheit betrachtet, einiges ändern.

Diese „literaturhinweise" versetzen Mitteleuropa somit einen doppelten Schlag. Der erste kommt durch die Ansammlung von Abseitigen, Verrückten,

Ketzern und Bösen, die im Inneren Mitteleuropas aufgewachsen sind. Der zweite kommt von außen und stellt auch eine geografische Neuorientierung des Wissens und eine Reform der Erkenntnis nach breiteren fachlichen und kulturellen Koordinaten dar. Schließlich ist diese Neuorientierung auch dadurch belegt, dass der Roman, der sich am Anfang mit Balls *Kritik der deutschen Intelligenz* auseinandersetzt, gegen Ende nach dem neuen Sozialobservatorium Amerika blickt.

Wenn das *personen- und sachregister* das neue Incipit des Romans in seiner endgültigen Buchform ist, so ist die Bibliographie sein Epilog. Auch dieser ist als Liste lesenswert, sei es, um ein alternatives Inventar reich an Trouvaillen zu durchstöbern, sei es, um Verborgenes zu entdecken. So führt Wiener unter den Schriften, auf die er sich „ausdrücklich oder stillschweigend bezogen" hat, beispielsweise das „psychiatrische gutachten oswald wiener in der strafsache gegen g. brus und andere" an, das nun quasi als Beleg seiner offiziellen Staatsfeindschaft vorgelegt wird. Ein Hinweis auf den Konflikt mit den Institutionen findet sich auch in der Erwähnung von Pierre Ramus' Verteidigung Francisco Ferrers. Wiener, der sonst bibliographische Angaben gerne abkürzt, gibt hier den langen, vollständigen Titel an, damit wir lesen können, dass Ferrer vor dem Grazer Landesgericht stand – das gleiche, das nun das Vorverfahren gegen die *verbesserung* durchführte – und zwar ebenfalls wegen „unsittlicher Handlungen". Man beachte sodann die Erwähnung des Titels *[Zola] vor Gericht* – eigentlich kein ‚Werk' des französischen Schriftstellers, da das Buch aus stenografierten Dokumenten und journalistischen Zeugnissen des dem *J'accuse* folgenden Prozesses stammt. Aber Wiener stellt *Zola vor Gericht* neben den *Bauch von Paris*, als wolle er bestätigen, was zuvor gesagt wurde (LIX): Zolas wahrhaft „experimenteller Roman" bestand aus seiner Initiative in der Dreyfus-Affäre. Somit zeichnet sich eine verborgene Spur zum Thema Justiz ab, eine letzte Anmerkung zum Konflikt zwischen dem Einzelnen und dem Machtapparat, die im Abspann des Romans verschlüsselt ist, wie die im Code versteckte Unterschrift eines Programmierers.

Vielleicht gehört es zu den zahlreichen Paradoxien dieses Buches, das alles getan hat, um sich eigene Regeln zu geben, und das den Leser wiederholt von kontextuellen Deutungen, Anknüpfungen, Zusammenhängen abgeschreckt hat, dass es nun in Hunderte von Zeilen zerfällt, die auf andere Texte und andere Namen verweisen. Doch irgendwie ist diese Auflösung in der Menge der angemessene Ausgang für ein Werk, das nach Einzigartigkeit strebt und gleichzeitig versucht, den ‚Einzigen' davon abzubringen, „spuk" (XXXIII) und Ursache von Determinierungen zu werden. Das wütende Solo des Bewusstseins wird schließlich, *malgré soi*, Teil eines schallenden vielstimmigen Tuschs.

Literaturhinweise

Bibliographische Beiträge zu Oswald Wiener

— Kurz, H. *Oswald Wiener.* Die von Kurz gesammelte und bis 2007 auf einer nicht länger aktiven Website aktualisierte Bibliographie kann über das Internetarchiv abgerufen werden <https://web.archive.org/web/20080421184507/http://class.georgiasouthern.edu/~hkurz/wiener.htm>.

— KLG – *Kritisches Lexikon zur deutschsprachigen Gegenwartsliteratur*, s.v. „Wiener, Oswald". <http:/www.munzinger.de.proxy.library. nyu.edu/document/16000000600>.

Ausgaben der verbesserung

Im Kommentar habe ich Wieners Ergänzungen zu den Fußnoten und zu den *literaturhinweisen* nachfolgender Rowohlt-Ausgaben sowie die Hauptvarianten der in der Zeitschrift *manuskripte* (abgekürzt als *VM*) veröffentlichten Fassung berücksichtigt. Dazu wird auch auf einige interessante Varianten eines (als *VL* abgekürzten) Typoskripts aus dem Vorlass Oswald Wiener der Österreichischen Nationalbibliothek eingegangen. Der getippte Text, der bei etwa einem Drittel des Romans abbricht, dokumentiert eine Verarbeitungsstufe, die höchstwahrscheinlich aus einer Zeit vor der Veröffentlichung der *manuskripte*-Version datiert.

— *die verbesserung von mitteleuropa, roman*, in *manuskripte* 13, 1965, 31–40; 14/15, 1965, 2–14; 16, 1966, 24–29; 17, 1966, 27–32; 18, 1966, 23–9; 19, 1967, 28–31; 20, 1967, 30–3; 21, 1967, 24–8; 22, 1968, 30–8; 23/24, 1968, 55–65; 25, 1969, 18–22.

— *die verbesserung von mitteleuropa, roman*, Rowohlt, Reinbek 1969.

— *die verbesserung von mitteleuropa, roman*, Rowohlt, Reinbek 1972 (Taschenausgabe).

— *die verbesserung von mitteleuropa, roman*, Rowohlt, Reinbek 1985 (Neuausgabe).

— *die verbesserung von mitteleuropa, roman*, Jung und Jung, Salzburg 2013.

Weitere Schriften von Oswald Wiener

— „Zwei Konstellationen", in *Spirale. Internationale Zeitschrift für konkrete Kunst und Gestaltung* 8, 1960, 44.

— „Ideogramm", in *Konkrete Poesie* 3, 1961, o.S.

— „Ledig hat den sechsten Sinn“, in S. Unseld (Hg.), *Heinrich Maria Ledig-Rowohlt zuliebe. Festschrift zu seinem 60. Geburtstag am 12. März 1968*, Rowohlt, Reinbek 1968, 122–5.
— „Die Wiener Gruppe. Eine Kontroverse“ (Beitrag), in *Neues Forum*, März-April 1968, 239–42.
— Vorwort zu *Hermann Nitsch. Orgien Mysterien Theater*, Darmstadt, März, 1969, 21–23.
— „Beiträge zur Ädöologie des Wienerischen“, in *Josefine Mutzenbacher. Die Lebensgeschichte einer wienerischen Dirne, von ihr selbst erzählt*, Rogner & Bernhard, München 1969, 285–389.
— „Was geschieht...?“, in *Protokolle* 2, 1970, 122–24.
— „Ein Verbrechen, das auf dem Papier begangen wird“, in *Die Schastrommel* 2, 1970.
— „Der Geist der Superhelden“, in *Süddeutsche Zeitung*, 51, 28/2/1970.
— „subjekt, semantik, abbildungsbeziehungen. einige probleme des schriftstellers“, in S. J. Schmidt (Hg.), *Text, Bedeutung, Aesthetik. Grundfragen der Literaturwissenschaft*, Bayrischer Schulbuch Verlag, München [1970], 1–14.
— Vorwort zu *Josefine Mutzenbacher. Meine 365 Liebhaber, Die Fortsetzung meiner Lebensgeschichte*, Rogner & Bernhard, München 1970, 5–8.
— „Ein merkwürdiges Urteil“, in *Neues Forum*, März 1972, 52–7.
— Dieter Roth. *Frühe Schriften und typische Scheiße ausgewählt und mit einem Haufen Teilverdautes von Oswald Wiener*, Luchterhand, Darmstadt-Neuwied 1973, o.S.
— „Aus meinem Tagebuch“, in *Die Drossel* 13, 1975, o.S.
— „Max Bense 65. Jahre Alt“, in *Gedanken*, 1975, 6.
— „Über Brus“, in *Gedanken*, 1975, 25.
— „Was ist der Inhalt dieses Satzes. Was du draus entnimmst. Was hast du draus entnommen. Wirst du dir auch das Leben nehmen, den neuen Salat probieren, erröten. Vortrag für das Kolloquium *Die Sprache des Anderen* der Société Internationale de Psychopathologie de l'Expression“, [Sandoz], 26/9/1975, in *Gedanken*, 1975, 23–24.
— „gedanken bei der documenta 6“, in *Rogner's Magazin* 11–12, November-Dezember 1977, 124–127.
— „Über den Illusionismus“, in O. Panizza, *Die kriminelle Psychose, genannt Psichopatia criminalis*, Matthes & Seitz, München 1978, 213–37.
— *Wir möchten auch vom Arno-Schmidt-Jahr profitieren*, Matthes & Seitz, München 1979.
— [o.T.] in *Die Außerirdischen sind da*, Matthes & Seitz, München 1979, 114–19.
— „Einige Gedanken über die Aussichten der empirischen Forschung im Kunstbereich und über Gemeinsamkeiten in der Arbeit von Künstlern und Wissenschaftlern“, in S.J. Schmidt (Hg.), *Empirie in Literatur und Kunstwissenschaft*, Fink, München 1979, 182–89.

— „Über den Kreislauf der Diebe. Zur Verurteilung des griechischen Schriftstellers Elias Petropulos“, in *Die Zeit*, 28/11/1980, 46.
— „Design für Unbewußte“, in H.U. Reck (Hg.), *Design im Wandel: Chance für neue Produktionsweisen*, Internationales Design Zentrum, Berlin 1985, 21–28.
— „Wittgensteins Einfluß auf die Wiener Gruppe“, in W. Buchebner Gesellschaft (Hg.), *Die Wiener Gruppe*, Böhlau, Wien-Köln-Graz 1987, 46–59.
— „Persönlichkeit und Verantwortung (Materialien zu und aus meinem Versuch *Poetik im Zeitalter naturwissenschaftlicher Erkenntnistheorien* bei Matthes und Seitz, 1988)“, in *manuskripte* 98, 1987, 92–101.
— [Evo Präkogler], *Nicht schon wieder...!*, Matthes & Seitz, München 1990.
— „Freihandzeichnungen zur Computer-Kultur. Beitrag zum Symposium Cultec, Essen 1991“, in *Jahreshefte der Kunstakademie Düsseldorf* 4, Rektorat der Kunstakademie, Düsseldorf, 1994 261–283.
— „Strukturen und Wahrheiten“, in M. Fehr, C. Krümmel, M. Müller (Hg.), *Platons Höhle. Das Museum und die elektronischen Medien*, Wienand, Köln 1995, 230–256.
— „Gesellschaftliche und kulturelle Folgen der Entwicklung zur Informationsgesellschaft“, *Börsenblatt*, 69, 27/8/1996, 17–24.
— *Schriften zur Erkenntnistheorie*, Hg. Rolf Herken, Springer, Wien-New York 1996.
— „Bemerkungen zu einigen Tendenzen der *Wiener Gruppe*“, in W. Fetz – G. Matt (Hg.), *Die Wiener Gruppe*, Kunsthalle Wien, Wien 1998, 20–28.
— *Bouvard und Pécuchet im Reich der Sinne. Eine Tischrede.* Gachnang & Springer, Bern 1998.
— *Literarische Aufsätze*, Löcker, Wien 1998.
— „Über die Prototypen“, in W. Pichler, *Prototypen 1966–1969*, Generali Foundation/ Residenz, Wien-Salzburg 1998, 59–62.
— (mit G. Rühm) „berlin, 17/9/90, in W. Fetz – G. Matt (Hg.), *Die Wiener Gruppe*, Kunsthalle Wien, Wien 1998, 30–33.
— (mit M. Bonik und R. Hödicke), *Eine elementare Einführung in die Theorie der Turing- Maschinen*, Springer, Wien-New York 1998.
— *Materialien zu meinem Buch „Vorstellungen“*, Institut für Künstlerische Gestaltung, Wien 2000.
— „Über das ‚Sehen‘ im Traum. Zu den Traum-Zeichnungen von Ingrid Wiener“, in I. Wiener, *Träume/Sogni*, (mit Italienische Übers. von S. Scardocci), Edizioni Morra, Neapel 2001, 3–24.
— „Anekdoten zu Struktur“, in *Hefte zu Themen des plastischen Gestaltens*, Institut für Künstlerische Gestaltung, Wien, 7, 2002, 30–45.
— „Unter LSD/ Über LSD“, in *manuskripte* 171, 2006, 5–27.
— „Humbug“, *Der Ficker* 2, Galerie Thoman – Schleebrügge Editor, Innsbruck-Wien 2006, 96- 116.

— „Über das ‚Sehen' im Traum. Zweiter Teil", in *manuskripte* 178, 2007, 161–172.
— „Über das ‚Sehen' im Traum. Dritter Teil", in *manuskripte* 181, 2008, 132–141.
— „Materialien zum nur scheinbar unscheinbaren Dasein des Tischs in der Philosophie", in *manuskripte* 189/190, 2010, 637–646.
— „Meine Arbeit an der Kunstakademie Düsseldorf von 1992 bis 2004", in *Die Geschichte der Kunstakademie Düsseldorf seit 1945*, Kunstakademie Düsseldorf-Deutscher Kunstverlag, Berlin-München 2014, 306–07.
— „Anfänge", in T. Eder-K. Kastberger (Hg.), *Konrad Bayer: Texte, Bilder, Sounds*, Paul Zsolnay, Wien 2015, 278–286.
— „Glossar: *Weiser*. Glossar: *figurativ*", in T. Eder- T. Raab (Hg.), *Selbstbeobachtung. Oswald Wieners Denkpsychologie*, Suhrkamp, Berlin 2015, 59–141.
— „Kybernetik und Gespenster – im Niemandsland zwischen Wissenschaft und Kunst", in *manuskripte* 207, 2015, 143–162.
— „Gehobenere Volkspsychologie – einige Probleme", in S. Stallschus, B. Ternes (Hg.), *Bild, Kunst, Medien. Resonanzen auf das Denken von Hans Ulrich Reck*, Herbert von Halem Verlag, Köln 2018, 177–188.

Unveröffentlichte Texte aus Archivsammlungen

1. *Vorlass Oswald Wiener, Literaturarchiv der Österreichische Nationalbibliothek (ÖLA)*

— „sprache und geisteskrankheit", *ÖLA* 232/04 W28, 1968–69.
— „the medium is the message" *ÖLA* 232/W32.

2. *Sammlung Oswald Wiener, Wienbibliothek im Rathaus*

— „sprache und geisteskrankheit", Sender Freies Berlin 3, 25/11/1969, H.I.N.-235768
— [o.T. (Darstellung des Projekts zur Schaffung eines internationalen Instituts mit Sitz in Triest), o.D.], H.I.N.-235764
— „warum ich onaniere", [o.D.] H.I.N.-235753

3. *Aus dem Archiv des Autors*

— „Address to the Audience", 17/5/2001 (Einleitung zur Musik-Performance *Musica che si ascolta raramente* im Teatro Nuovo in Neapel).

Übersetzungen

1. *die verbesserung von mitteleuropa, roman*

— *il miglioramento della mitteleuropa, romanzo*, Übers. u. Kommentar von N. Cipani, edizioni del verri, Mailand 2021.

2. *Teilübersetzungen der* verbesserung

— „L'amélioration de l'Europe Centrale, Roman", Übers. von C. Grivel, in *Manteia* VIII, 1969, 3–18 [Auszüge aus den Anfangsfragmenten].
— „Middle Europe. Excerpts from The Improvement of Middle Europe" [*die zivilisationserscheinung des lachens, ajo ajo/ ajo mi re*, und *thesen*], Übers. von J. Neugroschel, in *Fiction* 2, 1972, 41–44.
— „the betterment of central europe, a novel", in P. Weibel (Hg.), *die wiener gruppe / the Vienna group. a moment of modernity 1954–1960. the visual works and the actions*, Übers. von T. Appelton und anderen, Springer, Wien-New York, 1997, 664–699 [zehn Fragmente, Auszüge aus den *notizen zum konzept des bio-adapters, appendix A: der bio-adapter*].
— *The bio-adapter*, Übers. von L. Fischer, ed. f.c., Maastricht 2012.
— „The Bio-Adapter", Übers. von T.C. Hanlin, in F. Rottensteiner (Hg.), *The Best of Austrian Science Fiction*, Ariadne Press, Riverside (CA), 2012, 297–311.
— *The Bio-Adapter, With an introduction by Siegfried Zielinski*, B. Geissler – Oliver Sann (Hg.), Kadmos, Berlin 2019.
— „appendix A: the bio-adapter", Übers. von J. Schillinger, *October* 170, 2019, 51–60.
— „the improvement of central europe. appendix A: the bioadaptor", Übers. von Nathaniel McBride, *The Momentist*, 1, <http://www.themomentist.org/improvement-of-central-europe/>.

3. *Übersetzungen anderer Schriften Wieners*

— „Infine si arrivò agli operatori della comunicazione", in C. Magris-W. Kaempfer (Hg.), *Problemi del nichilismo*, Shakespeare & co., Brescia 1981, 215–226.
— „Una specie di unici", in *Contro corrente*, Übers. von P. Renner, Fondazione Morra, Neapel 2000, 44–68.
— „Del ‚vedere' in sogno. Sui disegni onirici di Ingrid Wiener", in I. Wiener, *Träume/Sogni*, Übers. von S. Scardocci, Edizioni Morra, Neapel 2001, 3–24.
— *Saggi sulla letteratura*, Übers. von M. Salgaro, Fiorini, Verona 2008.
— „An Ego of Her Own", Übers. von J. Schillinger, in *October* 170, 2019, 69–94.

Interviews und Gespräche

Bonik, M., „Oswald Wiener. Einführung, Interview, Material", in *59to1* 23, 1989, 35–55.

—, „Oswald Wiener, Lesestufe 3 aufwärts", in *HeavenSent* 4, 1992, 22–28.

—, „Gedanken / Maschinen. Oswald Wieners Freihandzeichnungen zu einer Computerkultur", in *Schrift*, 3, 1995, 619–24.

Dany, H. C., „Oswald Wiener: Wissenschaft und Barbarei gehen sehr gut zusammen", in *Spike art quarterly*, 42, 2014. <https://www.spikeartmagazine.com/de/artikel/oswald-wiener-wissenschaft-und-barbarei-gehen-sehr-gut-zusammen> [abgerufen am 10/1/2019]

Erlhoff, U.B., M. Erlhoff, „oswald wiener und zweitschrift", in *zweitschrift* 6, 1979, 96–107.

Fernmüller C., H. Müller, C. Zillner, „Lieber eine Maschine statt der Metapher Mensch", in *Falter* 11, 1990, 8, 9.

Geyrhofer, F., „Gespräch mit Oswald Wiener", in *Wiener. Die Stadtillustrierte (Sonderdruck Wiener Aktionismus)*, 1981, 56–67.

Kastberger, K., „Entfremdet bleiben", in *Kolik. Zeitschrift für Literatur* 6, 1999, 50–60.

König, K., „zur neuen deutschen kunst: positionen eines gesprächs zwischen oswald wiener, gufo reale und friedrich heubach", in *Von hier aus*, 1984, 227–233.

Herken R., „Eine Buchbesprechung zu Douglas R. Hofstadter: *Gödel, Escher, Bach*", in *Durch* 1, 1986, 55–62.

Lafleur, S., „Über Kunst, Selbstbeobachtung und Automatentheorie. Ein Gespräch mit Oswald Wiener", in E. Hammel (Hg.), *Synthetische Welten. Kunst, Künstlichkeit und Kommunikationsmedien*, Die blaue Eule, Essen 1996, 199–213.

Mraček, W., „Die Fähigkeit, Maschinen zu bauen. Manuskripte-Preis 2006 für Oswald Wiener", <http://www.hanns-koren.steiermark.at/cms/beitrag/10429157/8966674/> [abgerufen am 9/10/2018]

Pichler, G., „Das Kreative selbst ist ein Mechanismus. Ein Gespräch mit Oswald Wiener", in *manuskripte* 113, 1991, 67–70.

Reck, H. U., „Virtual Reality ist doch Faktisch die Ève Future par excellence", in H.U. Reck-H. Szeemann (Hg.), *Junggesellenmaschinen. Erweiterte Neuausgabe*, Springer, Wien-New York 1999, 237–339.

Rötzer, F., „Oswald Wiener. Das Konzept der universellen Maschine", in *Kunstforum* 110, 1990, 223–28.

Tabbert, T.T. „Interview mit Oswald Wiener (Herbst 2005)", in id., *Verschmolzen mit der absoluten Realitätsmaschine. Oswald Wieners „Die Verbesserung von Mitteleuropa, Roman"*, Artislife Press, Hamburg 2005, 122–138.

Werner, J. St. „Musik ist immer Gegenwart“, in *Doku/fiction. Mouse on Mars reviewed and remixed*, Die Gestalten, Berlin 2004, 38–67.

Wiener, O., Ein zum Teil imaginiertes Gespräch mit Günther Förg“, in *Fama & Fortune Bulletin* 2, 1990.

—, „XOGT, GSOGGT oder GSOKT? Ein Gespräch zwischen H. C. Artmann, Friedrich Achleitner, Gerhard Rühm und Oswald Wiener“, in G. Fuchs-R. Wischenbart (Hg.), *H.C. Artmann*, Droschl, Graz 1992, 19–36.

—, „Oswald Wiener Interview Frühjahr 1991“, in *Jahreshefte der Kunstakademie Düsseldorf* 4, Rektorat der Kunstakademie, Düsseldorf 1994, 285–295.

Wiener Gruppe

1. Text- und Materialsammlungen

Rühm, G. (Hg.), *Die Wiener Gruppe. Texte Gemeinschaftsarbeiten Aktionen*, erweiterte Neuausgabe, Rowohlt, Reinbeck, 1985.

Weibel, P. (Hg.), *die wiener gruppe / the Vienna group. a moment of modernity 1954–1960. the visual works and the actions*, Springer, Wien-New York 1997.

Fetz, W. – G. Matt (Hg.), *Die Wiener Gruppe*, Kunsthalle Wien, Wien 1998.

2. Texte anderer Mitglieder der Gruppe, die in diesem Buch zitiert sind

Achleitner, F., *prosa, konstellationen, montagen, dialektgedichte, studien*, Rowohlt, Reinbek 1970.

—, *quadratroman*, Luchterhand, Darmstadt-Neuwied 1973.

Artmann, H. C., *Das Poetische* Werk, Rainer Verlag, Berlin — Klaus G. Renner, München- Salzburg 1993–1994.

Bayer, K., *Sämtliche Werke*, Hg. G. Rühm, Klett-Cotta, Wien 1996.

Rühm, G., *Gesammelte Werke*, 1.1, *Gedichte*, M. Fisch, (Hg.), Parthas, Berlin 2005.

—, *Gesammelte Werke*, 1.2, *Gedichte*, M. Fisch (Hg.), Parthas, Berlin 2005.

Kurzdiskographie

Selten gehörte Musik [D. Roth, G. Rühm, O. Wiener], *3. Berliner Dichterworkshop* 12./13.7.73, Edition Hansjörg Mayer (F65.040), Stuttgart 1973. CD-Neuausgabe: Tochnit Aleph / Rumpsti Pumsti (TA130), Berlin 2015.

Selten gehörte Musik [D. Roth, G. Rühm, O. Wiener], *Novembersymphonie (Doppelsymphonie)*, Edition Hansjörg Mayer (F65163, F 65164), Stuttgart 1974. CD-Neuausgabe: Tochnit Aleph / Rumpsti Pumsti (TA131), Berlin 2015.

Selten gehörte Musik [G. Brus, H. Nitsch, D. Roth, G. Rühm, O. Wiener], *Münchner Konzert Mai 1974*, Edition Hansjörg Mayer (F66.5508/ 5509/ 5510), Stuttgart 1974. CD-Neuausgabe: Tochnit Aleph / Rumpsti Pumsti (TA132), Berlin 2015.

Selten gehörte Musik [D. Roth, O. Wiener], *Tote Rennen* – Lieder, Edition Hansjörg Mayer (F666.092), Stuttgart 1977. CD-Neuausgabe: Tochnit Aleph / Rumpsti Pumsti (TA151), Berlin 2017.

Selten gehörte Musik [C. Attersee, G. Brus, H. Nitsch, A. Rainer, D. Roth, G. Rühm, D. Steiger, O. Wiener], *Das Berliner Konzert*, Edizioni Lotta Poetica, Studio Morra (LP 0730), Verona – Napoli, 1978.

Selten gehörte Musik [D. Roth, B. Roth, G. Ruhm, C.L. Attersee, H. Cibulka, H. Hossmann, H. Mayer, H. Nitsch, P. Renner, D. Schwarz, A. Thomkins, O. Wiener], *Abschöpfsymphonie*, Edition Hansjörg Mayer — Edition Lebeer-Hossmann (SGM 3279), Stuttgart-Bruxelles- Hamburg 1979.

Wiener, O., Team of Jeremy Roht, *Tiermusik / Animal Music*, Supposé Verlag, Köln 2001.

Filme

Wiener, O., *Dominik Steiger als Kind* (1965), Les presses du réel, Dijon 2014.

Export, V., *Oswald Wiener: Tischbemerkungen November 1985* (1985).

Export, V., I. Wiener, O. Wiener, *Das unsagbare Sagen* (1992).

Studien

Amann, A., „Mikrostrukturen der Macht. Oswald Wiener, *Die Verbesserung von Mitteleuropa, Roman*", in H.J. Wimmer (Hg.), *Strukturen erzählen*, Edition Praesens, Wien 1996, 58–73.

Aspetsberger, F., „Oswald Wiener. Il Miglioramento della Mitteleuropa", in G. Baioni, G. Bevilacqua, C. Magris (Hg.), *Il Romanzo Tedesco Del Novecento*, Einaudi, Turin 1973, 539- 53.

—, „Das Unzulängliche, hier wirds Ereignis. Oswald Wieners *Floppy*-Roman und einige Anschlüsse bei Doderer, Weininger und anderen", in *Études Germaniques* 2, 1995, 223–260.

Backes, M., „Intersubjektive Prämissen de-identifikatorischer Ästhetik: zu Oswald Wieners *Einiges über Konrad Bayer*", in S. Hanuschek, N. Ort, K. Steffen, R. Triyandafilidis (Hg.), *Die Struktur medialer Revolutionen. Festschrift für Georg Jäger*, Peter Lang, Frankfurt a. M. 2000, 170–77.

Bartens, D., „Orgie und Exzess. Szenische Elemente in Prosatexten von Konrad Bayer und Oswald Wiener", in *Germanistische Mitteilungen* 43/44, 1996, 81–95.

Berthier, I., „La *Wiener Gruppe*“, *il verri* 12, 1975, 69–84.

—, „Verbesserung von Mitteleuropa“, *il verri* 12, 1975, 108–115.

Block, F.W., „Erfahrung und Experiment. Zur Poetik des Verstehens bei Oswald Wiener und Ferdinand Schmatz“, in id. (Hg.) *Verstehen wir uns? Zur gegenseitigen Einschätzung von Literatur und Wissenschaft*, Peter Lang, Frankfurt a. M.-New York 1996, 219–250.

Brus, G., „Oswald Wiener. Eine schonungslose Massage überkommener Botschaften. Vor der Schreibkrise war die Denkkrise“, in M. Cerha (Hg.), *Literaturlandschaft Österreich*, Brandstätter, Wien 1995, 131–32.

Davis, N., *The Limits of Literary Language: Linguistic Skepticism and Literary Experiment in Postwar Germany and Austria*, PhD Diss., University of Pennsylvania, 2015.

Diederichsen, D., „Gegen die Wirklichkeit. Der Sprung aus der Geschichte und seine Geschichte“, in E. Großegger-S. Müller (Hg.), *Teststrecke Kunst. Wiener Avantgarden nach 1945*, Sonderzahl, Wien 2012, 298–310.

Donnenberg, J., H. Höller, „Versuch mit der *Verbesserung von Mitteleuropa*“, in *Literatur und Kritik* 69, 1972, 550–558.

Dotzler, B. J., „Automaten-Studien, kalauernd, oder: Der neue Minnedienst. Aber ja doch, *schon wieder*..: Oswald Wieners *die verbesserung von mitteleuropa, roman*“, in K. Schenk-A. Hultsch-A. Staškova (Hg.), *Experimentelle Poesie in Mitteleuropa. Texte – Kontexte – Material – Raum*, V & R unipress, Göttingen 2016, 263–279.

Doppler, A., „Die *Wiener Gruppe* und die literarische Tradition“, in W. Buchebner Gesellschaft (Hg.), *Die Wiener Gruppe*, Böhlau, Wien-Köln-Graz 1987, 60–68.

Drews, J., „Viel Literatur, abenteuerlich. 5. Bielefelder Kolloquium. Neue Poesie in Athen“, in *Suddeutsche Zeitung*, 26/5/1982.

Eder, T., „Kunst – Revolution – Erkenntnis. Oswald Wiener und ZOCK“, in T. Eder-K. Kastberger (Hg.), *Schluß mit dem Abendland! Der lange Atem der österreichischen Avantgarde*, Paul Zsolnay, Wien 2000, 60–80.

—, „die folgen geistiger ausschweifung. Pragmatische Kommunikation und Theory of Mind in den dramatischen Texten und in den Auftrittsformen der Wiener Gruppe“, in T. Eder – J. Vogel (Hg.), *verschiedene sätze treten auf. Die Wiener Gruppe in Aktion*, Paul Zsolnay, Wien 2008, 39–62.

—, „Friedrich Achleitners *gute suppe*“, in *Hintergrund* 46/47, 2010, 45–52.

—, „Introspektion, Vorstellungsbilder und Denkpsychologie. Oswald Wieners Gedanken- experimente seit 1980“, in M. Bies- M.Gamper, *„Es ist ein Laboratorium, ein Laboratorium für Worte“. Experiment und Literatur III, 1890–2010*, Wallstein, Göttingen 2011, 409–431.

—, „Von den Formen zu den Inhalten. Oswald Wieners Weg – ein Paradigma der Nachkriegsavantgarden“, in E. Großegger-S. Müller (Hg.), *Teststrecke Kunst. Wiener Avantgarden nach 1945*, Sonderzahl, Wien 2012, 260–273.

—, „Nachwort“, in *die verbesserung von mitteleuropa, roman*, Jung und Jung, Salzburg 2013, 207–219.

—, „Bewusstseinsstrom in *der vogel singt* und im *sechsten sinn*“, in T. Eder-K. Kastberger (Hg.), *Konrad Bayer: Texte, Bilder, Sounds*, Paul Zsolnay, Wien 2015, 84–101.

—, „Oswald Wiener: Den Rausch beschreiben“, in K. Manojlovic-K. Putz (Hg.), *Im Rausch des Schreibens. Von Musil bis Bachmann*, Paul Zsolnay, Wien, 2017, 181–190.

Einhaus, U., „Wir die Einzigen. Zum Verhältnis von Konrad Bayer und Oswald Wiener zur Philosophie Max Stirners“, in C. K. Stephina (Hg.), *“ich habe den sechsten sinn”. Akten des Konrad-Bayer-Symposiums 2004*, Edition Art & Science, Wien 2006, 25–28.

Englerth, H. „In den Manuskripten kann man nicht blättern, man ist verurteilt zu lesen: manuskripte (seit 1960)“, in *Literaturzeitschriften in Österreich 1945–1990*, <https://www.onb.ac.at/oe-literaturzeitschriften/Manuskripte/Manuskri pte_essay.pdf> [abgerufen am 10/1/2019]

Fetz, B., *„ihre stimme klingt manchmal als wären es sie*. Zur Vielstimmigkeit der Wiener Gruppe“, in T. Eder-J. Vogel (Hg.), *verschiedene sätze treten auf. Die Wiener Gruppe in Aktion*, Paul Zsolnay, Wien 2008, 119–132.

Fischer, E. – G. Jäger, „Von der Wiener Gruppe zum Wiener Aktionismus. Problemfelder zur Erforschung der Wiener Avantgarde zwischen 1850 und 1970“, in H. Zeman, (Hg.), *Die österreichische Literatur: ihr Profil von der Jahrhundertwende bis zur Gegenwart (1880- 1980)*, Akademische Druck-u. Verlagsanstalt, Graz 1989, 617–683.

Füchsl, F., „Zerlegung einer Dichtungsmaschine. Anhand der Werkmaterialien zu Konrad Bayers *der vogel singt*“, in T. Eder-K. Kastberger (Hg.), *Konrad Bayer: Texte, Bilder, Sounds*, Paul Zsolnay, Wien 2015, 102–120.

Geyrhofer, F., „Oswald Wiener“, in *Neues Forum*, März 1973, 64–66.

—, „Oswald Wieners Putsch im Kaffeehaus“, in *Neues Forum*, April 1973, 56–59.

Gollner, H., *Die Rache der Sprache. Hässlichkeit als Form des Kulturwiderstands in der österreichischen Gegenwartsliteratur*, Studien Verlag, Innsbruck-Wien-Bozen 2009.

Grote, M., *„ὅ γέγραφα, γέγραφα.* Sprachkritik und autobiographische Praxis in Oswald Wieners *die verbesseung von mitteleuropa, roman*“, in M. Grote-B. Sandberg (Hg.), *Autobiographisches Schreiben in der deutschsprachigen Gegenwartsliteratur. Band 3: Entwicklungen, Kontexte, Grenzgänge*, Iudicium, München 2009, 130–146.

Hagelstange, B., *Die Thematisierung der Sprache im zeitgenössischen Roman: Studien zur Interpretation und Methodenkritik bei H. Heissenbüttels „D’Alemberts Ende“ und O. Wieners „Die Verbesserung von Mittel-Europa. Roman“*, PhD Diss., Münster 1974.

Hughes, H., *The Bureaucratic Muse: on Thomas Bernhard's „Exempel", Adalbert Stifter's „Der Kuss von Sentze", Franz Kafka's „In der Strafkolonie" and Oswald Wiener's „die verbesserung von mitteleuropa, roman"*, Phd. Diss., University College London 1993.

Ihrig, W., *Literarische Avantgarde und Dandysmus. Eine Studie zur Prosa von Carl Einstein bis Oswald Wiener*, athenäum, Frankfurt a. M. 1989.

Ingalsbe, L. A., „The collision of Language and Reality: Oswald Wiener's *die verbesserung von mitteleuropa, roman*", in P. Pabisch, A. Thyssen (Hg.), *Die Wiener Gruppe. Im Gedenken an H. C. Artmann*, van Acken Verlag, Krefeld 2001, 81–91.

Innerhofer, R., *Die Grazer Autorenversammlung (1973–1983). Zur organisation einer "avantgarde"*, Böhlau, Wien, Köln, Graz 1985.

—, „Stimm-Bruch. Akustische Inszenierungen der Wiener Gruppe", in T. Eder-J. Vogel (Hg.), *verschiedene sätze treten auf. Die Wiener Gruppe in Aktion*, Paul Zsolnay, Wien 2008, 99–118.

Jappe, G., „Die Sprache stirbt den Wärmetod", in H. L. Arnold (Hg.), *Geschichte der deutschen Literatur aus Methoden. Westdeutsche Literatur von 1945–71. Band III*, Fischer-Athenäum, Frankfurt a.M. 1972, 214–19.

Kastberger, K., „Wien 50/60. Eine Art einzige österreichische Avantgarde", in T. Eder-K. Kastberger (Hg.), *Schluß mit dem Abendland! Der lange Atem der österreichischen Avantgarde*, Paul Zsolnay, Wien 2000, 5–26.

—, „Oswald Wiener: Schreib-Szenen zwischen Literatur und Wissenschaft (ein Vortrag)", in *manuskripte* 189–190, 2010, 289–296.

Kliewer, H. J., „Konkrete Poesie und Mundart", in P. Pabisch, A. Thyssen (Hg.), *Die Wiener Gruppe. Im Gedenken an H. C. Artmann*, van Acken Verlag, Krefeld 2001, 35–56.

Kubaczec, M., „Evidenz und Verzicht. Zu Motivik und Metaphorik des Verstehens bei Oswald Wiener und Ludwig Wittgenstein", in W. Schmidt-Dengler, M. Huber, M. Huter (Hg.), *Wittgenstein und. Philosophie / Literatur*, Edition S, Wien 1990, 109–146,

—, *Poetik der Auflösung. Oswald Wieners "die verbesserung von mitteleuropa, roman"*, Braumüller, Wien 1992.

Kupczynska, K., „Sprache als Zankapfel oder Warum das Duo Oswald Wiener / Otto Muehl verstummte", in H. Kunzelmann, M. Liebscher, T. Eicher (Hg.), *Kontinuitäten und Brüche. Österreichs literarischer Wiederaufbau nach 1945*, Athena, Oberhausen 2006, 177–87.

Kurz, H., *Die Transzendierung des Menschen im „Bio-Adapter": Oswald Wieners „Die Verbesserung von Mitteleuropa, Roman"*, PhD Diss., Ohio State University, 1992.

Landa, J., „Postmodernism in the Works of the Wiener Gruppe", in P. Pabisch, A. Thyssen (Hg.), *Die Wiener Gruppe. Im Gedenken an H. C. Artmann*, van Acken Verlag, Krefeld 2001, 71–80.

Langhammer, C., „Oswald Wiener an seinen Verleger Axel Matthes. Zur Erschliessung der Sammlung Oswald Wiener an der Handschriftensammlung der Wiener Stadt- und Landesbibliothek“, in *Sichtungen* 6–7, 2003–2004, 274–80.

Maler, A., „Aleatorische Epik. Bemerkungen zur romantischen Reminiszenz im zeitgenössischen Roman: Kühn, Kieseritzky, Heißenbüttel, Wiener“, in H. L. Arnold, T. Buck (Hg.), *Positionen im deutschen Roman der sechziger Jahre*, Text & Kritik, München 1974, 127–46.

Mixner, M., „Oswald Wiener“, in H. L. Arnold (Hg.), *KLG Kritisches Lexikon der deutschsprachigen Gegenwartsliteratur*, Text & Kritik, München 1992, 1–9.

Müller, S. – R. Innerhofer, „Humanversuche. Avantgarde, Experiment und Wissenschaft im Kon/Text der *verbesserung von mitteleuropa*“, in E. Großegger-S. Müller (Hg.), *Teststrecke Kunst. Wiener Avantgarden nach 1945*, Sonderzahl, Wien 2012, 201–232.

Pabisch, P., „Die Wiener Gruppe und die moderne deutschsprachige Dialektliteratur“, in P. Pabisch, A. Thyssen (Hg.), *Die Wiener Gruppe. Im Gedenken an H. C. Artmann*, van Acken Verlag, Krefeld 2001, 11–34.

Raab, T., „Selbstbeobachtung. Wozu und, wenn ja, welche? Eine Einleitung zur Denkpsychologie Oswald Wieners“, in T. Eder-T. Raab (Hg.), *Selbstbeobachtung. Oswald Wieners Denkpsychologie*, Suhrkamp, Berlin 2015, 9–56.

Rosendorfer, H., „Ein literarisches Fossil“, in *Du: die Zeitschrift der Kultur* 29, 1969, 700–704.

Rühm, G., „zu gemeinschaftsarbeiten der *wiener gruppe*“, in W. Buchebner Gesellschaft (Hg.), *Die Wiener Gruppe*, Böhlau, Wien-Köln-Graz 1987, 187–208.

Ruprechter, W., „Oswald Wiener“, in W. Killy (Hg.), *Literaturlexikon. Autoren und Werke deutscher Sprache*, Bertelsmann, Gütersloh-München 1992, XII, 317–19.

Salgaro, M., „Dal dandy a superman: l’ipertrofia della coscienza nel pensiero di Oswald Wiener“, in *Quaderni di Lingue e letterature* 32, 2007, 73–86.

—, „Oswald Wiener e le possibilità per la letteratura nell’era dell’analisi scientifica della mente“, in O. Wiener, *Saggi sulla letteratura*, traduzione di M. Salgaro, Fiorini, Verona 2008, 165–221.

—, „Oswald Wiener. Literatur als Experiment“, in R. Calzoni-M. Salgaro (Hg.), *„Ein in der Phantasie durchgeführtes Experiment“. Literatur und Wissenschaft nach Neunzehnhundert*, V&R unipress, Göttingen 2009, 237–261.

Sauerbier, S.D., *Revue Rendez-Vous: Korrespondenzstück, correspondence piece, 1966/67*, Hochschule für Grafik und Buchkunst, Leipzig 2013.

Schiewer, G. L., „Oswald Wieners experimentelle Kunst als Kritik formaler Kommunikationstheorien“, in E.W.B. Hess-Lüttich (Hg.), *Autoren, Automaten, Audiovisionen. Neue Ansätze der Medienästhetik und Tele-Semiotik*, Westdeutscher Verlag, Wiesbaden 2001, 57–74

—, *Poetische Gestaltkonzepte und Automatentheorie. Arno Holz – Robert Musil – Oswald Wiener*, Königshausen & Neumann, Würzburg 2004.

Schillinger, J., „Oswald Wiener on Dandyism“, in *October* 170, 2019, 31–50.

Schmatz, F., *Sinn & Sinne. Wiener Gruppe, Wiener Aktionismus und andere Wegbereiter*, Sonderzahl, Wien 2002.

Schmid, C., „Mi mues haut rede mitenang“, in P. Pabisch, A. Thyssen (Hg.), *Die Wiener Gruppe. Im Gedenken an H. C. Artmann*, van Acken Verlag, Krefeld 2001, 57–70.

Schmidt-Dengler, W., „Die Einsamkeit Kasperls als Langstreckenläufer. Ein Versuch zu H. C. Artmanns und Konrad Bayers Dramen“, in id. (Hg.), *VerLockerungen: österreichische Avantgarde im 20. Jahrhundert; Studien zu Walter Serner, Theodor Kramer, H. C. Artmann, Konrad Bayer, Peter Handke und Elfriede Jelinek*, Edition Praesens, Wien 1994, 10–17.

—, „Parodie und Reduktion. Die Wiener Volkskomödie und das Theater der Wiener Gruppe“, in T. Eder- K. Kastberger (Hg.), *Schluß mit dem Abendland! Der lange Atem der österreichischen Avantgarde*, Paul Zsolnay, Wien 2000, 27–40.

—, „Wie quadratisch kann ein Roman sein? Die literarischen Genres und ihre Mutationen in den Texten der Wiener Gruppe“, in T. Eder-J. Vogel (Hg.), *verschiedene sätze treten auf. Die Wiener Gruppe in Aktion*, Paul Zsolnay, Wien 2008, 210–23.

Schopp, C. L., „On Failing to Perform: *Kunst und Revolution,* Wien / 1968“, in *October* 170, 2019, 95–119.

Stanitzek, G., „Komma: *die verbesserung von mitteleuropa, roman*“, in H. Lutz N. Plath, D. Schmidt (Hg.), *Satzzeichen. Szenen der Schrift*, Kadmos, Berlin 2017, 109–114.

Stüttgen, J., *Der ganze Riemen: der Auftritt von Joseph Beuys als Lehrer: die Chronologie der Ereignisse an der Staatlichen Kunstakademie Düsseldorf 1966–1972*, Walther König, Köln 2008, 877–886 und 894.

Tabbert, T.T., *Verschmolzen mit der absoluten Realitätsmaschine. Oswald Wieners „Die Verbesserung von Mitteleuropa, Roman“*, Artislife Press, Hamburg 2005.

Teller, K., *„alles ausgeburt der sprache*. Ästhetisierte Gewalt bei Oswald Wiener?“, in *Jahrbuch der ungarischen Germanistik*, 2005, 66–76.

Weibel, P. (Hg.), *die wiener gruppe / the Vienna group. a moment of modernity 1954–1960. the visual works and the actions*, Springer, Wien-New York 1997.

—, „Laudatio für Oswald Wiener, manuskripte-Preisträger 2006“, in *manuskripte* 174, 2006, 134–140; 175, 2007, 131–135; 176, 2008, 163–168.

Wiesmayr, E., *Die Zeitschrift „manuskripte“ 1960–1980*, Hain, Königstein i. Ts. 1980.

Winkler, D.S., „Ideologische Ziele der *Wiener Gruppe* und ihre Bedeutung für die Gegenwartsliteratur“, in *Zeitschrift für Germanistik* 1, 3, 1991, 588–599.